寛永諸家系圖傳

第一

寛永諸家系圖傳 序 示諭 條例 表紙及び冒頭

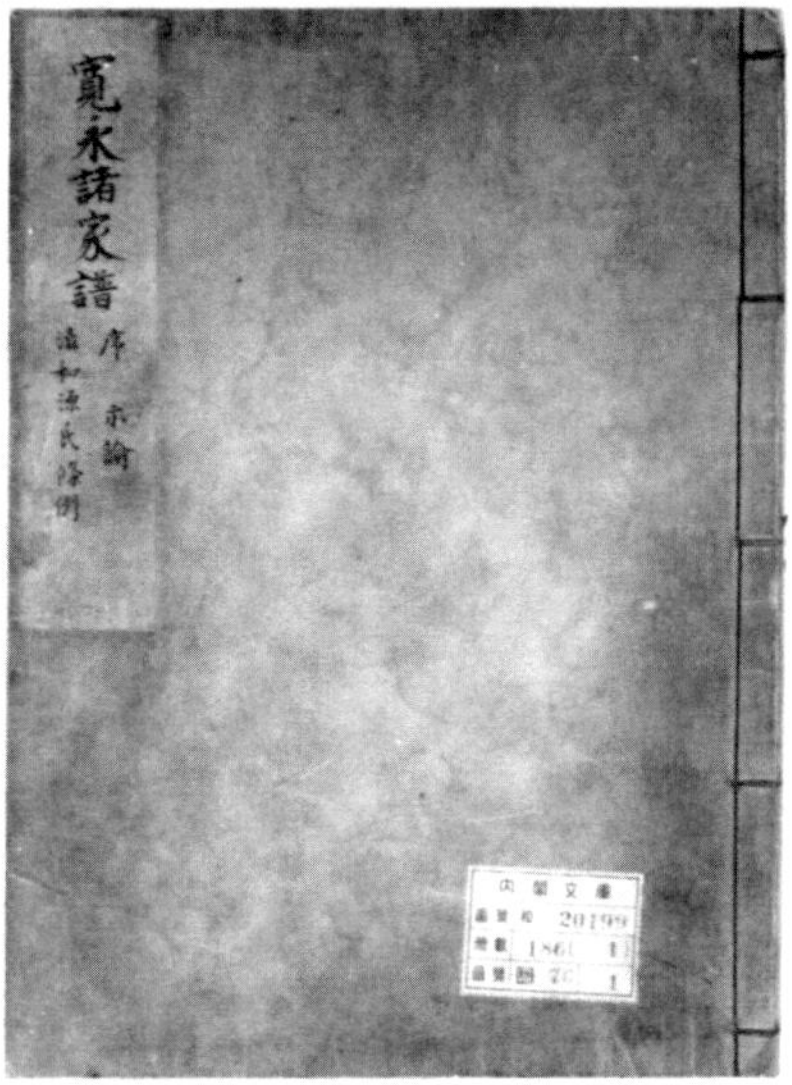

國立公文書館内閣文庫所藏

寛永諸家系圖傳 序末尾 示諭冒頭

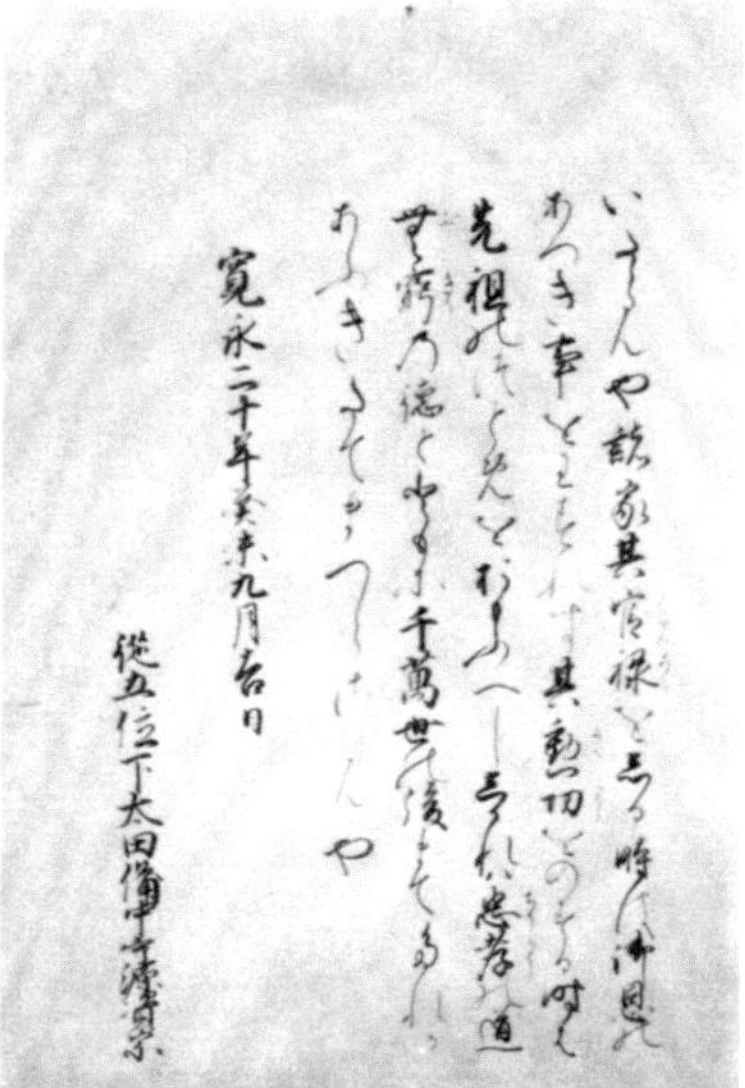

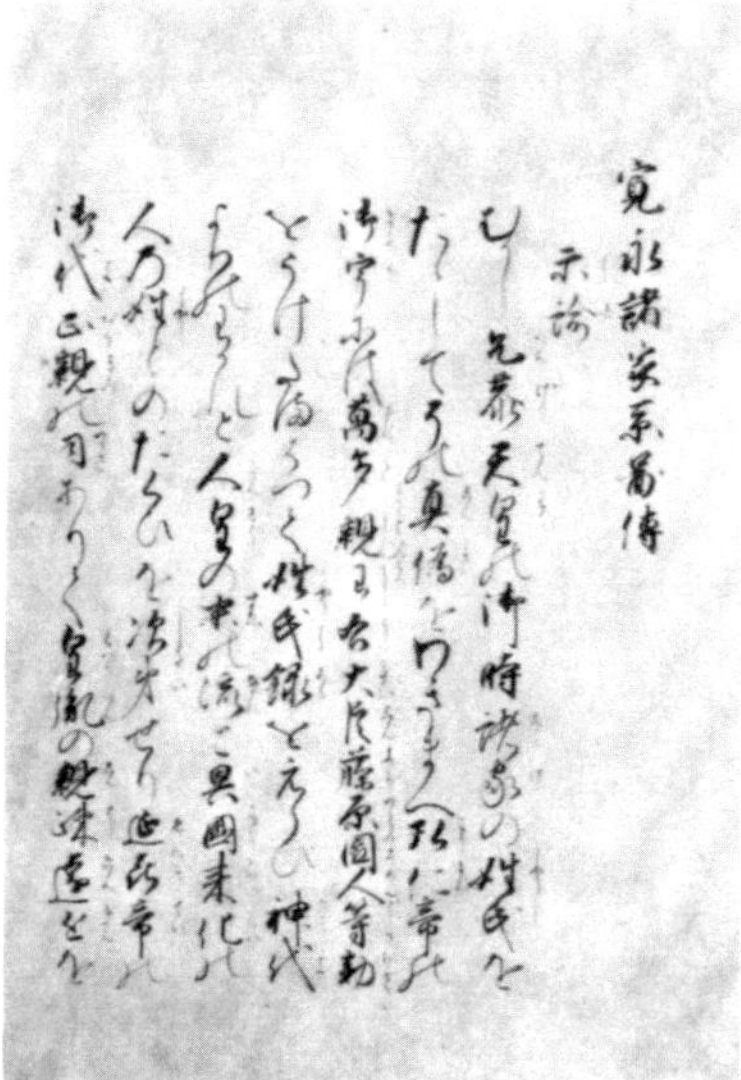

國立公文書館内閣文庫所藏

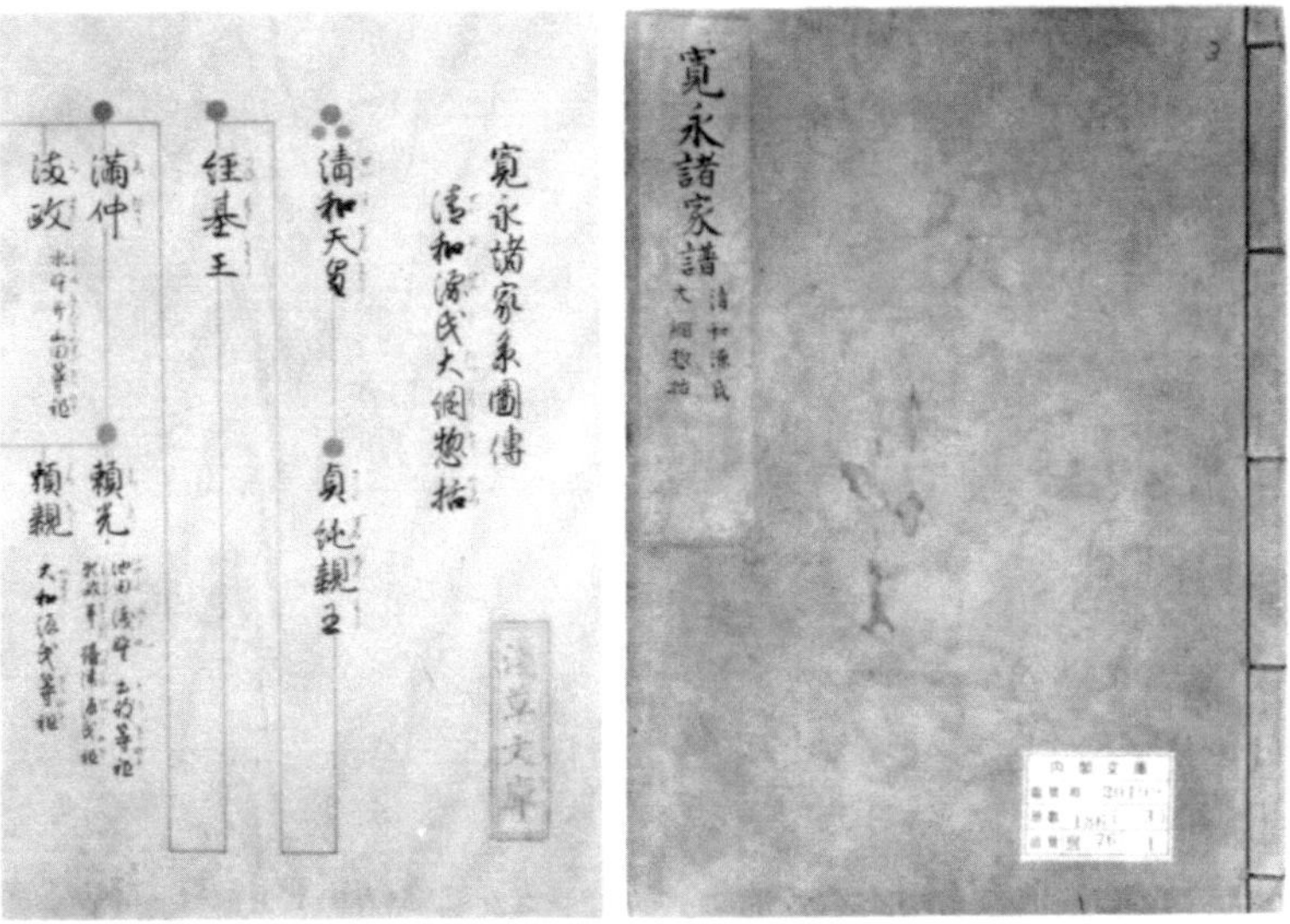

寛永諸家系圖傳清和源氏大綱惣括表紙及び冒頭

國立公文書館內閣文庫所藏

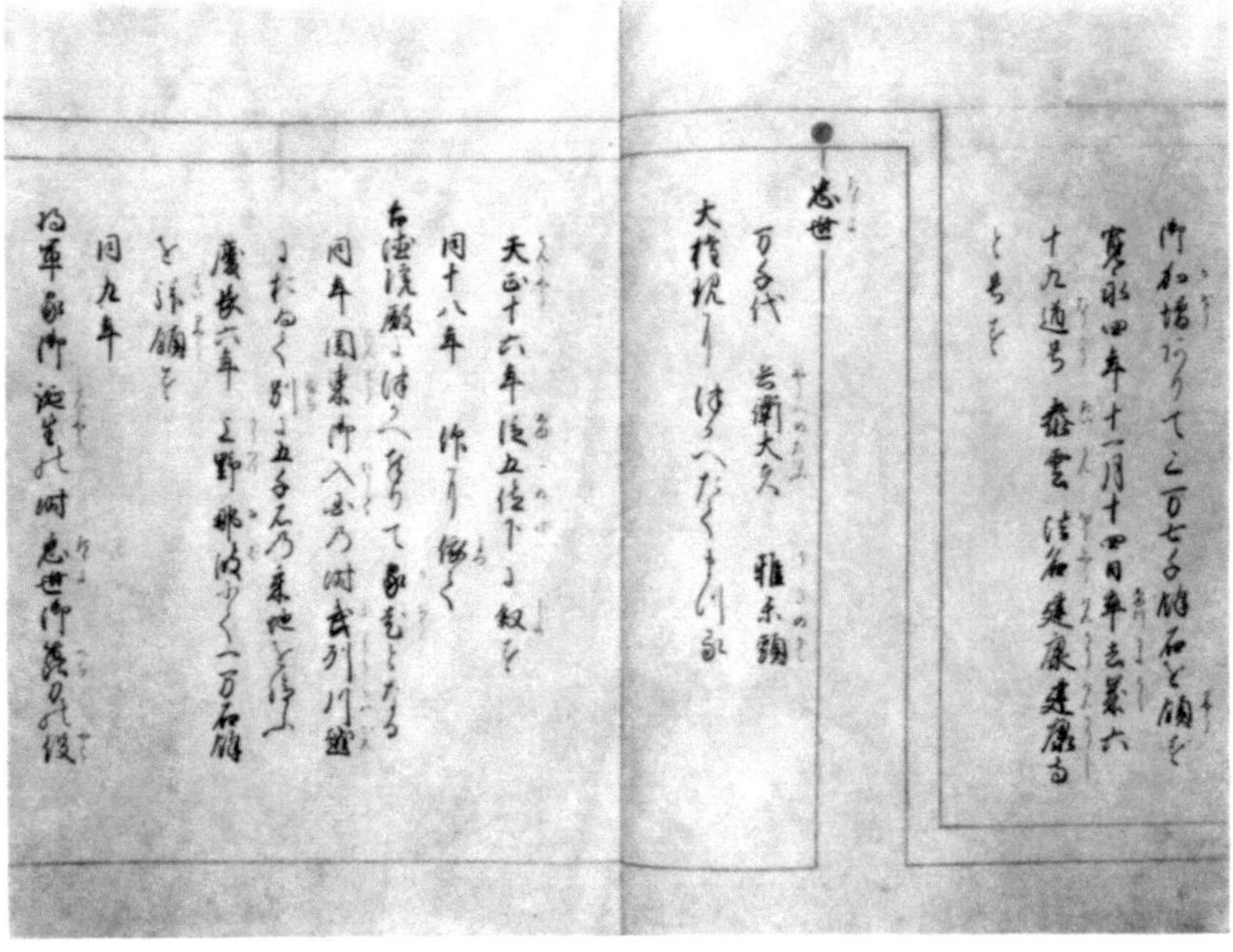

寛永諸家系圖傳清和源氏甲七酒井忠世條

國立公文書館內閣文庫所藏

凡例

一、本書は、將軍德川家光の命によつて編纂された大名・旗本諸家約千四百餘家の、厖大なる系譜集である。寛永十八年二月、幕府は諸大名および旗本諸士にそれぞれ家譜の呈出を命じ、奏者番（元若年寄）太田資宗を總裁に任じ、儒官（民部卿法印）林道春（羅山）を主任者として本系譜集編纂の事に當らしめた。翌十九年五月、道春は本書編纂の體例を示し、かつそれぞれ要員の分擔を定めて編纂の業を開始し、翌二十年九月に、早くも和文體・漢文體おのおの百八十六巻ずつ、共に成つて將軍家光に獻上された。その和文體のものは現に內閣文庫に架藏せられ、漢文體のものは日光東照宮に祕藏せられている。

一、本書には流布本がきわめて乏しく、先年雄松堂フイルム出版株式會社より、マイクロフイルムとして一部關係方面への頒布を見たほか、活字印刷による刊行は、遂に一度もなされることなく今日に至つた。ここに本會は、內閣文庫に請うて右和文體のものの出版の許可を得、雄松堂頒布のマイクロフイルムによつて原稿を作成し、その不闡明箇所については、直接原本との對校を遂げて萬遺漏なきを期した。

一、本書の內容は、清和源氏・平氏・藤原氏・諸氏の四部より成り、ほかに醫者・同朋・茶道を巻末に加えている。本書が右のごとく清和源氏を最初に配し、その他の諸源氏はこれを最後の諸氏の部中に收めているのは、清和源氏に假託した德川系圖を、幕府公撰の本書によつて天下に施行する意圖に出でたものであろう。本書はもとより諸家の呈譜に基づいて編纂されたものであるが、道春・鵞峯父子擔當の德川氏の本譜については、その原據が示されていない。

一、本書の記載は專ら諸家の呈譜に據つているので、家によつて繁簡精粗の差が大きく、また、わずかに二年足らずの短時日の編纂であるため、厖大な呈譜の吟味や修正に不十分な點のあることを免れない。しかしそのために却つて、原呈譜の俤を傳えているし、また事蹟に添えられた家傳の古文書類がそのまま採録されているものも少くない。そのうえ、のちの寛政重修諸家譜よりは實に百七十年ほども以前のものであるから、その史料的價値は一段と高いものといわなければならない。

一、本書の刊行に當つては、體裁その他なるべく底本の姿を損じないように努めたが、插入文書の差出・宛書の高さ等について、若干形を整えた所がある。また、系線の單純な引きちがえと認められる部分は、これを修正し、その旨を註記した。

一、古體・異體等の漢字は、刕(州)・帋(紙)・惣(總)・粮(糧)(括弧内は正體字)のごとき、著しく正體と形を異にするもの若干のほかは、原則的に正體に改めた。その主なるものを示せば次のごとくである(括弧内の正體字を使用)。

ヽ(々)　卩(部)　决(決)　㫒(異)　灮(光)　刘(劉)　伇(役)　沉(沈)　乕(虎)　欤(歟)　枩(松)　亰(京)

剋(刻)　珎(珍)　㝡(最)　渕(淵)　䂓(規)　飯(飫)　歒(敵)　寑(寢)　羪(養)　鴈(雁)　撿(檢)　篭(籠)

籏(旗)　軄(職)　髩(鬢)　靏(鶴)

右のほか、摸は國名相摸の場合以外は模に、苻は官衙・都邑等の場合は府に、广はそれぞれの場合に應じて、磨あるいは摩に改めた。また、己・已・巳および卿・鄕等は、書體上の區別が困難なため、それぞれその場合に適合するものを用いた。

一、略體の漢字については、現時一般に通用するものに限り、底本の用字に基づいてこれを用いた。但し、姓氏および人名の、見出し項目的なものに限つては、たとえ略體字で書かれているものについても、正體字を用いた。本册において、底本に基づいて用いた略體字の主なるものを示せば次のごとくである（括弧内は正體字）。

万（萬）　与（與）　旧（舊）　台（臺）　号（號）　礼（禮）　余（餘）　乱（亂）　沢（澤）　条（條）　宝（寶）　実（實）
釈（釋）　属（屬）　着（著）　献（獻）　豊（豐）　辞（辭）　鉄（鐵）　総（總）

一、變體假名は、片假名と同形のもの――ニハミのほかは、すべて普通の平假名に改めた。なお、ヿは「こと」に、ゟは「より」とした。

一、底本における左のごとき譌字は、便宜、正確な字體（括弧内のもの）に改めた。

埼（埼）　騎（騎）　庇（疵）　詰（詰）　褒（褒）

一、底本において漢字に施された振假名、および假名に付された濁點等は、國語資料としても貴重であると思われるので、特にその濫存に留意し、たとい有無混在し、または過誤と認められるものについても、みだりにこれを改めなかつた。振假名に、稀に「楯矛《しゅん》」のごとき不備なものが見られるが、これらについてもすべて底本のままとした。

一、底本における闕字・平出・抬頭等は、すべてこれを廢し、一様に連記した。

一、本文の讀解に資するために、讀點・句點および並列點を加え、また若干の傍註を施した。傍註は、文字の誤りを正すためのものには〔　〕を、その他説明または參考のためのものには（　）を用いた。なお、人名註は、必ずしも本文の年時のものによらず、現時一般に最も廣く通用するものを用い、地名註は、おおむね舊國名のみに止めた。また、底本の用字が必ずしも正當でなくても、それが當時一般に通用したもので、編者の誤記によるものでないと認められるものには、おおむね正字の傍註を施さなかつた。なお、底本の假名書の部分に對して、たとえば「しつはらひ（尻拂）」「かいだて（垣楯）」のごとく、本文の右傍に若干の宛漢字を施した。

一、底本における假名遣の誤りについては、たとえば、「何の益《へき》（え）あらんや」のごときわずかの例外を除き、次のごときものに對しては、校訂註を加えなかつた。

中につゐて　こゝにをひて　敵をふせひて

一、本書には、本文刊行完結後速やかに、全巻に通ずる詳細なる索引を編次し、別巻として刊行する。その例言は索引の首部に辨する。

一、本書の刊行にあたり、國立公文書館内閣文庫が貴重なる原本を底本とすることを許され、格別の便宜を與えられたことに對して、厚く感謝の意を表する。

一、本書の校訂には、齋木一馬・林亮勝・橋本政宣の三氏が專らその任に當られた。なお、酒井憲二氏が、特に國語學の見地から協力された。銘記して深謝の意を表する。

昭和五十五年一月

續群書類從完成會

目次

目次

（表紙題簽）

寛永諸家譜

序　示諭
清和源氏條例

寛永諸家系圖傳序

本朝諸家の系圖、世に傳はる事久し。鹿苑院《ろくをんゐん》（足利義満）殿の時に、大納言藤原（洞院）公定《きんさだ》うけたまハりて分脈圖《ぶんみやくのづ》をえらひ、嫡子《ちやくし》・庶子《そし》の本末をわけて世におこなふといへども、なをいまたつまびらかならす。寛永十八年二月七日、将軍家（家光）あらたに台命をくたしたまひて、諸家の系圖をあつめあましむ。資宗（太田）これを奉行す。民部卿法印道春（林信勝）これにそふて、そのあむへきおもむきをしめす。こゝにをひて、諸大小名・御譜代・御近習・御番衆等およそ恩祿《をんろく》をかうふるもの、大小となくみな其家譜をさゝぐるもの數千人なり。道春をよひ子春齋（春勝）、件の家譜をみて、其眞僞《しんぎ》をわきまへ、其新舊《しんく》をたゞす。且又《かつまた》、仰によりて、漢字《かんじ》・倭字《わじ》兩通をつくらしむ。其事繁多《はんた》なるゆへに、十九年三月十日、かさねて台命くたりて、僧錄《そうろく》金地院元良（最岳）長老、尾州の法眼正意（堀）、水戸の書生《しよせい》卜幽（人見壹）・了的（辻達）おなしく其事にあつかる。高野山見樹院立詮をよひ御右筆大橋重政・小嶋重俊、倭字の事にあつかる。且又、京都五岳《がく》の僧侶《そうりよ》十七人をめして、江戸にきたらしむ。こゝにをひて、諸家の系譜をわかちくはる。道春・春齋は清和源氏の部《ぶ》をつかさとる。立詮これに屬《ぞく》す。元良をよひ五岳衆ハ藤原氏の部をつかさとる。重政これに屬す。正意は諸氏の部をえらひ、水戸の書生ハ平氏の部をあむ。重俊これに屬す。其外草案をつくり淨書《じやうしよ》にあつかるもの、數十人におよべり。歳を經て全編《ぜんへん》をなす。其系譜にくハしきあり、あら〳〵しきある事ハ、おの〳〵献《けん》する所の家本長短《ちやうたん》あるによりてなり。漢字・倭字都合三百七十二巻。其名を題《だい》して寛永諸家系圖傳といふ。かくのことき大部なる事、本朝のむかしよりいまたきかさるところなり。誠に太平御一統《とう》の御時にあらすは、いかてかこゝにいたらんや。諸家其官禄《くハんろく》をしる時は、御恩のあつき事をわすれす、其勲功《くんこう》をのする時は、先祖のつとめをおもふへし。しかれハ、忠《ちう》孝《かう》の道、無窮《ぶきう》の徳とともに、千萬世の後まてたれかあふきたてまつらさらんや。

寛永二十年癸未九月吉日

従五位下太田備中守源資宗

寛永諸家系圖傳

示諭《じゆ》

むかし允恭天皇《いんげうてんわう》の御時、諸家《しよけ》の姓氏《しやうじ》をたゞしてその眞僞《しんぎ》《まことといつはり》をわきまへ、弘仁帝《こうにん》(嵯峨天皇)の御宇《ぎよう》には、萬多親王《まんたしんわう》・右《う》大臣藤原園人《だいじんふぢはらのそのんど》等勅《ちよく》をうけたまはつて姓氏録《しやうじろく》をえらび、神代《かみよ》よりのわかれと、人皇《にんわう》の末《すゑ》の流《ながれ》と、異國來化《いこくらいくハ》の人の姓《しやう》とのたぐひを次第《しだい》せり。延喜帝《ゑんぎてい》(醍醐天皇)の御代《みよ》、正親《おほきみ》の司《つかさ》ありて、皇胤《くハういん》の親疎遠近《しんそゑんきん》をしるし、服《ふく》をたまひ姓《しやう》をあらたむる事をつかさどる。それよりこのかた後圓融院《ごゑんゆうゐん》の楓宸《ふうしん》にましませる、源《みなもとの》(足利)義滿公《よしみつこう》の柳營《りうゑい》をひらける、この時藤原公定《ときふぢハらのきんさだ》(洞院)、本朝尊卑分脈圖《ほんてうそんひぶんミやくのづ》をえらびあつめて世につたふ。まさに今、鈞命《きんめい》あらたにくだりて、諸家《しよけ》の系圖《けいづ》をこと〳〵く献《けん》ず。こゝにおゐて、おの〳〵その氏《うち》の称《せう》じきたれる由緒《ゆいしよ》をたづねたゞすによりて、其子《そのし》孫《そん》ます〳〵さかへはびこらん事をあふぎよろこび、其《その》官祿《くハんろく》をしるす時は、先祖《せんぞ》の勳功《くんこう》に依《よつ》て當時《たうじ》の恩惠《をんけい》をかうふる事をわすれず、その父祖《ふそ》をついづる時は、いかでか所生《しよしやう》をおもふ心なからんや。しかれば、忠孝《ちうかう》の道《ミち》あげてみなこゝにあり。前代《ぜんだい》の筆作《ひつさく》といふとも、なんぞ是にまさる事あらんや。まことにこれ天下太平《てんかたいへい》のとき久しくして、國家治安《こくかちあん》のまつりごとさかんなるしるしなり。こゝに漢字《かんじ》・倭字《わじ》の草案《さうあん》をつくるもの、あるひはこれをかきうつすもの、あるひハこれをかんがへあはするもの、召《め》されてきたりつどへり。此ゆへに、いさゝか條例《でうれい》をあげて是につげさとす。

一、松平の称号《せうかう》をたまふものをば、おの〳〵その本氏《ほんし》の部《ぶ》に入て、そのたまふ所の由來《ゆらい》をしるすべし。若他《もした》の氏《うち》にたまふものをば、清和源氏《せいハげんじ》の部《ぶ》に混乱《こんらん》すべ(からず脱カ)。たとへば、漢《かん》の項伯《かうはく》・婁敬《ろうけい》に劉氏《りう》し(衍カ)をたまふといへども、班《はん》(漢書撰者)固《こ》・司馬遷《しばせん》(史記撰者)其宗室につらねず、唐《たう》の藩鎭《はんちん》・功臣《こうしん》に李氏《り》をたまふといへども、永叔《えいしゆく》(歐陽修)その宗室《そうしつ》にいれざる例《れい》のごとし。今又《いままた》是に同じかるべし。

一、清和源氏の諸流《しよりう》ハ、清和より今にいたつて二十五六世《せ》、頼光《よりみつ》よりは二十二三世、義家《よしいへ》・義光《よしみつ》よりハ二十一二世。藤氏《とうじ》の諸流《しよりう》ハ、大織冠《たいしよくハん》(鎌足)より今《いま》にいたつて三十七八世、秀郷《ひでさと》・爲憲《ためのり》よりハ二十七八世、師輔《もろすけ》よりハ二十四五世。平氏《へいじ》諸流《しよりう》ハ、桓武《くハんむ》より今《いま》に至《いたつ》て三十三四世、良文《よしふん》よりは二十七八世、清盛《きよもり》・時政《ときまさ》(北條)よりは十八九世。宇多《うだ》源氏《げんじ》ハ、宇多《うだ》より今《いま》にいたつて二十四五世、佐々木《さゝき》秀義《ひでよし》よりは十八九世。これらのたぐひ、みなその世つぎのたゞしきものをもつてかんがへみるに、かくのごとし。しかれども人に壽夭《じゆよう》あり、世に長短あり。あるひは兄より弟におよぼし、或《あるひ》は子《こ》早世《さうせ》して祖孫《そそん》あひつぎ、あるひは實子《じつし》なくして外孫《くハいそん》その跡をつぐ事あり。此《この》ゆへに、二三世の多少《たせう》是あるべし。しかるに、あるひは百年・二百年のはるかにへだゝるものをもつて、まのあたり父子孫《ふしそん》の世系《せいけい》とするものあり、或ハみだりにその系圖を作《つく》りて、ひそかに其断絶《たんぜつ》をおぎぬふ(補)ものあり。是《これ》に依《よつ》て、七八世・五六世の長短《ちやうたん》あり。よろしくこれを評議《ひやうぎ》すべし。菅家《かんけ》・江家ならびに嵯峨《さが》村上《むらかみ》の源氏《げんじ》等《とう》の諸族《しよぞく》も、またこれに准《じゆん》すべし。又人をもつてこれをいへば、頼朝《よりとも》(源)より今に至て五百年におよべり。其世系をかんがうれば十七八代。尊氏《たかうぢ》(足利)より今《いま》に至《いたつ》てすでに三百年、その世系《せいけい》をかんがうれば十二三代なり。諸家の世數、みなこのたぐひをもつてしるべし。

一、其氏《うぢ》の出《いづ》る所《ところ》をあやまりて、他《た》の先祖《せんぞ》を以て我先祖《わがせんぞ》とする事ハ、たとへば、藤氏《とうじ》の足利《あしかゞ》をもつて源氏《げんじ》の足利《あしかゞ》とし、源氏の畠山《はたけやま》を以て平氏《へいじ》の畠山とするがごとし。族姓《ぞくしやう》はことなりといへども、称号《がう》是《これ》同じ。佐々木の田中をもつて、稲目《いなめ》宿祢《すくね》の胤《ゐん》とする事なかれ。多々良《たゝら》の山口《やまぐち》を以て、八代《やつしろ》宿祢《すくね》の裔《ゑい》とする事なかれ。嵯峨《さが》・宇多《うだ》・村上《むらかみ》等《とう》、おの〳〵源氏《げんじ》あり。清和の同流《どうりう》とすべからず。これを中華《ちうくハ》になぞらへて、その姓《しやう》のわかれをいへば、孫氏《そんし》に三流《りう》あり、揚氏《やうし》に二流《りう》あり、李《り》氏に隴《ろう》・西《せい》・趙《てう》・郡《ぐん》等《とう》のあまたのわかれあり。なんぞ一同《どう》といふべきや。又その似《に》てうたがはしき事をいへば、魯《ろ》にふたりの曾參《そうしん》あり、趙《てう》にふたりの毛遂《もうすい》あり。漢《かん》の兩韓《りやうかん》信《しん》、唐《たう》の二韓翃等《かんくハうとう》、姓名《せいめい》同じくしてその人は別《べつ》なり。しかれども士會《しくハい》・隨季《ずいき》・范武子《はんぶし》は三の名《な》なれども一人たり。范睢《はんしよ》・張祿《ちやうろく》といへるもまた同人《どうにん》なり。司馬公《しばこう》・程先生《ていせんじやう》、名《な》はことにして兩人《りやうにん》にあらず。たとへば、枳《からたち》をよんで橘《たちばな》とせば、猶《なを》あしからず。地《ち》ことなりといへども、その種《たね》は同じ。海棠《かいだう》をさして杜《ぼ》〔杜〕丹《たん》とせば、よろしからず。ともに花《はな》といふといへども、其樹《そのき》ことなり。若夫《もしそれ》同氏《どうし》同祖《どうそ》の人、其姓《しやう》のいづる所をつまびらかにせずして、あるひハ源氏《げんじ》と称《せう》じ、あるひハ藤氏《とうし》と称《せう》し、あるひハ平氏《へいじ》と称し、あるひは誰某《たれそれ》の氏《うぢ》と称《せう》して、諸《しよ》説《せつ》あひみたれて、わたくしにつくり出す事おほからん歟《か》。假令《たとひ》彼《かれ》も此《これ》も皆某人《ミなそれのひと》の後《のち》と称ずといへども、彼《かれ》ハ一姓《しやう》を称じ、これは他《た》の姓《しやう》を称ずるものをば、おの〱その姓《しやう》の本《もと》をたゞして、そのよる所あるにしたがふべし。若《もし》あるひハ兩方《りやうはう》ともに分明《ふんミやう》ならず、或《あるひ》ハ彼《かれ》も此《これ》もたがひにかたく其説《せつ》をまもりて、我《わが》ことをたてんとあらそふものをば、未定雑姓《ミちやうざつしやう》といはんか。古人《こじん》いへる事あり。一事《いちじ》を會釋《ゑしやく》すれば還《かへつ》て楯《しゆん》矛おなし、兩説《りやうせつ》を構合《こうがう》すれば牴牾《ていご》あり。今あらたに献《けん》ずる所《ところ》の系圖《けいづ》、おほく故實《こしつ》にたがふ。あるひハあやまつて兩氏《りやうし》をまじへて一祖《そ》とし、あるひハ源流《げんりう》をしらずして先祖《せんぞ》の次第《しだい》をみだり、あるひは我祖《わかそ》をあやまつて他の氏《うぢ》にいれ、あるひハたくみに他氏《たし》を入《いれ》て我祖《わがそ》とす。かくのごときのあやまり、あげてかぞふべからず。何《なん》ぞ是をわかたざらんや。抑《そもく》又《また》、大枝《おほえ》と大江《おほえ》と、その訓《くん》ひとつ。宇合《うがう》と馬養《うがう》も又あひおなじ。此ゆへに前代《ぜんだい》に民戸《ミんこ》の數《かず》をしるすもの、蝮部《たにべ》の姓《しやう》を轉《てん》じて丹比部《たぢべ》とし、永吉《ながよし》の名を變《へん》じて長善《ながよし》とするのたぐひ、其文字《そのもじ》ことなりといへども、その意《こゝろ》ハ同じ。是《これ》又料簡《れうけん》すべし。

一、他《た》の姓《しやう》をおかすもの、あるひハ養父《やうふ》・継父《けいふ》、あるひは姻家《いんか》・母家《ぼか》のたぐひ、皆《ミな》そのおかす所《ところ》の姓《しやう》をもちゐて、その實父《じつふ》をば其下にしるすべし。在原實盛《ありハらのさねもり》を齋藤別當《さいとうべつたう》と称《せう》じ、源《ミなもとの》長基《ながもと》を安藤《あんどう》太郎と号《がう》し、大江廣元《おほえのひろもと》ハ中原《なかハらの》廣季《ひろすゑ》が子《こ》となり、源《みなもとの》知家《ともいへ》ハ宇都宮宗綱《うつのミやのむねつな》が子となり、源親清《ちかきよ》河野《かうの》の家をつぎ、上杉《うへすぎ》義人《よしひと》佐竹《さたけ》の家《いへ》をつぐのたぐひ是なり。若兩系譜《もしりやうけいふ》を献《けん》ずるものあらば、これをあはせみるべし。

一、鎌倉《かまくら》柳營《りうゑい》の時《とき》、北條《ほうでう》數代《すだい》天下《てんか》の權《けん》をとるといへども、其昇進《せうじん》四品《しほん》をこえず。室町幕府《むろまちばくふ》の世《よ》に、斯波《しハ》・細川《ほそかハ》・畠山《はたけやま》ともに管領《くハんれい》たりといへども、三位《ゐ》にいたるものわづか一兩輩《りやうはい》、大略《たいりやく》四品《しほん》にとゞまる。いはんや其外《そのほか》の人をや。しかれは天正年前《てんしやうねんぜん》の武臣《ぶしん》、官位《くハんゐ》みだりにのぼるべからず。たとひ其家《いへ》々わたくしに傳へいふ事ありてうつし出すといふとも、是を評議《ひやうぎ》すべし。

一、漢家《かんか》の文字《もんじ》をうつして本朝《ほんてう》の書法《しよはう》とする事は、日本書《にほんしよ》記《き》〔紀〕のたぐひなり。眞名《まな》・假名《かな》あひならぶ事ハ、古今《こきん》集《しう》・新古今《しんこきん》集の序《じよ》のたぐひなり。そのかミ六條《ろくでう》の宮《ミや》（具平親王、村上天皇皇子）、眞字《まな》を以て伊勢《いせ》物語《ものがたり》をかきうつし、菅原爲長《すがハらのためなが》倭語《わご》をまじへて貞觀《ちやうぐハん》政要《せいよう》をときしるす。いにしへすでにかくのごとし。いまもまたこれにひとしかるべし。そのあるものをもつて、そのなき物にかへもちゐる、これを譯語《やくご》といふ事ハ、その心たがひにあひかよへばなり。此たび諸家《しよけ》あらたに献《けん》ずる系圖《けいづ》のうち、その文章通《ぶんしやうつう》じがたく、其言語《ごんご》かなひがたき事も是あるべし。しかれば筆《ふで》をとるもの、その本意《ほんい》をうしなはざらん事をむねとすべし。たとひつたなくとも、あやまる事なかれ。たとひしげくとも、はぶく事なかれ。たとひ俗《ぞく》なりとも、いやしき事なかれ。たとひすなほなりとも、いつはる事なかれ。こひねがはくは、そのつまびらかにしてくハしからん事をかなへりとせん。

一、さゝぐる所の本文《ほんもん》、漢字《かんじ》・倭字《わじ》ともに善惡あるべし。これをよくおぎぬ（補）ひつゞりて、別《べつ》にかきつくるは草案《さうあん》なり。二たびこれをうつすは清書《せいじよ》なり。此三のもの尤《もつとも》よくかんがへたゞしてのち、漢字《かんじ》・倭字《ハじ》の清書《せいしよ》兩本《りやうほん》相對《あひたい》し、あはせみて、たがひに其文理《そのもんり》のたがはざらん事をあかしさだむべし。

寛永十九年五月十一日　林道春謹撰

寛永諸家系圖傳

清和源氏條例《でうれい》

一、水尾《みつのを》（清和天皇）の帝《みかど》の御子《みこ》桃園《もゝぞの》（貞純親王）の親王《しんわう》の御子孫《ごしそん》、わかれて数流《すりう》となるもの繁多《はんた》なり。今官本《いまくハんほん》の系圖《けいづ》をもつて其出所《そのしゆつしよ》をたづね、其称号《せうがう》をかんがへて、是をわけて十集《じつしう》とす。いはゆる甲《かう》乙《をつ》丙《ひやう》丁《ちやう》戊《む》己《こ》庚《かう》辛《しん》壬《じん》癸《き》是なり。

一、貞純《さだすみ》・經基《つねもと》より此かた、當流《たうりう》代々武事を以て朝廷《てうてい》を衞《ゑい》護《ご》す。満仲《みつなか》《まんぢう》の時にいたつて、ことに世のために称《せう》ぜらる。其嫡子《ちやくし》頼光《よりみつ》《らいくハう》武勇《ぶゆう》をもつて時のほまれをあらはせり。頼光の子孫《しそん》おほく攝州《せつしう》・濃州《でうしう》にあつて、攝津國《つのくに》源氏《げんじ》と称《せう》するハ、大略《たいりやく》其後胤《かうゐん》なり。頼光《よりみつ》卒《しゆつ》して後、舎弟《しやてい》頼親《よりちか》その餘威《よい》をついて武將《ぶしやう》となる。四天王《てんわう》の随《ずい》一たり。その子孫《しそん》を大和《やまと》源氏と号《がう》〔す脱〕。その弟《おとゝ》頼信《よりのぶ》の時、朝敵《てうてき》平《たいらの》忠常《たゞつね》を討《うつ》て勲功《くんこう》をあらはし、ます〳〵一家の名譽《めいよ》をあぐ。その子伊《い》豫守《よのかみ》頼義《よりよし》・其孫《まご》八幡《まん》太郎義家《よしいへ》いよ〳〵くんこうをはげまして武威《ぶい》をふるふにより、この流《りう》、源家《げんけ》の正嫡《しやうちやく》たり。頼義の弟《おとゝ》頼清《よりきよ》・頼季《よりすゑ》の子孫《しそん》、散《さん》じて信州《しんしう》ならびに諸國《しよこく》にあり。義家《よしいへ》の弟《おとゝ》賀茂《かも》次郎義綱《よしつな》の子孫ハ今《いま》の世につたふるものなし。その弟《おとゝ》新羅《しんら》三郎義光《よしみつ》の子孫もつともおほし。わかれて江州《がうしう》・甲州《かうしう》・信州《しんしう》・常州《じやうしう》等《とう》にあり。満仲《まんぢう》のおとゝ満政《みつまさ》・満季《みつすゑ》・満快《みつよし》の子孫《しそん》、轉《てん》じて江州《がうしう》・尾州《びしう》・濃州《でうしう》・信州等《しんしうとう》にうつる。頼信《よりのぶ》の弟《おとゝ》頼《より》平《ひら》・頼範《よりのり》ならびに頼義の弟頼任《よりたふ》・義政等《よしまさとう》のごときは、官本《くハんほん》の系圖《けいづ》に其流《りう》をのすといへども、今《いま》の世にきこゆる事なし。義家の諸子《しよし》義親《よしちか》・義忠《よしたゞ》ゆへあつて其命《めい》ををえずして、子孫《しそん》ありといへども、世にあらはれず。三男《なん》義國《よしくに》ハ關東《くハんとう》に下向《げかう》せり。是に依《よつ》て爲義《ためよし》其家をついで義朝《よしとも》にいたる。その子《こ》頼朝《よりとも》大《おほ》きにその家をおこすに及《およん》で、天下の武將《ぶしやう》となるといへども、實朝《さねとも》以後《いご》正統《しやうとう》はやくたえぬ。此ゆへに義國《よしくに》の子孫《しそん》、源氏《げんじ》の嫡流《ちやくりう》となる。其弟《そのおとゝ》義時《よしとき》・義隆《よしたか》の子孫、河州《かしう》・信州《しんしう》にあり。義國《よしくに》の長《ちやう》男《なん》義重《よししげ》ハ、すなハち新田《にった》の御先祖《ごせんぞ》たり。二男義康《よしやす》を足《あし》利《かゞ》の先祖とす。治承年中《ちせうねんちう》、源頼政《みなもとのよりまさ》、高倉《たかくら》の宮以仁王《もちひとわう》《おほきミ》に語《かたつ》てあまねく清和源氏《せいハげんじ》の諸族《しよぞく》をかぞへあぐるに、みな此数流《すりう》なり。其末流《まつりう》の諸國《しよこく》にあるもの、こと〲くにしるすべからず。此等《ら》をかんがへあはするに、此編集《へんしう》の次第、よるところなきにあらず。

一、義家《よしいへ》ハ源家《げんけ》の正統《しやうとう》にして、武門《ぶもん》の棟梁《とうりやう》なり。其子孫世《そのしそんよ》々天下の武將《ぶしやう》となるゆへ、此流《このりう》は諸家《しよけ》の更《さら》にあらそふ所にあらず。若其前後《もしそのぜんご》をいはゞ、満政《ミつまさ》・満季《ミつすへ》・満快《ミつよし》ハ満仲《まんちう》の弟《おとゝ》なり。頼光《よりミつ》・頼親《よりちか》ハ頼信の兄《あに》なり。しかれば義家流《よしいへりう》の上にあるべしといへども、是を中華《ちうくハ》にかんがうれは、陳《ちん》・杞《き》・宋《そう》ハ虞《ぐ》・夏《か》・商《しやう》の後《のち》なれども、史記《しき》に世家をついづるに、呉《ご》の泰伯《たいはく》を以て第一とす。後漢《ごかん》書に宗室《そうしつ》をついづるに、趙王良《てうわうりやう》ハ光武《くハうぶ》の叔父《おぢ》なり。城《せい》陽《やう》・泗水《しすい》・安成《あんせい》・成武《せいぶ》・順陽等《じゆんやうとう》の王侯《ハうこう》ハ南陽前王《なんやうせんわう》の後なりといへども、齊《せい》の武《ぶ》王縯《わうゑん》をもつてはじめとす。今《いま》義家流《よしいへりう》をもつて甲集《かうしう》とする事ハ此例《れい》なり。すでに義家流を甲集とする時ハ、満仲《まんちう》の諸流《しよりう》此次にあるべし。此ゆへに頼光流《よりミつりう》・頼親流《よりちかりう》・頼清《よりきよ》 頼季流《よりすへりう》・義光流《よしミつりう》是につぐ。満政《ミつまさ》 満季《すゑ》 満快《ミつよし》流又此次なり。

一、松平正統《しやうとう》の一冊《さつ》ハ、今度《こんど》諸家《しよけ》より献《けん》ずる所にあらず。今旧記《いまきうき》をかんがへて其事跡《そのじせき》をのべ、正統《しやうとう》をたつとみ、其庶流《そりう》の出《いづ》る所《ところ》をあかす。庶流繁多《そりうはんた》なるゆへわけて四冊とす。又略圖《りやくづ》一冊《さつ》を作る事ハ、嫡子《ちやくし》・庶子の見分やすからんがためなり。

一、松平の諸流《しよりう》、おの〲其出る所の前後《ぜんご》をもつて次第とす。泰親主《やすちかぬし》・信光主《のぶミつぬし》より信忠主《のぶたゞぬし》にいたつて、是をかんがへしるべし。班史《はんし》(漢書)が先荊《まつけい》・燕《ゑん》・呉《ご》をのせて、次に楚《そ》の元王《げんわう》をのせ、次に高五王《かうごわう》をのするの例《れい》あはせみるべし。其餘《そのよ》の晉書《しんじよ》・唐書《たうじよ》に宗室《そうしつ》をついづるも、又かくのごとし。いかでかその世系をみだるべけんや。但《たゞし》、他《た》流《りう》に松平氏をたまふをば、これをのせず。因幡守(久松康元)・豊前守(久松勝正)・隠岐守(久松定勝)三流ハ種《たね》ことなりといへども、ゆへあるにより別《べつ》に一巻《いちくハん》として、こゝにつらぬ。其事ハ本譜《ほんふ》の下にみえたり。

一、諸流《しよりう》、大略《たいりやく》其嫡子《そのちやくし》・庶子《そし》によつてそのわかれをかんがへて、是を次第す。しかれども、ちかき世に其人大《たい》身《しん》となり、あるひは位《くらゐ》たかくして人の下にをきがたきものあり。是池田《これいけだ》・淺野《あさの》を土岐《とき》の上にのするたぐひなり。もしそれ細川《ほそかハ》を喜連川《きつれがハ》の下におく事ハ、其前代武《そのぜんたいぶ》將《しやう》の胤《ゐん》と管領《くハんれい》の家たる事勿論《もちろん》なればなり。其餘《そのよ》、みな此ふたつの例《れい》を以てなぞらへしるべし。其先祖嫡子《そのせんぞちやくし》・庶子《そし》の次第ハ、別に大綱惣括《たいかうそうくハつ》の圖《づ》に詳《つまびらか》なり。

一、諸家同流《しよけどうりう》のもの、義家流甲集第《かうしうだい》一にのするごときは清《せい》和天皇《ハてんわう》よりかけ、其次ハあるひは貞純親王《さだずミしんハう》よりかけ、あるひは義家《よしいへ》よりかけ、あるひハ義國《よしくに》・爲義《ためよし》・義重・義康《よしやす》よりかけ、あるひハ義兼《よしかね》・義氏《よしうぢ》よりかけ、あるひハ公深《こうしん》・泰氏《やすうぢ》よりかく。其正統《そのしやうとう》の次第あきらかにみるべし。今惣括圖《いまそうくハつづ》の内におゐて室町武將《むろまちぶしやう》の名をかくる事ハ、足利氏《あしかゞうぢ》の正流《しやうりう》をあらハすなり。宮原《ミやばら》・蔭山《かげやま》は基氏《もとうぢ》の庶流なり。吉良《きら》の上にのせがたしといへども、すでに喜連川《きつれがハ》を以《もつ》て初《はじめ》とする時は、宮原《ミやバら》・蔭山各別《かげやまかくべつ》といひがたきゆへに、その末《すゑ》につらぬ。三淵《ミツぶち》(マヽ)を細川《ほそかハ》の次《つぎ》にのせ、瀬名《せな》・高林《たかばやし》を今川《いまがハ》の下にをき、山本《やまもと》を佐竹《さたけ》の次にのするたぐひもまた是なり。最上《もがミ》は斯波《しは》の後胤《こうゐん》なり。細川《ほそかハ》・畠山《はたけやま》のはじめにあるべしといへども、斯波《しハ》の号《がう》を傳へずして最上《もがミ》と称《せう》ずる時は、正流《しやうりう》といひがたきゆへ、一等《とう》をくだす。嶋津《しまづ》がごとき累世國《るいせいくに》に封《ほう》ぜられ、賴朝の子孫と称ずといへども、ひさしく西國《さいこく》の鎭衛《ちんゑい》たる時は、其家足利家《そのいへあしかゞけ》と階級《かいきう》あるゆへ、題《だい》して爲義流《ためよしりう》といふ。爲義流はいにしへ義家の嫡《ちやく》流たりといへども、其正流今《いま》すでに絶《たえ》ぬる故に、足利流《あしかゞりう》の次にこれをのす。頼光流のうち、中年《ちうねん》より此かた土岐《とき》の家《いへ》に嫡流のおもひをなせり。官本《くハんほん》の系圖《けいづ》に、此流におほく朱《しゆ》の丸をくハふ。今案《いまあん》ずるに、頼綱《よりつな》ハあになり、國房《くにふさ》ハ弟《おとゝ》なり。頼綱《よりつな》は頼政《よりまさ》が先祖《せんぞ》にして、國房ハ土岐《とき》の先祖なり。旧《きう》記《き》をかんがうるに、義朝《よしとも》の時より頼朝《よりとも》いまだ世に出《いで》ざる其間《そのあひだ》二十餘《よ》年、朝廷《てうてい》につかへて源氏《げんじ》の豪傑《がうけつ》たるは頼政なり。いはんや位《ゐ》階《かい》三位《ゐ》にいたるをや。しかれば頼光の諸流《しよりう》にをゐては、頼政《よりまさ》尤《もつとも》其けやけきものか。足利氏《あしかゞうぢ》武将《ぶしやう》となるに及で、土岐の一族創業《ぞくさうげう》の功《こう》あるゆへ、世々濃州《でうしう》を領じて大家《たいか》となる。これに依て、其家《いへ》此流に秀《ひいで》たるものか。官本《くハんほん》の系圖《けいづ》の編集《へんしう》、土岐《とき》全盛《ぜんせい》のときにあるゆへ、作者《さくしや》それこゝろあるものか。今此流を次第する時は、土岐かならず頼光《よりミつ》流の正統《しやうとう》とすべからざるゆへ、毎篇《まいへん》頼光よりかけて、まじへて次第をなす。是変例《これへんれい》なり。

一、義光の支流《しりう》、繁多《はんた》なり。佐竹《さたけ》・逸見《へんミ》・武田《たけた》・小笠原《をがさハら》の諸流にをゐて、あるひは其的《そのてき》々のみだれざるあり。あるひハわづかに其先祖をしるして、そのつぎ〳〵をしらざるあり。おの〳〵其篇《そのへん》をかんがへてこれを見るべし。其中《なか》に、あるひハ割菱《わりびし》を以て紋《もん》とするをば、武田の族《ぞく》と称《せう》じ、松皮菱《まつかハびし》を以《もつ》て紋《もん》とするをば、小笠原の族《ぞく》と号するものも又是あり。あるひハ其先祖《せんぞ》甲州《かうしう》の人たるゆへに、清和源氏と名づくるものあり。古來新羅《こらいしんら》三郎(義光)の子孫《しそん》をもつて甲斐源氏《かひげんじ》と号する事ハ、いにしへよりいひつたへたる語《ご》なれば、うたがふべきにあらず。又武田氏も數代甲州《すだいかうしう》を領じて其子孫繁多《はんた》なれば、其支《し》族《ぞく》を諸邑《しよゆう》に封《ほう》ずる時は、其後胤《そのこうゐん》たるものか。是に依て義光流のするゐに是をのす。

一、朱《しゆ》の丸《まる》(朱書)∴●●等《とう》、おの〳〵差別《しやべつ》あり。あるひは先祖、あるひは宗領《そうりやう》、あるひハ中興《ちうこう》、あるひは英雄《ゑいいう》、あるひハ貴権《きけん》のものに朱の丸をくハふる事ハ、官本系圖《くハんほんけいづ》の例《れい》なり。しかれども其丸をくハふる事一様《やう》にみるべからず。たとへば、義家流にをゐては義光を庶子《そし》とし、頼光流にをゐては頼親《よりちか》を庶子《そし》とするゆへ、ともに丸をくはへがたしといへども、甲斐《かひ》源氏・大和《やまと》源氏の系圖《けいづ》にをゐては義光・頼親をもつて祖宗《そそう》とするゆへ、大丸《おほまる》をくハふ。義光流のうち昌義《まさよし》佐竹・光長《ミつなが》逸見《へんミ》・信義《のぶよし》武田・長清《ながきよ》小笠原のたぐひ、おの〳〵わかれて一宗となる。此四宗《このしそう》わかれて數十家《すじつか》となるにより、家《いゑ》々にをの〳〵宗あり。其家々に祖宗をうやまふ事は、貴賤《きせん》となく一なるものか。此ゆへに其宗ごとに丸をくハふ。其丸に大小ある事ハこゝろなきにあらず。其外の諸流祖宗《しよりうそそう》のわかち、朱丸《しゆのまる》の大小、是になぞらへてしるべし。もしこゝろ〴〵に中華《ちうくハ》の例をいはゞ、周文王《しうのぶんわう》の子《こ》の中に武王《ぶわう》を嫡子《ちやくし》とし、周公《しうこう》・康叔《かうしゆく》を庶子《そし》とすといへども、魯《ろ》・衛《ゑい》にあつては周公・康叔をもつて祖《そ》とす。周公の嫡子《ちやくし》世《よ》々魯侯《ろこう》たり。慶父《けいふ》・叔牙《しゆくが》・季友《きゆう》がごときは、則《すなハち》庶《そ》子《し》となるゆへにくたつて大夫となる。しかれども又おの〳〵一家《か》の宗《そう》たり。みな此類をもつてしるべし。

一、諸流の系譜《けいふ》・事跡《じせき》、うたがふべきもの、旧記《きうき》に見えざるものあり。あるひハ家傳《かでん》の字《じ》をくはへ、あるひハ中《ちう》絶《ぜつ》としるし、あるひハ私《わたくし》の案《あん》をくハふるものあり。立《たち》花《ばな》・本堂《ほんだう》・五嶋《ごたう》のたぐひこれなり。

一、此集巻《しうまき》々のはじめ、其同類《どうるい》のうちにおゐて、あるひは世系《せいけい》たゞしきもの、あるひは勲功《くんこう》あるもの、あるひは称号《せうがう》の由緒《ゆいしよ》あるもの、みな是をゑらびて次第す。其混《こん》乱《らん》してわかちがたきをば別巻《べつくハん》とす。一二三四の次第ありといへども、かならず是を以て高下《かうげ》の科《しな》をわかつとすべからず。假令其同姓《けりやうそのどうしやう》の前後《ぜんご》たしかならず、其上にたゝん事かたく、其下にたゝん事かたきをばこれをまじへのす。いはんや一集《しう》一冊《さつ》の首《はじめ》なるをや。若夫微少《もしそれびせう》の輩《ともがら》ハ、こまかに論《ろん》ずるにたらざるもの往《わう》々に是ある歟。

一、史家《しけ》の傳《でん》をつらぬるに、おほく子《こ》をもつて父《ちゝ》の傳のすゑにつけ、弟《おとゝ》を以て兄《あに》の傳の次にをく事ハ常《つね》の例《れい》なり。しかれども淮南王長《わいなんわうちやう》を高五王《かうごわう》の傳《でん》につけず、霍光《くハくくハう》を去《きよ》病《へい》につけず、班超《はんてう》を班彪《はんへう》・班固《はんこ》につけざる事ハ、同族《どうぞく》といへども其傳のことなる例《れい》なり。又劉向《りうしやう》を楚元王《そのげんわう》につけ、周亞夫《しうあふ》を周勃《しうぼつ》につけ、竇憲《とうけん》を竇融《とういう》につけ、耿恭《かうけう》を耿弇《かうゑん》につくるは、是其族《ぞく》同じければその傳《でん》を同じくする例なり。史記《しき》に外戚世家《ぐハいせきせいけ》ありといへども、唯呂后《たゞりよこう》を本紀《ほんぎ》にあげ、漢書《かんじよ》に外戚傳《ぐハいせきでん》ありといへども、別《べつ》に元《げん》后《こう》の傳《でん》をたてたり。又張湯《ちやうたう》・杜周《としう》を酷吏傳《こくりでん》にいれず、馬融《ばいう》・鄭玄《ちやうげん》儒林傳《じゆりんでん》にのせず。是同類《とうるい》なりといへども其傳別《でんべつ》なる時は、編集《へんしう》の例一躰《れいいつてい》ならず。此集の次第《しだい》も又此心をもつてみるべし。

一、天正年前《てんしやうねんぜん》の武臣《ぶしん》、官位《くハんゐ》みだりにのぼるべからず。其ことすでに示諭に見えたり。今《いま》清和源氏の内畠山持國《うちはたけやまもちくに》公卿《くきやう》補《ふ》任《にん》ならびに官本系圖《くハんほんけいづ》に是をしるせり。従三位《じゆさんゐ》に叙《じよ》すとしるしてうたがひなきものは、公卿補任ならびに官本系圖に是をしるせり。又中原《なかハらの》康富《やすとミ》日《につ》記《き》に管領《くハんれい》畠山持國卿《はたけやまもちくにきやう》といへる時は、此證據《せうこ》とすべし。又畠山の家傳《かでん》に政長《まさなが》従三位に叙《じよ》すといへり。吉良《きら》の家《か》傳《でん》にも満義《ミつよし》を正三位に叙し、小笠原《をがさハら》家傳《かでん》には貞宗《さだむね》正三位に叙するのよし称《せう》ずといへとも、みな補任《ふにん》にのせず。しかれども持國《もちくに》の先例《せんれい》ある時は、政長《まさなが》が位階《ゐかい》かならず是をのぞくべきにあらざるか。官本系圖《くハんほんけいづ》をかんがふる時は、斯波義將《しハよしまさ》ならびに其子義重《よししげ》等そばづけに三位を書《しよ》すといへども、補任《ふにん》にこれをのせず。しかれども官《くハん》本系圖《ほんけいづ》やぶりかたき時は、政長《まさなが》も又義將《よしまさ》のたぐひか。そのかみ足利氏《あしかゞうち》の世に管領《くハんれい》の威權《いけん》張大《ちやうだい》なるゆへ、高位《かうゐ》にいたるといへども、朝廷《てうてい》のこゝろにあらず。是《これ》に依《よつ》て補任《ふにん》に書《しよ》せざるもの歟。吉良長氏《きらながうち》は足利義氏《あしかゞよしうち》の長子《ちやうし》にして、泰氏《やすうち》に出《いつ》るものなり。此ゆへに室町家《むろまちけ》の武將《ぶしやう》其子孫《しそん》におゐて礼讓《れいじやう》のこゝろあり。たとへは、漢惠帝《かんのけいてい》の齊悼惠王《せいのたうけいわう》にをける、後漢明帝《ごかんのめいてい》の東海王《とうかいわう》にをける、唐の玄宗《げんそう》の寧王《ねいわう》にをけるがごとき歟。他家《たけ》に准《じゆん》じかたきゆへなり。中《なか》につゐて小笠原貞宗《をがさハらさだむね》その家《いへ》を中興《ちうこう》して、弓馬《きうば》の法《はう》をもつて公家《くげ》・武家《ぶけ》の師範《しはん》となる。彼家《かのいへ》の系《けい》譜的傳分明《ふてきでんふんミやう》にして廢《はい》すべからず。此ゆへに満義《ミつよし》・貞《さた》宗《むね》・政長《まさなが》はしばらく家《いへ》の説《せつ》をもちゆ。其餘《よ》の官位《くハんゐ》ハ評《ひやう》議《ぎ》して用捨《ようしや》これあり。又諸家《しよけ》のうち従五位《じゆごゐ》に叙《じよ》せずして、あるひハ某守《それがしのかミ》と称《せう》じ、あるひハ某太輔《たいふ》・某少輔《せふ》と称じ、或《あるひ》ハ某頭《かミ》・某助《すけ》・某允《ぜう》と称じ、あるひハ某正《かミ》・某佐《すけ》と称じ、あるひハ某大夫《たいふ》・某亮《すけ》・某進《しん》と称ずるのたぐひこれおほし。定論《ちやうろん》とすべからず。鎌倉右大《かまくらのうだい》(源頼朝)將《しやう》の時に、時政《ときまさ》ハ姻家《いんか》なれども、なを北条《ほうでうの》四郎と称ず。義盛《よしもり》ハ侍所《さふらひどころ》の別當《べつたう》なれども、和田《わたの》小太郎と称ず。景《かけ》時《とき》ハ厩所《むまやどころ》の司《つかさ》なれども、梶原《かぢハら》平三と称ず。重忠《しげたゞ》ハ武州の鎮衛《ちんゑい》なれども、畠山《はたけやまの》次郎と称ず。盛長《もりなが》ハ旧勞《きうらう》の功臣《こうしん》なれとも、安達藤《あだちの》九郎と称ず。これら年《とし》を經《へ》世《よ》をことにして、わつかにあるひハ受領《じゆりやう》にいたり、あるひハ衞《ゑ》府《ふ》に列《れつ》する時は、いはんや其餘《よ》の武《ぶ》臣《しん》をや。おもふにそのかゝ武家執権《しつけん》のはじめなるゆへ、猶すなほにして辞《じ》退《たい》の心《こゝろ》ある歟。しかも父《ちゝ》武藏守たる時ハ其子武藏太郎と称《せう》じ、父相摸守たる時ハ其子相摸太郎と号《がう》するの類《たぐひ》も是あり。武家繁昌《はんじやう》に及《およん》でおして官位《くハんゐ》にのぼる。越後ハ新田《につた》の領地《りやうち》なれども、高師泰《かうのもろやす》越後守と称じ、播《はり》磨《ま》ハ赤松《あかまつ》が國なれども、高師冬《かうのもろふゆ》播磨守と称ずる事ハ、名《な》あつて實《じつ》なきものなり。其後朝廷《てうてい》の除《ぢ》目《もく》縣召《あがためし》おこなはれざる時といへども、田舎《でんじや》の武士《ぶし》みだりに受領《じゆりやう》の名《な》をおかし、恣《ほしひまゝ》に太輔《たいふ》・少輔《せふ》・頭《かミ》・正《かミ》等《とう》を称ずるものあげてかぞふべからず。其内《うち》又口宣《くせん》を持《ち》し、證文《せうもん》を帯《たい》するものこれあり。其實否《じつふ》をはかるに、つまびらかならざるをば、しばらく其家《いへ》の説《せつ》にしたがふ。又受領の内上總《かづさ》・上野《かうづけ》・常陸《ひたち》等《とう》に太守《たいしゆ》ある事ハ、是《これ》親王《しんわう》の任《にん》なる事流例《るれい》なり。平人《へいにん》これに任《にん》ずる時は介《すけ》なり。このゆへに此三州《しう》の守《かミ》と称《せう》ずるものは、家説《かせつ》といへども是をもちゐずして、くだして介《すけ》とす。しかれども平氏《へいじ》の臣《しん》に上總守《かづさのかミ》忠清《たゞきよ》ある時は、此三州をもつてさだめて親王《しんわう》の官《くハん》とする、其例近代《きんだい》よりの事か。猶是《なをこれ》をかんがうべし。このゆへに忠清以前《いぜん》の人、此三州の守《かミ》と称ずる時は、其人によつてそのまゝもちゐる事も又是あり。頼《より》光《ミつ》上總守《かづさのかミ》となり、義光常陸守《ひたちのかミ》となるのたぐひこれなり。

一、同流わかれて二家《け》となつて、その先祖の事をしるすに、相違《さうい》なる事是多《これおほ》し。蒔田《まいた》の家に義継《よしつぐ》を吉良《きら》の嫡《ちやく》といへるがごとし。しかれども長氏《ながうぢ》子孫《しそん》ハ、世々《よ》京都《きやうと》にあつて其名《そのな》はなはだあらはる。中年《ちうねん》鎌倉《かまくら》の管領《くハんれい》、京都の柳《りう》營《えい》になぞらへんとして、兩上杉《りやううへすぎ》ならひに千葉《ちば》・小山《をやま》・結城《ゆふき》・長沼《ながぬま》・佐竹《さたけ》・那須《なす》・宇都宮《うつのミや》・小田《をだ》の八家《か》をもつて、京都の三管領《くハんれい》ならびに山《やま》名・一色《いつしき》・京極《きやうごく》・赤松《あかまつ》の四職《ししよく》に配《はい》す。其餘の諸事《しよじ》、おほく京都にならぶ《(マヽ)》ゆへ、義継《よしつぐ》の子孫《しそん》の奥州にありしをまねきよせて、京都の吉《き》良《ら》になぞらふもの歟。いはんやいますでに蒔田《まいだ》と称ずる時は、其次第あきらかにしるべし。小笠原の兩流そのいふ所の嫡子《ちやくし》・庶子《そし》の事は、兩説《りやうせつ》をあはせのせて論《ろん》じてこれを辨《べん》す。もしそれ牧野《まきの》ハ二流にしてその先祖おなじく其氏《うぢ》ことなり。示諭《じゆ》にいはゆるかれもこれもかたくその説《せつ》をまもつて、我事をたてんとあらそふといへる是なり。今《いま》清和源氏の部《ぶ》にいると、又諸氏《しよし》の部に入との論説《ろんぜつ》ハ本譜《ほんふ》の下にみえたり。

一、清和源氏と称ずといへども、其本《そのもと》をしらざるものをば支流《しりう》と号す。しかれども其先祖《せんぞ》あるひは江州《がうしう》に住《ちう》し、あるひハ四目結《よつめゆひ》をもつて紋《もん》とするをば、佐々木の流たるべき事を察《さつ》して、是を宇多源氏の部《ぶ》にいれ、あるひハ勢州《せいしう》に住《ちう》し、あるひは播州《ばんしう》に住するものは赤松《あかまつ》・北《きた》畠《ばたけ》の流たるべき事をかんがへて、是を村上《むらかみ》源氏の部《ぶ》にいる。又その系圖《けいづ》をかんがへて、渡部黨《わたなべたう》たるべきものをば嵯峨《さが》源氏の部《ぶ》に入、其外の系譜におゐて彼《かれ》もかんがふる所《ところ》なく、此《これ》も證《せう》すべきもののなきをば、しばらく清和源氏の支流《しりう》に是をのす。まことにこれ年代久《ねんだいひさ》しくとほざかりて、しりがたきものをばいかんともすべき事なし。是うたがはしきをかくは、いにしへの例《れい》ならずや。夫《それ》蜀先主《しよくのせんしゆ》(劉備)ハ中山靖王《ちうざんせいわう》(漢の劉勝)の後たりといへども、其《その》世系《せいけい》をつまびらかにせず。宋太祖《そうのたいそ》(劉義隆、文帝)ハ趙廣漢《てうくハうかん》が後と称ずといへども、其氏譜《そのしふ》をつまひらかにせざる時は、中華《ちうくハ》も又しかり。是諸家《これしよけ》の支流《しりう》あるゆへなり。

一、目録《もくろく》に唯其称号《たゞそのせうがう》の〻を書してその名《な》を記《き》せず。これによつて松平・水野《ミづの》・小笠原《をがさはら》・石川《いしかハ》・安藤《あんどう》・高木《たかぎ》等《とう》のごとき、その氏ハ一にして其族《そのぞく》おほければみやすからず。又称号ハ同じくして其姓《しやう》ことなるものハ、清和源氏に太田《おほた》・土屋《つちや》あり、藤氏《とうじ》にも又太田あり、平氏にも又土屋あり、源氏・藤氏・良岑氏《よしミねうぢ》に皆丹羽《ミなにハ》あるのたぐひこれおほし。おそらくはこれかんがへがたきものか。しかりといへども同流の内に嫡流《ちやくりう》ハすこしきにして、庶《そ》流《りう》ハおほひなるものあり。父《ちゝ》と兄《あに》とは官位《くハんゐ》なくして、子と弟の昇進《せうじん》するあり。このゆへに官位《くハんゐ》・爵祿《しやくろく》をもつて先とする時ハ族類《ぞくるい》をみだる。嫡庶《ちやくそ》・長少《ちやうせう》をもつて次第をなす時は尊卑《そんひ》をみだる。又嫡男《ちやくなん》を父につくる時ハ其名を記《き》しがたし。又次男・三男等《とう》別職《べつしよく》を勤《つと》むる時は其名を略《りやく》しがたし。是今《いま》称号《せうがう》のゝを書するゆへなり。其名のかんがへがたき事をおそるといへども、あやまりなからん事をこひねがふ。

（表紙題簽）

寛永諸家譜　清和源氏目録

寛永諸家系圖傳

清和源氏《せいわげんじ》

目録《もくろく》

清和源氏目録

新田《にった》別流　甲九

山名《やまな》

志《し》賀《が》

由《ゆ》良《ら》

大嶋《おほしま》

田《た》中《なか》

鳥山《とりやま》

義家《よしいへ》流《りう》　乙《をつ》一

足利《あしかゞ》流《りう》

喜《き》連川《つれかハ》

宮原《ミやバら》

蔭山《かげやま》

吉《き》良《ら》

今川《いまかハ》

蒔田《まいた》

瀬《せ》名《な》

高林《たかばやし》

同流　乙二

細川《ほそかハ》

三淵《ミづぶち》(マゝ)

畠山《はたけやま》

上杉《うへすぎ》

同流　乙三

最上《もがミ》

一色《いっしき》

丹羽《には》

土屋《つちや》

同流　乙四

榊原《さかきバら》　式部太輔《しきぶのたいふ》忠次《たゞつぐ》ハ松平の称号《せうがう》を用《もち》ゆ。

向井《むかゐ》

同流　乙五

板倉《いたくら》

花房《はなぶさ》　飛驒守《ひだのかミ》職直《もとなを》ハ榊原《さかきばら》の称号《せうがう》を用。

荒川《あらかハ》

義家流《よしいへりう》　丙《ひやう》一

為義流《ためよし》

嶋津《しまづ》　薩摩守《さつまのかミ》光久《みつひさ》ハ松平の称号を用。

同流《どうりう》　丙二

立花《たちばな》

本堂《ほんだう》

馬場《ばバ》

野々山《のゝやま》

義家流《よしいへりう》　丙三

義時流《よしとき》

石川《いしかハ》

義家流　丙四

義隆流《よしたかりう》

森《もり》

押田《をした》

頼光流《よりミつ》　丁《ちやう》一

池田《いけだ》　三左衛門輝政《てるまさ》子孫《しそん》ハ皆《ミな》松平の称号《せうがう》を用ゆ。

同流　〔丁二脱カ〕

淺野《あさの》　安藝守《あきのかミ》光晟《みつあき》ハ松平の称号を用。

同流　丁三

土井《どゐ》

菅沼《すがぬま》

同流　丁四乾《けん》

大河内《おほかうち》　右衛門大夫正綱《まさつな》・伊豆守信綱《いづのかみのぶつな》ハ松平の称号を用。

同流　丁四坤《こん》

太田《おほた》

恆岡《つねをか》

高田《たかた》

同流　丁五

土岐《とき》

同流　丁六

中川《なかがハ》

伊丹《いたみ》

多田《ただ》

同流　丁七

仙石《せんごく》

植村《うへむら》

嶋田《しまだ》

妻木《つまぎ》

保々《ほぼ》

揖斐《いび》

徳山《とこのやま》

肥田《ひた》

同流　丁八

平岡《ひらをか》

能勢《のせ》

福《く》嶋《しま》

清水《しミづ》

落合《おちあひ》

頼親流《よりちかりう》　戊一

高木《たかぎ》

同流　戊二

土方《ひぢかた》
石河《いしかう》
依田《よだ》
大森《おほもり》
幸田《かうだ》
朝日《あさひ》
江川《えがハ》

頼清流《よりきよりう》　己一
安藤《あんどう》
村上《むらかみ》

頼季流《よりすゑりう》　己二
保科《ほしな》
井上《ゐのうへ》

同流　己三

赤井《あかゐ》
須田《すだ》

義光流《よしミつりう》　庚《かう》一
佐竹《さたけ》
山本《やまもと》　福村《ふくむら》

同流《どうりう》　庚二
逸見《へんミ》
溝口《ミぞぐち》
飯田《いひだ》
青沼《あをぬま》

同流　庚三
河窪《かハくぼ》

同流　庚四
五嶋《ごたう》

保田《やすだ》
岡田《をかだ》
曾根《そね》
平賀《ひらか》
小佐手《をさで》
下曾根《しもぞね》
安藤《あんどう》
東條《とうでう》

同流　庚五

內藤《ないとう》
米倉《よねぐら》
栗原《くりはら》
大井《おほゐ》
仁科《にしな》
駒井《こまゐ》

同流　庚六

伊澤《いざハ》
酒依《さかより》
高尾《たかお》
小尾《をび》　津金《つがね》
新見《しんミ》
牛奥《うしおく》

同流　庚七

山高《やまたか》
青木《あをき》
柳澤《やなぎさハ》
曲淵《まがりぶち》
近山《ちかやま》
岩出《いはで》
入戸野《いりとの》

油川《あぶらかハ》
馬場《ばバ》
竹川《たけかハ》
同流　庚八
松前《まつまへ》
義光流《よしミつりう》　辛《しん》一
小笠原《をがさはら》
同流　辛二
小笠原
同流　辛三
南部《なんぶ》
下山《しもやま》
淺羽《あさハ》
淺原《あさはら》

大井《おほゐ》
仁加保《にかぼ》
同流　辛《しん》四
三好《ミよし》
林《はやし》
上田《うへだ》
伴野《ともの》
中嶋《なかじま》
打越《うていち》
丸茂《まるも》
跡部《あとべ》
同流　辛五
秋山《あきやま》
高林《たかばやし》
溝口《ミぞぐち》

加々美《かゞミ》
安井《やすゐ》
水上《ミつかミ》
同流　辛《しん》六
長坂《ながさか》
日向《ひなた》
内山《うちやま》
山中《やまなか》
窪田《くぼた》
日比野《ひびの》
今井《いまゐ》
高室《たかむろ》
市川《いちかハ》
五十嵐《いがらし》
同流　辛七

甲州支流《かうしうしりう》
折井《おりゐ》
田澤《たざハ》
櫻井《さくらゐ》
清野《きよの》
飯室《いひむろ》
雨宮《あめのミや》
深見《ふかミ》
曾雌《そし》
鎮目《しつめ》
小宮山《こミやま》
小菅《こすげ》
塚原《つかハら》
久保田《くぼた》

満《ミつ》政《まさ》流《りう》　壬《じん》一乾
水《ミつ》野《の》
同流　壬一坤
水野
同流　壬二
山田《やまだ》
岡田《をかだ》
彦坂《ひこさか》
小嶋《こじま》
満《ミつ》季《すゑ》流《りう》
高屋《たかや》
樋口《ひぐち》
満《ミつ》快《よし》流　壬《じん》三
諏訪《すハ》
安部《あべ》

有賀《あるが》
片桐《かたぎり》
知久《ちく》
屋代《やしろ》
諏訪部《すハべ》
飯田《いひだ》
松本《まつもと》
支《し》流《りう》　癸《き》一
蜂須賀《はちすか》今《いま》ハ松平の称号《せうがう》を用。
金森《かなもり》
支流　癸二
牧野《まきの》
西郷《さいがう》
竹中《たけなか》

柴田《しハた》

支流《しりう》　癸《き》三

松井今《いま》ハ松平の称号《せうがう》を用。

本郷《ほんがう》

本間《ほんま》

向坂《さきさか》

支流　癸四

西尾《にしお》

小坂《をさか》

富士《ふじ》

伏屋《ふせや》

小長谷《こながや》

春田《はるた》

矢頭《やとう》

佐脇《さわき》

芝山《しばやま》

尾崎《おさき》

尾關《おぜき》

支流《しりう》　癸《き》五

稲垣《いなかき》

石丸《いしまる》

山下《やました》

正木《まさき》

勝矢《かつや》

堀越《ほりこし》

小泉《こいづミ》

竹尾《たけお》

支流　癸六

分部《わけべ》

小俣《をまた》

千村《ちむら》
小川《をがハ》
菅波《すがなミ》
原《ハら》
高付《たかつき》
小田切《をたぎり》
市岡《いちをか》
富田《とみだ》
支流　癸《き》七
山口《やまぐち》
辻《つじ》
中村《なかむら》
小倉《をぐら》
雀部《さゝべ》
澤《さハ》

越智《をち》
多喜《たき》
齋田《さいた》

(表紙題簽)

寛永諸家譜 清和源氏大綱惣括

寛永諸家系圖傳

清和《せいわ》源氏《げんじ》大綱《たいかう》惣括《そうくわつ》

清和天皇《せいわてんわう》 (符號・系線等朱、下同ジ)

貞純親王《さだずみしんわう》

經基王《つねもとわう》

満仲《みつなか》

満政《みつまさ》 水野《みつの》并《ならびに》山田《やまだ》等祖《とうのそ》。

頼光《よりみつ》 池田《いけだ》・淺野《あさの》・土岐《とき》等祖《とうのそ》。頼政《よりまさ》并《ならびに》攝津《つのくに》源《げん》氏祖《しのそ》。

頼親《よりちか》 大和《やまと》源氏等祖《とうのそ》。

満季《みつすゑ》

満快《みつよし》 諏訪《すハ》・片桐《かたぎり》等祖《とうのそ》。

頼信《よりのぶ》

頼平《よりひら》

頼範《のり》

頼明《あきら》

頼貞《さだ》

頼義《よりよし》

頼清《よりきよ》 安藤《あんどう》并《ならびに》村上《むらかみ》祖《のそ》。

頼季《すゑ》 保科《ほしな》・井上《ゐのうへ》等祖《とうのそ》。

頼任《たふ》

義政《よしまさ》

義家《よしいへ》

義綱《つな》

義光《ミつ》
佐竹《さたけ》・武田《たけた》・逸見《へんミ》・小笠原《をがさはら》・南部等祖《なんぶとうのそ》。

義親《よしちか》

義國《くに》

爲義《ためよし》
義朝《よしとも》
頼朝《よりとも》

義時《よしとき》
石河等祖《いしかハとうのそ》。

義隆《よしたか》
森等祖《もりとうのそ》。

義重《よししげ》
新田御先祖《につたごせんぞ》。

義康《よしやす》
足利祖《あしかゞのそ》。

清和源氏　甲《かう》

義家流《よしいへりう》

新田《につた》嫡流《ちやくりう》得河《とくがハ》松平家《まつだいらけ》

●義家《よしいへ》
八幡《まん》太郎　陸奥守《むつのかミ》　鎮守府將軍《ちんじゆふのしやうぐん》

●義國《よしくに》
式部大夫

●義重《よししげ》
新田大炊助《につたおほいのすけ》　贈鎮守府將軍《ぞうちんじゆふのしやうぐん》

●義康《よしやす》○
足利《あしかゞ》の祖《そ》。

〰〰〰〰〰〰〰〰

義範《よしのり》○
太郎三郎　伊豆守　山名《やまな》の祖《そ》。

義俊《よしとし》○
太郎　大新田《おほにつた》と号《がう》す。里見《さとミ》・田中《たなか》等《とう》の祖《そ》。

義兼《かね》○
新田三郎　一名ハ義廉《よしかど》。小《こ》新田と号す。義貞《よしさだ》の祖《そ》。

●義季《すゑ》
得川《とくがハ》四郎　徳川《とくがハ》三郎

經義《つねよし》
額戸《ぬかどの》三郎

義光《よしミつ》
新田冠者《につたのくハんじや》

義佐《よしすけ》
小四郎

頼氏《よりうぢ》○
世良田《せらた》弥四郎　三河守　従五位《じゆごゐ》
新田《につた》三河前司《のぜんじ》
新田《につた》得川《とくがハ》松平《まつたいら》 正統《しやうとう》ならびに諸流《しよりう》の祖《そ》たり。

清和源氏　乙《をつ》

義家流

足利流《あしかゞりう》

義家《よしいへ》
八幡《まん》太郎

義國《くに》
初《はじめ》て足利《あしかゞ》と号《がう》す。式部大夫

義重《よししげ》○
新田《につた》の祖《そ》。甲《がう》（マヽ）の巻《まき》に見えたり。

義康《よしやす》
足利陸奥判官《あしかゞむつのはんぐハん》

清和源氏義家流（足利流）

義清《よしきよ》
矢田判官代《やたのはんぐハんだい》

義實《さね》
廣沢《ひろさハ》判官代

實國《さねくに》○
太郎　仁木《につき》の祖《そ》。

義季《よしする》○
次郎　細川《ほそかハ》の祖《そ》。

義宗《よしむね》○
戸賀崎《とがさきの》三郎　荒川《あらかハ》の祖《そ》。

義兼《かぬ》
上総介《かづさのすけ》

義純《よしずみ》○
遠江守　畠山《はたけやま》の祖《そ》。

義助《よしすけ》
近江守

義胤《たね》
近江守　桃井《もゝのゐ》と号す。

義氏《よしうち》
左馬頭

長氏《ながうち》
上総介《かづさのすけ》

満氏《ミつうぢ》○
上総介　吉良《きら》の祖《そ》。

國氏《くにうぢ》○
四郎　今川《いまがハ》の祖《そ》。

義繼《つぐ》○

左馬（マヽ）　四郎　蒔田《まいた》の祖《そ》。

- 泰氏《やすうぢ》　宮内少輔
  - 家氏○　尾張守　尾張と号す。斯波《しハ》・最上《もかみ》等《とう》の祖《そ》。
  - 義顕《よしあきら》○　次郎　澁川《しぶかハ》と号す。板倉《いたくら》の祖《そ》。
  - 頼氏《よりうぢ》　治部大輔
  - 頼茂《よりしげ》　四郎　石堂《いしだう》と号す。

- 公深《こうしん》○　律師《りつし》　一色《いつしき》の祖《そ》。
- 義辨《ぎべん》○　律師　上野《うへの》と号《がう》す。花房《はなぶさ》の祖《そ》。
- 賢寶《げんほう》　法印《ほうゐん》　小股《をまた》と号す。
- 基氏《もとうぢ》　六郎　加古《かこ》と号す。

- 家時《いへとき》　伊《い》豫守《よのかみ》
  - 貞氏《さだうぢ》　讃岐守《さぬきのかみ》

清和源氏義家流（足利流）

高義《たかよし》
左馬助　早世《さうせい》。

尊氏《たかうぢ》
征夷大将軍《せいいたいしやうぐん》　正二位《しやうにゐ》　大納言《だいなごん》　贈左大臣《ぞうさだいじん》　従一位《じゆいちゐ》
等持院殿《とうじゐんどの》と号《がう》し、仁山《にんさん》と称《せう》す。

直《たゞ》義《よし》
左兵衛督　従三位　法名《ほうみやう》　慧《ゑ》源《げん》。

義詮《よしあきら》
征夷大将軍　大納言　贈左大臣　従一位
寳篋院殿《ほうけうゐんどの》と号《がう》し、瑞山《ずいさん》と称《せう》す。

義満《よしみつ》
征夷《せいい》大将軍　太政大臣《だいじやうだいじん》　従一位　准三后《じゆさんごう》
太上天皇《だいじやうてんわう》の尊號《そんがう》をくる。
鹿苑院殿《ろくおんゐんどの》と号《がう》し、天山《てんざん》と称す。

満《ミつ》詮《あきら》
従二位《じゆにゐ》　権《ごん》大納言

義持《よしもち》
征夷《せいい》大将軍　内大臣《ないだいじん》　従一位《じゆいちゐ》　贈太政大臣《ぞうだいじやうだいじん》
勝定院殿《せうぢやうゐんどの》と号し、顕山《けんざん》と称《せう》す。

義嗣《つぐ》
権大納言

義量《よしかず》
征夷大将軍　参議《さんぎ》　中将《ちうじやう》　早世《さうせい》。
贈従一位《ぞうじゆゐ》　長得院殿《ちやうとくゐんどの》と號《がうし》、鞏山《げうさん》と称す。

義教《よしのり》

征夷《せいい》大將軍　左大臣《さだいじん》　從一位　准三后《じゆさんごう》
贈太政大臣《ぞうだいじやうだいじん》　普廣院殿《ふくわうゐんどの》と號《がう》し、善山《ぜんざん》と称す。

義勝《よしかつ》

征夷大將軍　贈左大臣《ぞうさだいじん》　從一位
慶雲院殿《けいうんゐんどの》と號《がう》し、榮山《ゑいざん》と称す。

義政《まさ》

征夷大將軍　左大臣　從一位　准三后《じゆさんごう》
贈《ぞう》太政大臣　慈照院殿《じせうゐんどの》と號し、喜山《きさん》と称《せう》す。

義尚《よしひさ》

征夷大將軍　內大臣　贈太政大臣　從一位
常德院殿《じやうとくゐんどの》と號し、悅山《ゑつさん》と称す。

義視《よしミ》

大納言　准三宮《じゆさんぐう》　贈太政大臣　從一位
大智《ち》院殿と號し、久山《きうざん》と称す。

政知《まさとも》

左兵衛督　伊豆《いづ》に下向《げかう》。

義材《よしき》

征夷大將軍　宰相《さいしやう》　中將《ちうじやう》　贈《ぞう》太政大臣　從一位《じゆいちゐ》
名《な》を義尹《よしたゞ》とあらため、又義植《たね》〔植〕とあらたむ。
惠林院殿《ゑりんゐんどの》と號し、嚴山《げんさん》と称す。

義澄《よしずミ》

征夷《せいい》大將軍　宰相《さいしやう》　中將《ちうじやう》　贈《ぞう》太政大臣
初《はじめ》の名《な》ハ義遐《よしはる》、あるひハ義通《よしみち》に作《つく》る。後《のち》に義《よし》高《たか》とあらたむ。
法住院殿《ほうじうゐんどの》と號し、旭山《ぎよくさん》と号す。

義晴《よしはる》
征夷大将軍　右大将《うだいしやう》　贈左大臣　従一位
萬松院殿《ばんせうゐんどの》と號《がう》し、曄山《ようざん》と称す。

義輝《よしてる》
征夷大将軍　参議《さんぎ》　中将《ちうじやう》　贈《ぞう》左大臣　従一位
光源院殿《くわうげんゐんどの》と号し、融山《ゆうざん》と称す。

周暠《しうかう》
鹿苑寺《ろくおんじ》の僧《そう》。

義昭《よしあきら》
征夷大将軍　大納言　准后《じゆこう》
靈陽院殿《れいやうゐんどの》と號《がう》し、尚山《しやうざん》〔昌カ〕と称す。

直冬《たゞふゆ》

右兵衛佐　中國《ちうごく》の探題《たんだい》。

基氏《もとうぢ》
鎌倉《かまくら》左馬頭　關東《くハんとう》の管領《くわんれい》。
喜連川《きつれがハ》・宮原《ミやばら》并《ならびに》蔭山《かげやま》等《とう》の祖《そ》。

清和源氏　丙《ひやう》

義家流

爲義《ためよし》・義時《よしとき》・義隆《よしたか》流《りう》

●義家

●義國《よしくに》○
子孫《しそん》甲乙《かうをつ》の巻《まき》に詳《つまびらか》なり。

●爲義《ためよし》
六條《でうの》判官《はんぐハん》

●義朝《よしとも》
下野守／左馬頭

義賢《かた》

〰〰〰〰〰〰〰〰〰〰

帯刀先生《たてハきせんじやう》

●義仲《よしなか》
木曾冠者《きそのくハんじや》　馬場《はゞ》（マヽ）の祖《そ》。

義憲《よしのり》
志田《しだの》三郎先生　或《あるひ》ハ義廣《よしひろ》になす。

頼賢《よりかた》
四郎左衛門尉

頼仲《よりなか》
掃部助

爲宗《ためむね》
六郎

爲成《ためなり》 七郎

爲朝《とも》 八郎 鎭西《ちんぜいの》八郎と号す。

爲仲《なか》 九郎

行家《ゆきいへ》 十郎藏人《くらんど》

爲家《ためいへ》 淡路《あはぢの》冠者《くハんじや》

頼定《よりさだ》 加賀《かゞの》冠者《くハんじや》

〰〰〰

正親《まさちか》 練絹《ねりきぬの》冠者《くハんじや》

維義《これよし》 松井《まつゐの》冠者

乙若《をとわか》

龜若《かめわか》

鶴若《つるわか》

天王丸《てんわうまる》

●義平《よしひら》 鎌倉《かまくらの》惡源太《あくげんだ》

朝長《ともなが》
中宮大夫進《ちうぐうのたいふのしん》

頼朝《よりとも》○
征夷《せいい》大將軍　右近大將《うこんのだいしやう》　權《ごん》大納言　正二位
嶋津《しまつ》・大友等《おほともとう》の家傳《かでん》に、頼朝《よりとも》の子孫《しそん》と称《せう》ず。

義門《よしかど》
宮内丞

希義《まれよし》
土佐冠者《とさのくはんじや》

範頼《のりより》
三河守　蒲冠者《かばのくはんじや》　子孫を吉見《よしみ》と号《がう》す。

全成《ぜんじやう》
阿野法橋《あの、ほつけう》と号《がう》す。

圓成《ゑんじやう》
愛智卿公《ゑちのきやうのきみ》

義經《よしつね》
九郎大夫判官《はんぐわん》

義時《よしとき》○
左兵衛尉　石川《いしかハ》の祖《そ》。

義隆《よしたか》○
陸奥《むつの》六郎　森冠者《もりのくはんじや》　森《もり》并《ならびに》押田《をした》の祖《そ》。

清和源氏 丁《ちやう》

頼光流《よりミつりう》

●頼光《よりミつ》 摂津守《つのかミ》

頼國《よりくに》 摂津守

頼弘《よりひろ》 讃岐守《さぬきのかミ》

頼資《よりすけ》 下野守

基國《もとくに》

資兼《すけかぬ》○ 溝杭大夫《ミぞぐゐのたいふ》 平岡《ひらをか》の祖《そ》。

頼實《よりさね》 左衛門尉

實國《さねくに》 左衛門尉

●頼綱《よりつな》 多田藏人《ただのくらんど》

●國房《くにふさ》 美濃《みのゝ》七郎 伊豫守《いよのかミ》

光國《ミつくに》 出羽守

師光《もろミつ》 信濃守 福嶋《ふくしま》と号す。

光信《ミつのぶ》

光基《ミつもと》

土岐《とき》出羽判官《でハのはんぐわん》　伊賀守《いがのかミ》

光衡《ミつひら》
土岐《とき》美濃守

光行《ミつゆき》○
出羽守　土岐諸流《ときしよりう》の祖《そ》。

光時《ミつとき》○
淺野《あさの》次郎　淺野の祖《そ》。

明國《あきくに》○
下野守　多田《ただ》の祖《そ》。

仲政《なかまさ》
兵庫頭《ひやうごのかミ》

國直《くになを》○
美濃《ミのゝ》三郎　能勢《のせ》・清水《しミづ》・福嶋《ふくしま》・落合《おちあひ》等《とう》の祖《そ》。

頼政《よりまさ》
従三位《じゆざんゐ》

仲綱《なかつな》
伊豆守　太田《おほた》の祖《そ》。

兼綱《かねつな》○
判官《はんぐハん》　大河内《おほかうち》の祖《そ》。

頼兼《よりかね》○
藏人　高田《たかた》の祖《そ》。

頼行《よりゆき》○
藏人　仲川《なかがハ》の祖《そ》。

光重《ミつしげ》
三郎　深栖《ふかす》と号す。

泰政《やすまさ》○
瀧口《たきぐち》右馬允《むまのぜう》　池田《いけだ》の祖《そ》。

清和源氏　戊《む》

頼親流《よりちかりう》
大和源氏の流《りう》と号《がう》す。

●頼親《よりちか》
大和守

頼成《よりなり》
肥後守

頼房《ふさ》
肥前守

頼俊《よりとし》
陸奥守《むつのかミ》

頼風《よりかせ》
従五位下《じゆごゐげ》

頼治《はる》

親弘《ちかひろ》

宇野《うの、》冠者《くハんじや》

頼景《よりかげ》○
愛子《あいごの》六郎　朝日《あさひ》の祖《そ》。

親治《ちかはる》○
宇野《うの》七郎　土方《ひぢかた》・大森《おほもり》・依田《よた》・幸田《かうだ》・江川《えがハ》等《とう》の祖《そ》なり。

基弘《もとひろ》
齋院《さいゐんの》 長官《ちやうぐハん》

信弘《のふひろ》
豊嶋《としま》藏人《くらんど》と号《がう》す。

信光《のぶミつ》○
藏人判官代《はんぐわんだい》　高木《たかぎ》の祖《そ》。

頼遠《よりとを》
福原《ふくハら》三郎

有光《ありミつ》○
石河《いしかハの》冠者《くわんじや》　奥州《あうしう》石河《いしかハ》の祖《そ》。

清和源氏 己《こ》

頼清《よりきよ》・頼季流《よりすゑりう》

頼信《よりのぶ》
河内守

頼義《よりよし》○
伊予守《いよのかミ》

頼清《よりきよ》
肥後守《ひごのかミ》

仲宗《なかむね》
筑前守《ちくぜんのかミ》

顕清《あききよ》

〜〜〜〜〜〜〜〜〜〜〜〜〜〜〜〜〜〜〜〜

藏人《くらんど》

爲國《ためくに》○
判官代《はんくわんだい》　村上《むらかミ》の祖《そ》。或《あるひ》ハ盛清《もりきよ》が子《こ》とも云《いふ》。

仲清《なかきよ》
藏人

盛清《もりきよ》
藏人

家宗《いへむね》
上野介

基宗《もとむね》
藏人

家基《いへもと》
三郎大夫

長基《ながもと》○
太郎　安藤《あんとう》の祖《そ》。

頼季《よりすゑ》
井上《ゐのうへ》掃部助《かもんのすけ》　保科《ほしな》の祖《そ》。

滿實《ミつざね》
三郎太郎

遠光《とをミつ》
太郎

光平《ミつひら》○
時田《ときだの》太郎　井上《ゐのうへ》の祖《そ》。

家滿《いへミつ》○
五郎　赤井《あかゐ》の祖《そ》。

盛光《もりミつ》
高梨《たかなし》七郎

爲實《ためざね》○
須田《すだの》九郎　須田《すだ》の祖《そ》。

清和源氏

庚辛《かうしん》

義光流《よしミつりう》

義光

新羅《しんら》三郎

義業《よしなり》

進士判官《しんじはんぐハん》

昌義《まさよし》○

信濃守

常陸國佐竹《ひたちのくにさたけ》に住《ちう》す。佐竹の祖《そ》。

義定《よしさだ》○

遠江守

近江源氏山本《あふミげんじやまもと》の祖《そ》。

柏木《かしハぎ》・大鳥《おほとり》・錦織《にしこり》等《とう》みな此末《このすゑ》なり。

義清《よしきよ》

武田冠者《たけたのくわんじや》

盛義《もりよし》○

平賀冠者《ひらかのくわんじや》

平賀の祖《そ》。

親義《ちかよし》○

岡田《をかだの》冠者

岡田の祖。

清光《きよミつ》

逸見《へんミの》冠者

黑源太《くろげんだ》

光長《ミつなが》○

逸見太郎

逸見の祖。

信義《のぶよし》

武田《たけたの》太郎

遠光《とをミつ》
加々美次郎《ミの》

義定《よしさだ》○
安田《やすだ》三郎　安田の祖。

清隆《きよたか》
安井《やすゐの》四郎

長義《ながよし》
田井《たゐの》小次郎

光義《ミつよし》
田井《たゐの》五郎

嚴尊《げんそん》

曾祢禪師《そねのぜんじ》

義行《よしゆき》
奈古十郎《なごの》

義成《よしなり》
淺利与一《あさりの》
此外兄弟《ほかきやうだい》なを多《おほ》し。

光朝《ミつとも》○
秋山《あきやま》太郎　秋山の祖。

長清《ながきよ》○
小笠原《をがさはら》次郎　小笠原諸流《しよりう》の祖《そ》。

光行《ミつゆき》○
南部《なんぶ》三郎　南部の祖《そ》。

忠頼《たゞより》　一條《でう》次郎

兼信《かねのぶ》　板垣《いたがき》三郎

有義《ありよし》○　武田《たけたの》四郎　五嶋《ごたう》の祖。

信光《のぶみつ》○　伊沢《いざハの》五郎　伊沢を或《あるひ》ハ石和《いしわ》になす。後に武田《たけた》伊豆守と号す。武田諸流《しよりう》の祖《そ》。

清和源氏　満政《みつまさ》・満季《みつすゑ》・満快流《みつよしりう》　壬《じん》

經基王《つねもとわう》《のおほきミ》

満仲《みつなか》《まんぢう》○

満政《みつまさ》　村岡《むらをかの》大夫《たいふ》　鎮守府將軍《ちんじゆふのしやうぐん》

忠重《たゞしげ》○　左衛門尉　水野《みづの》并《ならびに》山田《やまだ》・小嶋《こじま》・彦坂《ひこさか》等《とう》の祖《そ》。

満季《みつすゑ》　武藏守《むさしのかミ》

致公《むねとも》　兵部丞《ひやうぶのぜう》

致任《むねたふ》　越前守

清和源氏満政・満季・満快流

- 定俊《さだとし》 越前守
- 為經《ためつね》○ 越前三郎 江州《がうしう》高屋《たかや》の祖《そ》。樋口《ひぐち》の祖《そ》。
- ● 満快《みつよし》 相摸介《さがみのすけ》
  - 満國《みつくに》 甲斐守《かひのかミ》
    - 為満《ためみつ》 甲斐守
      - 為公《ためとも》 信濃守
  - 為衡《ためひら》○ 中津乗《なかつのぜう》太郎 知久《ちく》の祖《そ》。
  - 為扶《ためすけ》○ 伊那《いなの》太郎 諏訪部《すハべ》・飯田《いひだ》・松本《まつもと》の祖《そ》。

- 為邦《ためくに》○ 村上判官代《むらかみのはんぐわんだい》 屋代《やしろ》・室賀《むろが》の祖《そ》。
- 為實《ためさね》○ 矢田《やたの》六郎 諏訪《すハ》・安部《あべ》・有賀《あるが》の祖《そ》。
- 為基《ためもと》○ 片切《かたきり》源八 片切の祖《そ》。

清和源氏　癸《き》

支流《しりう》

諸家《しよけ》献《けん》ずる所の系圖《けいづ》に、清和源氏の裔《ゑい》と称《せう》ずといへども、その先祖《せんそ》の名《な》を忘《わす》れて、系圖次第《けいづのしだい》詳《つまびら》かならざるものあり。是を官本《くハんほん》の系圖《けいづ》ならびに旧記《きうき》を以てかんがふれども、其實否《じつふ》たしかならざるをバ、しバらく彼家《かのいへ》の説《せつ》をこゝにのせて、支流《しりう》と号《がう》す。

（表紙題簽）

寛永諸家譜　清和源氏
松平略圖

寛永諸家系圖傳

清和《せいわ》源氏《げんじ》

松平諸流略圖《しよりうりやくづ》

（符號・系線等朱、下同ジ）

●清和天皇《せいわてんわう》 ― 貞純親王《さだずミしんわう》

經基王《つねもとわう》
六孫王《ろくそんわう》

滿仲《ミつなか》
多田新發意《ただのしんぼち》

頼信《よりのぶ》
河内守《かハちのかミ》

頼義《よりよし》
伊豫守《いよのかミ》

●義家《よしいへ》
八幡太郎《まん》

義國《よしくに》
式部大夫《しきぶのたいふ》

●義重《よししげ》
新田大炊助《にったおほいのすけ》

●義季《よしすへ》
得川四郎《とくがハ》　徳川三郎《とくがハ》

頼有《よりあり》
得川四郎太郎《とくがハ》　下野守

●頼氏《よりうぢ》
世良田弥四郎《せらだ》　三河守　從五位《じゆごゐ》
新田三河前司《にったみかハのせんじ》

有氏《ありうぢ》
世良田《せらた》小次郎　遠江守

教氏《のりうぢ》
世良田次郎

満氏《ミつうぢ》
江田《えたの》三郎

家時《いへとき》
又次郎

満義《ミつよし》
弥次郎

政義《まさよし》
右京亮《うきやうのすけ》

義秋《よしあき》

親季《ちかすへ》
修理亮《しゆりのすけ》

有親《ありちか》
左京亮

親氏《ちかうぢ》
松平太郎左衛門尉　初《はじめ》ハ徳《とく》阿弥と号す。

泰親《やすちか》
太郎左衛門尉　世良田《せらだ》三河守《みかハのかミ》

信廣《のぶひろ》
太郎左衛門尉

長勝《ながかつ》
太郎左衛門　越前守《ゑちぜんのかミ》

勝茂《かつしげ》
太郎左衛門　越前守

信吉《のぶよし》 太郎左衛門 隼人佑《はやとのぜう》

親長《ちかなが》 太郎左衛門

某《それがし》 傳十郎

重正《しげまさ》 民部 ― 正成《まさなり》 次大夫

信貞《のぶさだ》 次郎左衛門 ― 信久《のぶひさ》 兵助

信光《のぶミつ》

和泉守

益親《ますちか》 遠江守 ― 勝親《かつちか》 遠江守

家久《いへひさ》 出雲守

家弘《いへひろ》 筑前守《ちくぜんのかミ》

久親《ひさちか》 備中守《びっちうのかミ》

守家《もりいへ》 左京亮 竹谷《たけのや》と号《がう》す。

守親《もりちか》 左京亮

親善《ちかよし》 与次郎 玄蕃允《げんばんのぜう》

清善《きよよし》 与次郎 玄蕃允《げんばんのせう》 備後守《びんごのかみ》

清宗《きよむね》 与次郎 玄蕃允 備後守

女子《によし》 石川日向守《ひうがのかみ》家成《いへなり》が妻《め》。

家清《いへきよ》 与次郎 玄蕃頭《げんばんのかみ》

女子 久野《くの》三郎左衛門が妻《め》。

女子 鳥居《とりゐ》源七郎(康忠)が妻《め》。

女子 岡部《をかべ》内膳正《ないぜんのかミ》長盛《ながもり》が妻《め》。

清定《きよさだ》 内記

清信《きよのぶ》 内記

清行《きよゆき》 次郎兵衛

忠清《たゞきよ》 民部太輔《ミんぶのたいふ》

女子

清和源氏松平諸流略圖

本多《ほんだ》豊後守《ぶんごのかみ》康紀《やすのり》が妻《め》。

女子
松平主殿頭忠利《たゞとし》が妻《め》。

女子
成田《なりだ》左馬助泰高《やすたか》が妻《め》。

女子
淺野《あさの》采女正《うねめのかみ》長重《ながしげ》が妻《め》。

清昌《きよまさ》
玄蕃頭《げんばんのかみ》

清雄《きよを》
民部《みんぶ》

清方《きよかた》
帯刀《たてわき》

親忠《ちかたゞ》
右京亮《うきやうのすけ》

昌龍《しやうりう》

親直《ちかなを》
因幡守《いなばのかみ》

與嗣《ともつぐ》
嗣《つぐ》を一には副《すけ》に作《つく》る。
佐渡守
形原《かたのはら》と号す。

貞副《さだすけ》
兵衛大夫

親忠《ちかたゞ》
佐渡守

家廣《いへひろ》
又七

家忠《いへたゞ》
紀伊守《きのかみ》

家房《いへふさ》
勘右衛門

正重《まさしげ》
石川《いしかハ》勘助

政成《まさなり》
次右衛門

政善《まさよし》
猪《い》之助

正長《まさなが》

勘助

信平《のぶひら》
八左衛門

家信《いへのぶ》
又七　紀伊守《きのかみ》

康信《やすのぶ》
若狭守《わかさのかみ》

勝信《かつのぶ》
助十郎

氏信《うぢのぶ》
修理亮《しゅりのすけ》

光重《ミつしげ》 紀伊守

昌安《まさやす》 彈正《だんじやう》左衛門

親貞《ちかさだ》 左《さ》馬允《まのぜう》

某《それがし》 七郎

三光《ミつミつ》 源太郎 善四郎 善兵衛尉

正親《まさちか》 善四郎 善兵衛尉

康安《やすやす》 善四郎 善兵衛尉 石《いハ》見守《みのかミ》 伊《い》豫守《よのかミ》

正朝《まさとも》 善四郎 壹《い》岐守《きのかミ》

重成《しげなり》 文《ぶん》四郎 志《し》摩守《まのかミ》

成次《なりつぐ》 忠太郎 主水《もんど》〔水〕

康信《やすのぶ》 久七郎

重之《しげゆき》

隼人《はやと》

正求《まさミ》
善四郎

正村《まさむら》
源太郎

光英《ミつひで》
八郎右衛門尉

元芳《もとよし》
弥三郎

元心《もとむね》
弥九郎　太郎左衛門尉

〜〜〜〜〜〜〜〜〜〜〜〜〜〜〜〜〜〜〜〜

信長《のぶなが》
弥九郎　太郎左衛門尉

忠次《たゞつぐ》
弥九郎　外記《げき》

景忠《かげたゞ》
弥九郎　太郎左衛門尉

伊昌《これまさ》
弥三郎　外記

忠實《たゞさね》
弥三郎　土佐守《とさのかミ》　外記《げき》

伊燿《これてる》
主氷《もんど》〔水〕　備中守《びっちうのかミ》

清和源氏松平諸流略圖

忠尚《たゞなを》
千助　与左衛門尉

元成《もとなり》
六郎左衛門尉

● 忠景《たゞかげ》
大炊助《おほいのすけ》　深溝《ふかミぞ》と号《がう》す。

忠定《たゞさだ》
大炊助

好景《よしかげ》
大炊助《おほいのすけ》

定政《さだまさ》

忠政《たゞまさ》

孫十郎

孫大夫

忠勝《たゞかつ》
孫右衛門

政勝《まさかつ》
瀬《せ》兵衛

政次《まさつぐ》
助之丞《すけのぜう》

忠次《たゞつぐ》
市大夫

重次《しげつぐ》
孫大夫

政次《まさつぐ》
助之丞　松平瀬《せ》兵衛政勝《まさかつ》が養子《やうし》となる。

伊忠《これたゞ》 主殿助《とのものすけ》

家忠《いへたゞ》 主殿助

忠利《たゞとし》 主殿頭

忠房《たゞふさ》 主殿頭

忠貞《たゞさだ》 長三郎　惣兵衛

忠良《たゞよし》 長三郎

忠一《たゞかつ》 庄九郎

忠重《たゞしげ》 三郎兵衛

忠隆《たゞたか》 兵庫頭《ひやうごのかミ》　一名ハ忠政《たゞまさ》。

忠久《たゞひさ》 弥五兵衛

光親《ミつちか》 次郎右衛門

重親《しげちか》 傳七郎

親友《ちかとも》 圖書助《づしよのすけ》

忠恒《たゞつね》

忠澄《たゞずミ》

次郎右衞門尉　新助

忠綱《たゞつな》 新助

親正《ちかまさ》 新助

親次《ちかつぐ》 清右衞門尉

重弘《しげひろ》 鈴木《すゝき》權兵衞

玄鐵《げんてつ》 阿知和右衞門《あちわゑもん》

某《それがし》 右衞門

女子
本多中務《ほんだなかづかさ》忠勝《たゞかつ》が妻《め》。

重吉《しげよし》 次郎右衞門

某《それかし》 傳一郎　庄左衞門

般若助《はんにやのすけ》

昌利《まさとし》 傳十郎　庄右衞門

昌吉《まさよし》 傳一郎　庄左衞門

昌重《まさしげ》 傳助　五郎兵衞

昌信《まさのぶ》 傳六郎

正光《まさミつ》
市之丞

某《それかし》
十平

忠重《たゞしけ》
小沢《をざハ》瀬兵衛

重勝《しげかつ》
傳三郎　越前守　大隅守《おほすミのかミ》

女子
松平周防守（松井康重）が母《はゝ》。

重忠《しけたゞ》
傳三郎　丹後守《たんごのかミ》

重直《しげなを》
丹後守

重長《しげなが》
傳五郎　淡路守《あハちのかミ》

勝廣《かつひろ》
傳五郎

女子
品川《しながハ》内膳正（高如）が妻《め》。

女子
塚原次左衛門（昌信）が妻。

重則《しけのり》
半次郎　内膳正　大隅守《おほすミのかミ》

重正《しげまさ》

清和源氏松平諸流略圖

太郎八

女子
西郷《さいがう》孫六郎延員《のぶかず》が妻《め》。

女子
神保《しんばう》左京亮《さきやうのすけ》（茂明）が妻《め》。

重信《しげのぶ》
弥吉

勝隆《かつたか》
忠左衛門　出雲守

女子
岩瀬《いハせ》（氏次）吉左衛門が母《はゝ》。

勝廣《かつひろ》
傳五郎　美濃守《みのゝかミ》

女子
伊東《いとう》（長治）甚太郎が妻《め》。

家勝《いへかつ》
美作守《ミまさかのかミ》

親正《ちかまさ》
修理進《しゆりのしん》

親長《ちかなが》
岩津《いハつ》太郎

●乘元《のりもと》
源次郎　加賀守　大給《おぎう》と号す。

乗正《のりまさ》 源次郎　左近

乗勝《のりかつ》 源次郎

親清《ちかきよ》 傳藏　左衛門尉

近正《ちかまさ》 五左衛門

一生《かつなり》 新次郎　五左衛門尉

正吉《まさよし》

五左衛門

成重《なりしげ》 右近衛将監《うこんゑのしやうけん》

忠昭《たゞあきら》 左近将監《さこんの》

為季《ためすゑ》 武兵衛《ぶ》

親乗《ちかのり》 源次郎　左近《さこん》　和泉守《いづみのかミ》

眞乗《さねのり》 源次郎　左近

清和源氏松平諸流略圖

家乘《いへのり》
源次郎　和泉守

眞次《さねつぐ》
三郎次郎　左近　縫殿助《ぬいのすけ》

乘眞《のりざね》
左近大夫

乘次《のりつぐ》
左七郎

乘壽《のりなが》
源次郎　和泉守

知乘《とものり》
内匠頭《たくみのかみ》　但馬守《たじまのかみ》

乘久《のりひさ》
源次郎

乘政《のりまさ》
助十郎

長親《ながちか》
次郎三郎　初名《はじめのな》ハ忠次《たゞつぐ》。出雲守　藏人丞《くらんとのぜう》

親房《ちかふさ》
玄蕃助《げんばんのすけ》

超譽《てうよ》
知恩院《ちおんゐん》の住持《ちうぢ》。

親光《ちかミつ》

親良《ちかよし》

- 刑部《ぎやうぶ》
- 長家《ながいへ》 安城《あんじやう》左馬助
- 張忠《はるたゞ》 右京亮《うきやうのすけ》
- 乘清《のりきよ》 瀧脇《たきはき》と号《がう》す。
- 正乘《まさのり》 久大夫
- 兵庫入道《ひやうごにうだう》
- 信乘《のぶのり》 三郎次郎
- 康忠《やすたゞ》 甚六郎
- 乘遠《のりとを》 三郎大夫

- 乘高《のりたか》 出雲守
- 乘次《のりつぐ》 右馬助《むまのすけ》 監物《けんもつ》
- 正武《まさたけ》 右衛門八
- 信忠《のぶたゞ》 次郎三郎 蔵人《くらんど》 世《よ》に侍中《しちう》と号《がう》す。
- 親盛《ちかもり》 三郎次郎 右京亮 福鎌《ふくかま》と号《がう》す。
- 親次《ちかつぐ》 三郎次郎 右京亮

親俊《ちかとし》
三郎次郎　左馬助

康親《やすちか》
右京亮《うきやうのすけ》　筑後守《ちくごのかみ》

康盛《やすもり》
右京亮　讃岐守《さぬきのかみ》　筑後守《ちくごのかみ》

康勝《やすかつ》
宇《う》右衛門

康俊《やすとし》
三郎次郎

信定《のぶさだ》

与一　内膳正　櫻井《さくらゐ》と号《がう》す。

清定《きよさだ》
与一　内膳正

家次《いへつぐ》
監物《けんもつ》

忠正《たゞまさ》
与一

家廣《いへひろ》
内膳正

忠吉《たゞよし》
与次郎

信吉《のぶよし》
伊豆守
信一《のぶかつ》が養子《やうし》となつて、藤井《ふぢゐ》の家《いへ》をつぐ。

忠頼《たゞより》
左馬允

忠重《たゞしげ》
大膳大夫

忠直《たゞなを》
淡路守《あはぢのかミ》

忠氏《たゞうぢ》
三七郎

忠成《たゝなり》
宮内《くない》

忠勝《たゞかつ》
長七郎

宗長《むねなが》
因幡守《いなばのかミ》

忠好《たゞよし》

左京進《さきやうのしん》

忠利《たゞとし》
織部正《をりべのかミ》

女子
織田上野介信勝《をたのかうづけのすけのふかつ》が妻《め》。

忠政《たゞまさ》
万助《まんすけ》

義春《よしはる》
甚太郎　東條《とうでう》と号《がう》す。右京亮《うきやうのすけ》

家忠《いへたゞ》
甚太郎

- 利長《としなが》 彦四郎
- 信一《のぶかつ》 勘四郎 伊豆守《いづのかミ》
- 信吉《のぶよし》 伊豆守
- 忠國《たゞくに》 山城守
  - 信久《のぶひさ》 勘四郎
- 忠晴《たゞはる》 伊賀守《いがのかミ》
  - 忠俊《たゞとし》 刑部少輔《ぎやうぶのせふ》

- 清康《きよやす》 世良田《せらだ》次郎三郎
- 信孝《のぶたか》 藏人
  - 重忠《しげたゞ》 九郎右衞門
  - 忠清《たゞきよ》 与十郎
  - 忠利《たゞとし》 九郎右衞門
    - 重利《しげとし》 与十郎
- 康孝《やすたか》 十郎三郎

此外松平の支流《しりう》猶《なを》おほしといへども、其出《しゆつ》

所《しょ》詳《つまびら》かならざるをば、是《これ》を略《りゃく》す。

（表紙題簽）

寛永諸家譜　清和源氏甲九冊之内
義家流之内新田流

寛永諸家系圖傳

清和源氏　甲一

義家流《よしいへりう》

新田嫡流得河松平家《にったちやくりうとくがハ》

神武天皇《じんむてんわう》五十六代

∴清和天皇《せいわ》
（符號・系線等朱、下同ジ）

御諱《おんいみな》惟仁《これひと》。文徳《もんとく》天皇第四皇子《のわうじ》。御母《はゝ》ハ染殿《そめどの》の后《きさき》藤原《ふぢハらの》明子《あきらけいこ》、攝政《せつしやう》太政《だいじやう》大臣《たいしん》良《よし》房《ふさ》の女《むすめ》。嘉祥《かしやう》三年三月廿五日、小一条《こいちでう》の亭《てい》にて誕生《たんじやう》。

同年十一月廿五日、皇太子《くわうたいし》に立《たち》たまふ。天安《てんあん》二年八月二十七日、九歳にて讓《ゆづり》をうけたまふ。同年十一月七日、大極殿《だいこくでん》にて御卽位《ごそくゐ》。貞觀《ちやうぐハん》元年十月廿一日、御禊《ごけい》。同年十一月十七日、大嘗會《だいじやうゑ》をおこなハる。悠紀《ゆき》ハ三河國《みかハのくに》、主基《すき》ハ美作國《みまさかのくに》。是一代《だい》一度《ど》の大祀《たいし》なり。

同六年正月朔日、御元服《げんぶく》。時に十五歳。御加冠《かくハん》ハ外祖《ぐわいそ》良房公《よしふさこう》。

同十八年十一月廿九日、御位《くらゐ》を第一の御子《みこ》貞明《さだあきら》（陽成天皇）親王《しんわう》に讓《ゆづ》りたまふ。同年十二月三日、太上天皇《だいじやうてんわう》の尊号《そんがう》をかしづき奉る。

元慶《げんきやう》三年五月八日、御かざりをおろし給ふ。法《ほう》の御諱《おんいみな》素眞《そしん》。

同四年十二月四日、圓覺寺《ゑんがくじ》にて崩御《ほうぎよ》。寶算《ほうさん》三十一。同七日、粟田《あはた》山白川《やましらかハ》の陵《みさゝき》にはうふり、御骨《ごこつ》を水尾山《ミつのおやま》の陵におさむ。水尾帝《ミづのおのみかと》と号《がう》し、その御《おん》謚号《をくりがう》を清和天皇《せいわてんわう》と申す。御治世《ごちせい》十八年のあひだの事、三代實録《しつろく》に詳《つまびらか》なり。

陽成天皇《やうぜいてんわう》
諱《いみな》ハ貞明《さだあきら》。在位《ざいゐ》八年。

貞固親王《さだかたしんわう》
三品《ほん》　太宰帥《だざいのそつ》　彈正尹《だんしやうのいん》

貞元親王《さだもとしんわう》
四品《ほん》

貞平親王《さだひらしんわう》
三品　神祇伯《じんぎはく》

貞保親王《さだやすしんわう》
二品　式部卿《しきぶきやう》

貞純親王《さだずミ》
母《はゝ》ハ神祇伯《じんぎのかミ》棟貞女《むねさだむすめ》。
四品　上総《かづさ》・常陸《ひたち》の太守《たいしゆ》。中務卿《なかづかさのきやう》　兵部卿《ひやうぶきやう》
桃園《もゝその》親王《しんわう》と号《がう》す。
あるひハ一条《でう》大宮《おほミや》桃園《もゝその》の池《いけ》にて、化《け》して龍《れう》となるといひつたふ。

貞辰親王《さだときしんわう》
四品《ほん》

貞數親王《さだかず》
四品

貞眞親王《さだざね》
三品　兵部卿

貞頼親王《さだより》

四品《ほん》

源《みなもとの》長淵《ながぶち》
従四位上《じゆしゐじやう》

源長猷《ながのり》
従三位《じゆざんゐ》　刑部卿《ぎやうぶきやう》

源長鑒《ながあきら》
従三位

源長頼《なかより》
正四位下《じやうしゐげ》　左兵衛督《さひやうゑのかみ》　長門守《ながとのかみ》

●經基王《つねもとわう》
母《はゝ》ハ《おほきみ》右《う》大臣《だいじん》源《みなもとの》能有公《よしありこう》のむすめ。

年《とし》わかうより弓馬《きうば》に達《たつ》し、武略《ぶりやく》に長《ちやう》ず。清和《せいわ》第

六の皇子《わうじ》の子たるによりて、六孫王《そんわう》と名《な》づく。

左衛門佐　式部丞《しきぶのぜう》　内蔵頭《くらのかみ》　下野介《しもつけのすけ》　上総介《かづさのすけ》
筑前《ちくぜん》・信濃《しなの》・美濃《みの》・但馬《たじま》・伊豫《いよ》・武蔵《むさし》等《とう》の守護《しゆご》。

正四位上《じやうしゐじやう》　鎮守府将軍《ちんじゆふのしやうぐん》　太宰大貳《ださいのだいに》
朱雀院《しゆしやくゐんの》御宇《ぎよう》天慶《てんきやう》三年、平将門《たいらのまさかど》謀叛《むほん》の時、經《つね》基《もと》東國《とうごく》よりいそぎそのよしを注進《ちうしん》す。御門《みかど》御感《ぎよかん》ありて、すなハち将門《まさかど》追討《ついたう》の節度使《せつどし》を下さるゝとき、經基《つねもと》を以て副将軍《ふくしやうぐん》とす。

同年、藤原純友《ふぢハらのすミとも》伊《い》豫國《よのくに》にて謀反《むほん》すと聞《きこえ》けれハ、勅《ちよく》して經基《つねもと》と小野好古《をのゝよしふる》とを追討使《ついたうし》として下向《げかう》し、軍功《ぐんこう》あり。

村上天皇《むらかみてんわうの》御宇《ぎよう》天徳《てんとく》五年六月十五日、初て源《みなもとの》朝臣《あそん》の姓《しやう》を給ハる。

同年十一月十日、逝去《せいきよ》。

あるひハいはく、西《にし》八條《でう》の池《いけ》に入て、化《け》して八尺の龍《れう》となる。

經生《つねなり》

從五位上《じゆごゐじやう》　越後守

滿仲《ミつなか》

母《はゝ》ハ橘《たちハなの》繁《しげ》古《ふるか》女《むすめ》。或ハいはく、武藏守《むさしのかみ》藤原敏《とし》有《あり》がむすめ。

武略《ぶりやく》に達《たつ》す。歌人《かじん》。

春宮帯刀《とうぐうのたちハき》　兵庫允《ひやうごのぜう》　左馬權頭《さまのごんのかみ》　治部大輔《ちぶのたいふ》　春宮亮《すけ》　正四位下　昇殿《せうでん》　鎭守府《ちんじゆふの》將軍　武藏《むさし》・攝津《つのくに》・越前《ゑちぜん》・美濃《みの》・信濃《しなの》・陸奥《むつ》等《とう》の守《しゆ》。村上《むらかミ》・冷泉《れいぜん》・圓融《ゑんいう》・花山《くわさん》・一條《でう》數《す》代《だい》の朝廷《てうてい》に仕《つか》へて、國家《こくか》のまもりとなる。

冷泉院《れいぜんゐんの》御宇《ぎよう》安和《あんわ》二年三月廿五日、左大臣《さだいじん》源《みなもとの》高明《たかあきら》罪《つみ》あつて、左遷《させん》せられて太宰權帥《だざいのごんのそつ》となる。此日滿仲《ミつなか》ならびに前武藏介《さきのむさしのすけ》藤原善時《よしとき》ひそかに奏《そう》して、中務少輔《なかづかさのせふ》　源《みなもとの》　繁延《しげのぶ》等謀叛《むほん》すと申けれハ、公卿以下《くぎやういげ》參內《さんだい》し、四門《しもん》をかため出入《しゆつにう》をいましめ、檢非違使《けびいし》に命して繁延《しげのぶ》ならびに沙門蓮茂《しやもんれんも》等《ら》を捕《とらへ》て、是をせめとふ。兩人ながらその罪《つみ》にふくす。此時滿仲《ミつなか》の弟《おとゝ》滿季《ミつすゑ》檢非違使《けびゐし》たり。こゝにおゐて前相摸介《さきのさがミのすけ》藤原千晴《ふぢハらちはれ》が男久頼《なんひさより》と随兵《ずいひやう》とを捕《とらへ》て禁獄《きんごく》す。繁延《しげのぶ》・千晴《ちはれ》ハみな高明《たかあきら》の徒黨《とたう》なり。千晴ハ俵藤太《たはらとうだ》（藤原秀郷）か子なり。是によつて禁中騷動《きんちうそうとう》する事、天慶《てんきやう》の大乱《たいらん》にことならず。

同年四月一日、繁延《しげのぶ》を土佐國《とさのくに》へ流《なが》し、二日、千晴《ちはれ》を隠《を》岐國《きのくに》へ流し、蓮茂《れんも》を佐渡國《さどのくに》へながす。三日、五畿《き》七道《だう》の諸國《しよこく》に勅《ちよく》して謀叛《むほん》人の黨類《たうるい》を追討《ついたう》せしめ、大に滿仲《ミつなか》の功《こう》を感《かん》じて勸賞《けんじやう》あり。

滿仲攝州多田郡《ミつなかせつしうただのこほり》に居住《きよちう》し、初《はじめ》て多田院《ただのゐん》を建立《こんりう》す。よつて多田《ただ》と號《がう》す。

花山院《くわさんのゐんの》御宇《ぎよう》寛和《くハんわ》二年八月十五日、剃髪《ていはつ》。法名《ほうミやう》滿慶《まんけい》。多田新發意《ただしんぼち》と號す。

一條院《でうのゐんの》御宇《ぎよう》長德《ちやうとく》三年、卒《しゆつ》す。年《とし》八十八。贈從《ぞうじゆ》三位《さんゐ》。

満政《みつまさ》
左衛門尉　治部少輔　従四位下
伊予《いよ》・武蔵《むさし》・陸奥《むつ》等守護《とうしゆご》。鎮守府将軍《ちんじゆふのしやうぐん》

満季《みつすゑ》
武蔵守《むさしのかみ》　従四位上《じゆしゐじやう》

満實《みつざね》
従五位上　陸奥介《むつのすけ》

満快《みつよし》
従五位上　下野守
子孫別巻《しそんべつくハん》に見えたり。

満生《みつなり》
上総掾《かづさのぜう》

満重《みつしげ》
出羽介《ではのすけ》　従五位上《じゆごゐじやう》

満頼《みつより》
従五位下　下野守
實《じつ》ハ満季《みつすゑ》が男《なん》。経基王《つねもとわう》是をやしなふ。

頼光《よりミつ》
母《はゝ》ハ源《みなもとの》俊《とし》朝臣《あそん》むすめ。
摂津守《つのかミ》
子孫別巻《しそんへつくハん》に見えたり。

頼親《よりちか》
大和守　左衛門尉　正五位下
子孫別巻に見えたり。

頼信《よりのぶ》

母《はゝ》ハ大納言《たいなこん》藤原《ふちハらの》元方《もとかた》むすめ。或《あるひ》ハ陸奥守《むつのかミ》藤原《ふちハらの》致忠女《むねたゞむすめ》。

左衛門少尉《さゑもんのせうぜう》　兵部丞《ひやうぶのぜう》　従四位上《じゆしゐじやう》　冷泉院《れいぜんゐんの》判官《はんぐわん》代《だい》　皇后宮亮《くわうごうくうのすけ》　左馬権頭《さまのごんのかミ》　民部丞《ミんぶのぜう》　治部少輔《ぢぶのせふ》上総介《かづさのすけ》　伊勢守《いせのかミ》　河内守《かハちのかミ》　内昇殿《うちのせうでん》甲斐《かひ》・信濃《しなの》・美濃《ミの》・相摸《さがみ》・陸奥《むつ》・下野《しもつけ》・伊豫《いよ》等の守護《しゆご》。鎮守府将軍《ちんじゆふのしやうぐん》

頼信《よりのふ》わかうより兄頼光《あによりミつ》と共《とも》に武勇《ぶゆう》のほまれあり。又藤原保昌《やすまさ》・平惟衡《たいらのこれひら》・平致頼《むねより》とならびにその名を称《せう》ぜらる。

一條院《でうのゐんの》御宇《ぎよう》正暦《しやうりやく》五年三月六日、頼信《よりのぶ》と叔父《をぢ》満政《ミつまさ》(源)・兄頼親《あによりちか》(源)、ならびに平惟時《たいらのこれとき》と同じく勅《ちよく》を奉《うけたまハり》て、群黨《ぐんたう》をさぐりとらふ。

後一條院《でうのゐんの》御宇《きよう》長元《ちやうげん》元年、前上総介《さきのかづさのすけ》平忠常《たいらのたゝつね》東《とう》國《こく》にあつて乱《らん》をおこす。八月、平直方《たいらのなをかた》・中原《なかハらの》成道《なりミち》等追討使《ついたうし》の宣旨《せんじ》をかうふり、上総國《かつさのくに》に發向《はつかう》

して是をせむれとも、功《こう》なし。

同二年二月、諸國《しよこく》に勅《ちよく》して忠常《たゝつね》をうたしむ。

同四年六月、頼信《よりのぶ》時に甲斐守《かひのかミ》たり。勅《ちよく》をうけたまハり、兵《へい》を引ゐて上総《かつさ》にむかひ是をうつ。忠《たゞ》常《つね》館《たち》を海邊《かいへん》のけはしき所にかまへて要害《ようがい》とす。頼信《よりのぶ》是を見て、海《うミ》をまはりて彼館《かのたち》にいたらハ七八日を經《ふ》べし、すぐに海《うミ》をわたつて是をせめハ一日のあひたに勝事《かつこと》を得《う》べし、とおもふ所に、忠常《たゝつね》かねてその近邊《きんへん》の船《ふね》をゝのれが館《たち》のうちにかくす。頼信《よりのぶ》わたるへきたよりなし。すなハち海邊《かいへん》に立《たつ》て士卒《しそつ》を下知《げぢ》していはく、かれをせむる事數日《すじつ》をかさねハ敵はかりことをたくむ事も有《ある》べし、しからすハにけしりそく事も有へし、今日急《きう》に是をせめハかれかならず周章《あハて》てほろぶべし、いかん、とあれハ、諸勢《しよせい》みな、此館海《たちうミ》をへだてゝ船《ふね》なし、數日《すじつ》の程《ほと》をふるとも道《ミち》をまげて館《たち》にいたらん、と申す。頼信《よりのぶ》聞て、我《われ》いまだ東國《とうごく》の

地形《ちぎやう》をしらずといへども傳《つた》へきく事あり、汝等《なんぢら》皆《みな》是をしらずや、此海《うみ》に淺瀬《あさせ》のわたるべき所《ところ》あり、といひもあへず馬《むま》を馳《はせ》てはやくわたる。果《はた》して淺《あさ》き所あり。郎等《らうどう》にも淺瀬《あさせ》をしるものあるに依《よつ》て、いよ／＼先たちすゝんで諸卒《しよそつ》をさしまねく。こと／＼くみなしたがひわたる。忠常《たゞつね》是を見て大におとろき、人間《にんげん》にあらす、鬼神《きしん》のしわざなりとおそれ、すなハち一人の郎従《らうじう》を船《ふね》にのせ、頼信《よりのぶ》をむかへて降参《かうさん》の状《じやう》をさゝぐ。頼信《よりのぶ》是に依て、忠常《たゞつね》すでに降参《かうさん》するときハ是をせめてよしなし、といつて兵《へい》を引て歸《かへ》る。やがて忠常を召具《めしぐ》し歸京《ききやう》す。路次《ろし》美濃國《みのゝくに》山縣《やまがた》にて忠常病《びやう》死《し》しけれハ、その首《くび》を切《きつ》て京都《きやうと》につたふ。後冷泉院《ごれいせんゐんの》御宇《ぎよう》康平《かうへい》三年九月朔日、卒《しゆつ》す。年《とし》六十。河内國《かハちのくに》通法寺《つうほうじ》にはうふる。一説《せつ》にいはく、永承《ゑいぜう》三年、卒す。

頼平《よりひら》
武藏守《むさしのかみ》　従五位下《じゆごゐげ》

頼範《よりのり》
左衛門尉　右近將監《うこんのしやうげん》　秋田城介《あいたのじやうのすけ》

頼明《よりあきら》
従五位下　山城守　出羽介

頼貞《よりさだ》
帯刀先生《たてわきせんじやう》

孝道《たかみち》
大和守　従五位上
頼平《よりひら》以下《いげ》の五人、頼光《よりミつ》是をやしなふ。

源賢《げんけん》

法眼《ほうげん》　八尾《やお》の住侶《ちうりよ》。恵心僧都《ゑしんのそうづ》（源信）の弟子《でし》。

頼義《よりよし》

母《はゝ》ハ修理命婦《しゆりのミやうぶ》。

左衞門少尉《せうぜう》　兵庫允《ひやうごのぜう》　左近將監《さこんのしやうげん》　小《こ》一條《でうの》院《ゐんの》判《はん》官代《くハんだい》　從四位下《じゆしゐげ》　左馬助　民部少輔　鎭守府《ちんじゆふの》將軍《しやうぐん》　昇殿《せうでん》　歌人《かじん》　伊豫《いよ》・河内《かハち》・伊豆《いづ》・甲斐《かひ》・相摸《さがミ》・武藏《むさし》・下野《しもつけ》・陸奥《むつ》等《とう》の守護《しゆご》。

後冷泉院御宇《ごれいせんゐんのぎよう》、安倍貞任《あべのさたたふ》・同致任《むねたふ》〔宗、下同ジ〕奥州《あうしう》にあつて謀反《むほん》すと聞《きこえ》けれは、永承《ゑいせう》六年、頼義勅《よりよしちよく》をうけたまハり陸奥守《むつのかミ》に任《にん》じ、鎭守府《ちんじゆふの》將軍と成て、子息《しそく》八幡太郎義家《よしいへ》と同じく發向《はつかう》す。關東《くハんとう》八ケ國の軍勢《ぐんぜい》相《あひ》したがふもの一万餘騎《よき》。秩父《ちゝぶ》十郎武綱《たけつな》先陣《せんちん》たり。數度《すど》合戰《かせん》すといへとも、勝負《せうぶ》いまた決《けつ》せず。頼義《よりよし》をのれが祖神《そじん》八幡大菩薩《はちまんだいぼさつ》に祈誓《きせい》し奉る。すでに鎭守府《ちんじゆふ》を發《はつ》して出羽《ては》の秋田《あきた》の城《しろ》にいたるとき、雪《ゆき》ふり風はげし。頼義眞白《よりよしまじろ》の鷹《たか》をすへて哥《うた》をよめる。

都《ミやこ》には花の名殘《なこり》をとゞめをきて
けふ下芝《したしば》につたふ白雪《しらゆき》

此時《このとき》、源《みなもとの》齊頼《せいらい》其鷹師《そのたかじやう》となりて奥州《あうしう》に下向《げかう》す。義家《よしいへ》奈古曾《なこそ》の關《せき》を越《こえ》て度々《とゝ》敵《てき》と相戰《あひたゝかひ》、折節《おりふし》花《はな》のちるを見てよめる。

吹風をなこその關《せき》とおもへとも
道もせにちる山さくらかな

天喜《てんき》五年十一月、貞任《さだたふ》其舅《しうと》金《かねの》爲行《ためゆき》が河堰《かハゐ》の館《たち》にたてごもる。頼義《よりよし》千三百餘騎《よき》を引ゐて是をせむ。貞任《さだたふ》あるとき四千餘騎《よき》を引ゐて俄《にハか》に出《いで》て、頼義《よりよし》をかこむ。折ふし風雪はげしうして頼義の兵《へい》おほくこゞへ死《し》し、分散《ぶんさん》す。頼義《よりよし》・義家《よしいへ》・修《しゆ》理少進《りのせうしん》藤原景道《ふぢハらのかげミち》・清原貞廣《きよハらのさだひろ》・藤原範季《ふぢハらののりすゑ》・大宅光《おほやのミつ》任《たふ》・藤原《ふぢハらの》則明《のりあきら》等僅《わつかに》七騎《き》一所《しよ》にあり。一説《せつ》にいはく、七騎《き》ハ頼義《よりよし》・義家《よしいへ》・腰瀧口《こしたきぐち》季方《すゑかた》・後藤《ごとう》内範明《ないのりあきら》・大三大夫《だいさうだいぶ》光房《ミつふさ》・豊嶋《てしま》平檢校《へいけんげう》垣《つね》〔恒〕家《いへ》・須藤《すとう》助《すけ》道《みち》なり。敵《てき》の射《い》る矢《や》雨《あめ》のふるごとし。頼義《よりよし》いのちをおしまず縨《ほろ》をとひて旗《はた》につけ、是をさしあげてしきりにたゝかふ。義家等《よしいへら》の六騎《き》もいさみ働《はたら》く。義家《よしいへ》大弓《おほゆみ》・大矢《おほや》、あだ矢《や》一筋《すぢ》もなけれハ、あたるものたふれずといふ事なし。貞任《さだたふ》是を見ておどろき感《かん》じて、人間《にんげん》のわざにあらず、鬼神《きじん》の所作《しよさ》なり、八幡太郎と名《な》づくる事げにさも有《ある》べし、といふ。此時光任《みつたふ》が馬《むま》敵兵《てきへい》のためにきられてかち立《たち》となる。頼義《よりよし》是を見て、我馬《わがむま》をふたつにすべし、といへば、光任《みつたふ》すこし礼《れい》をなして、その馬のしりがひを蹈《ふん》で、頼義《よりよし》と背《せなか》をあはせて乗《のり》て、矢《や》を放《はなつ》てたゝかふ。主従《しうじう》二人の働《はたら》きまことに雙身《さうしん》四臂《しひ》の鬼神《きじん》のごとし。光任《みつたふ》が子光房《みつふさ》敵《てき》をうち、馬《むま》をとつて光任《みつたふ》にあたふ。義家《よしいへ》の馬疵《きず》をかうふりければ、かち立《だち》となつてなをたゝかふ。範明《のりあきら》又敵《てき》を討《うつ》て、馬《むま》を取《とつ》て義家《よしいへ》をのせ奉る。數《す》度《ど》合《か》戰《せん》して、七騎《き》を以て大敵《たいてき》をやぶる。貞任《さだたふ》が兵《へい》おほく死《し》すといへとも、殘《のこ》るもの二百餘騎《よき》あつまつて頼義《よりよし》をかこむ。頼義あやうく見えし所に、義家《よしいへ》・光任等《みつたふら》五六騎《き》おめきさけんでうつゆへに、貞任《さたたふ》果《はた》して敗北《はいぼく》す。此時佐伯《さへき》經範《つねのり》といふものあり。戰《たゝかひ》みだれて頼義《よりよし》のある所をしらず。分散《ぶんさん》の兵《つハもの》にとひければ、我主君《わがしゆくん》頼義《よりよし》さきに貞任《さだたふ》にかこまれたまふ、さだめてはやうたれ給ふか、と申けれハ、經範《つねのり》涙《なみだ》をながして、我君《われきみ》につかふる事すでに三十年にあまれり、いきて何《なに》の益《えき》あらんや、といつて、をのれか郎等《らうとう》三人とともに敵陣《てきぢん》にかけ入、敵《てき》あまた討捕《うちとつ》て、つゐに討死《うちじに》す。又藤原茂頼《しげより》といふものあり。頼義《よりよし》すでにうたれぬとおもひて、そのむくろをおさめんために、髮《かミ》をそりかたちをかへて敵陣《てきぢん》にまぎれ入、たちまち頼義にあふて涙《なみだ》をながし是をよろこぶ。頼《より》義《よし》その心ざしを感《かん》ず。頼義こゝにおゐて、出羽《でハの》國《くに》山北《せんほく》の住人《ぢうにん》清原武則《きよはらのたけのり》をまねきかたらふ。

康平《かうへい》五年七月、武則《たけのり》三千餘騎《よき》を引具《ひきぐ》してきたりしたがふ。一説にいはく、一万騎。頼義《よりよし》對面《たいめん》し、朝廷《てうてい》の大事此時にあり、汝《なんち》戰功《せんこう》をぬきんでヽ恩賞《をんしやう》を申おこなふべし、といふ。武則《たけのり》申けるハ、暗夜《あんや》雪中《せつちう》にみだれ戰《たヽかハ》バかならず大利《たいり》を得《う》べし、とて則《すなハち》七印《いん》の秘計《ひけい》をさづく。頼義《よりよし》是にしたがふ。同九月十七日、頼義《よりよし》すヽんで千福《せんふく》・金沢《かなざハ》・厨河《くりやかハ》・河堰《かハゐ》の館《たち》を攻《せめ》おとし、おほく凶徒《けうと》を誅《ちう》す。貞任《さだたふ》・致《むね》任《たふ》にげて衣川《ころもかハ》の館《たち》に入。頼義すヽんでせむ。しかれども彼《かの》館《たち》堅固《けんご》にふせぎまもる。頼義《よりよし》、武則《たけのり》にかたりていはく、汝《なんち》が力《ちから》をかつて敵《てき》に勝《かつ》といへども、此城《しろ》かたうして急《きう》におちがたし、我永《われゑい》承《せう》六年勅《ちよく》をうけたまハりてより此かたすでに數《す》年《ねん》をへたり、すみやかに身《み》をかろんじ一戰《せん》し雌《し》雄《いう》を決《けつ》せんにはしかず、明日《ミやうにち》を以て期《ご》せん、といふ。武則《たけのり》こたへて、智《ち》謀《ばう》武略《ぶりやく》を以て敵を亡《ほろぼ》す事ハ漢家《かんか》・本朝《ほんてう》其例《れい》おほし、敵《てき》をほろぼすの遲《ち》

速《そく》ハかれが强弱《きやうじやく》にあり、おほやけの事ハもろか（監）らず、朝敵《てうてき》かならず滅亡《めつばう》すべし、賢慮《けんりよ》をやすんぜらるべし、しかれども戰《たヽかひ》の事をハおこたりたまふべからす、むかしハ敵《てき》來て君《きみ》をかこむ、今《いま》君《きみ》かれをせめかこむ、時の運命《うんめい》はかりがたし、明年《ミやうねん》も又つヽしみ有べし、明日《ミやうにち》を以て期《ご》とせん事誠《まこと》に一日千日にあたれり、今夜《こよひ》すみやかに攻《せめ》落《おと》さるへし、敵の館《たち》相刻《さうこく》のかたにあたれり、と議定《ぎちやう》しけれハ、頼義《よりよし》、武則《たけのり》と夜半《やはん》に兵《へい》を出《いだ》して城《しろ》をせむ。城の前《まへ》に衣川《ころもかハ》あり。川のおもてはるかにして水はやく、岸高《きしたか》し。その水を湛《たヽへ》て三重《へ》の堀《ほり》をほれり。屛《へい》と櫓《やぐら》と高下《かうげ》相去《あひさる》事遠《とを》し。たてごもるもの精兵《せいびやう》、强弓《つよゆミ》多《おほ》し。頼義ハ大手《て》の川端《かハばた》にむかひ、武則《たけのり》ハ搦手《からめて》の切所《せつしよ》より向《むかつ》て川端《かハバた》にすヽむ。頼義《よりよし》赤地《あかぢ》の錦《にしき》の直衣《ひたヽれ》、小《こ》具《ぐ》足《そく》、熊皮《くまのかハ》のむかばき、黒糸威《くろいとおどし》の鎧《よろひ》着《き》て、太刀《たち》二振《ふり》はき、重藤《しげとう》〔籐〕の弓《ゆみ》を持《もち》、石打《いしうち》の征《そ》矢《や》をおひ、上《うハ》矢《や》四筋《すぢ》そへ、母《ほ》

衣《ろ》をかけてくろき馬《むま》にのれり。義家《よしいへ》の装束《しやうぞく》も又うるはし。相したがふもの一万餘人《まんよにん》。頼義下知《よりよしげち》していはく、合戰《かせん》の勝負《せうぶ》今日《こんにち》にあり、我軍神《われいくさがミ》を拝《はい》す、といつて祭文《さいもん》を誦《じゆ》し、高《たか》く聲《こゑ》をあぐる事三度《ど》。見聞《けんもん》の人々軍神《いくさがミ》の出現《しゆつげん》するかとおもへり。則《すなハち》諸勢《しよせい》をはげましてあらそひすゝむ。或《あるひ》ハ楯《たて》をならべて桴《いかだ》とし、あるひハ轡《くつばミ》をならべて同じくわたる。堀深《ほりふか》く櫓高《やぐらたかう》して、城中《じやうちう》より矢《や》をはなつ事雨《あめ》のふるがごとし。頼義《よりよし》いのちをかろんじ縨《ほろ》を解《とひ》て旗《はた》につけ、右《みぎ》の手に松明《たいまつ》を取て馬《むま》を河《かハ》中《なか》に入、はるかに朝廷《てうてい》を拝し奉り、心中《しんちう》に石清《いはし》水《ミつ》を念《ねん》じて大音聲《だいおんじやう》をあげ、我《われ》ハこれ天《てん》のつかひなり、朝敵《てうてき》を誅《ちう》する事私《わたくし》にあらす、松明《たいまつ》ハ太《だい》神《じん》の火《ひ》なり、とて則《すなハち》城中になげ入。折ふし風吹《ふひ》て、城の櫓《やぐら》もえあがる。頼義《よりよし》大手・からめ手の兵《へい》をさしまねひて、きうにのぼり城《しろ》を攻落《せめおと》す。貞任《さだたふ》馬を馳《はせ》てにけ出。義家《よしいへ》是を追《をふ》。すでにちか

づきければ、義家吟《よしいへぎん》していはく、

　衣《ころも》のたちはほころびにけり

貞任《さだたふ》くつばみをやすめ馬をかへして、

　としをへていとのぬいめのくるしさに

とこたへければ、義家《よしいへ》是を感《かん》じて、汝朝敵《なんちてうてき》なり、つゐにゆるすべからす、されとも今《いま》のことはのやさしければ矢《や》一すぢゆるす、といふ。貞任感《さだたふかん》涙《るい》をこぼす。義家そのはげ（佩）たる矢《や》をはづせは、貞任《さだたふ》をのれがはける太刀を奉る。すでにして官《くハん》軍《ぐん》すゝみきたつて、貞任《さたたふ》はたして討死《うちじ》す。貞任《さたたふ》が弟重任《おとゝしけたふ》、貞任《さだたふ》が子《こ》千世童子《ちよどうし》時に十二歳。みな戰死《せんし》す。その餘《よ》の雜兵《ざうひやう》うたるゝもの數《かず》をしらず。貞任《さたたふ》が弟《おとゝ》致任《むねたふ》・家任《いへたふ》・則任《のりたふ》等九人、十餘《よ》日をへて降《かう》參《さん》す。是を捕《とらへ》て京都にをくりつかハす。

奧州合戰《あうしうかせん》のあひた、頼義《よりよし》の末子頼俊《ばつしよりとし》日々出てたゝかひ、數人《すにん》の敵《てき》を討《うち》とり、毎度引《まいどひき》しりぞかず、流矢《ながれや》にあたつて死《し》す。頼義是をかなしみおしむ

事甚《はなハた》し。天子《てんし》（後冷泉天皇）きこしめして、勅書《ちよくしよ》を奥州《あうしう》へ下したまひてとふらひたまふ。凡《およそ》此陣數《ちんす》年《ねん》のあひた、頼義《よりよし》敵の首《くび》をきる事一万五千人。その片耳《かたみゝ》を取て一の堂《だう》におさめ、佛閣《ふつかく》を立《たて》て耳納寺《になふじ》と号《がう》す。鎌倉右大臣實朝《かまくらのうだいしんさねとも》の時、畫工《ぐハこう》に命《めい》じて奥州《あうしう》十二年合戰《かせん》の事を繪《ゑ》かき、朝廷《てうてい》の名臣《めいしん》をしてその辭《ことば》をつくらしめて是をもてあそぶ。

康平《かうへい》六年八月、頼義《よりよし》相摸國《さがみのくに》鎌倉《かまくら》伊比郷《いひのがう》鶴岡《つるがをか》に石《いハ》清水《しミつ》の社《やしろ》を勸請《くハんじやう》して宮《ミや》を立《たて》て是をあがむ。是ハ貞任《さだたふ》征伐《せいばつ》の時祈願《きぐハん》あるゆへなり。永保《ゑいほう》元年二月、義家是を修理《しゆり》す。頼《より》朝《とも》の時にいたつて、此宮《このミや》を小林《こばやし》の郷《がう》に移《うつ》して、東國《とうごく》の鎭守《ちんじゆ》とす。頼義《よりよし》又館《たち》を鎌倉《かまくら》に立《たつ》て、しばらく居住《きよぢう》す。そのゝち、義朝《よしとも》鎌倉龜谷《かまくらかめがやつ》に居住《きよぢう》し、惡《あく》源太義平《よしひら》も鎌倉に居す。頼朝《よりとも》のかまくらを以て柳營《りうゑい》の居所《きよしよ》としてより此かた、關東《くハんとう》の都《と》會《くハい》として四海《しかい》を管領《くハんれい》する事ハ、其本頼義よりおこれり。

治暦《ちりやく》元年、頼義伊豫國《いよのくに》の重任《てうにん》を申て、奏狀《そうじやう》を朝《てう》廷《てい》へ奉る。其旨趣《ししゆ》にいはく、夫勳功《それくんこう》に依《よつ》て恩賞《おんしやう》をかうふる事ハ本朝《ほんてう》・異國《いこく》先蹤《せんせう》おほし、あるひハいやしき奴《やつこ》より出て高位《かうい》にのぼり、或ハ歩卒《ほそつ》より起《おこつ》て大將《たいしやう》となる、頼義《よりよし》いやしくも功臣《こうしん》の末《はつ》孫《そん》として奉公《ほうこう》の忠節《ちうせつ》をいたす、こゝに奥州の夷《ゑびす》蜂起《ほうき》し、郡縣《ぐんけん》を押領《あうりやう》してをのれが居《きよ》とし、人民《じんみん》を驅《かつ》て生捕《いけどり》とす、數《す》十年のあひた六ケ《か》郡《ぐん》の內國《うちこく》務《む》にしたがハす、君恩《くんおん》を忘《わす》れたるがことし、近《きん》年以來《ねんいらい》暴惡《はうあく》ことに甚《はなハだ》し、これに依《よつ》て去《さんぬる》永承《ゑいぜう》六年頼義《よりよし》を以て是を征伐《せいばつ》せしめんがために、陸奥《むつの》守《かミ》に任《にん》ぜられ、天喜《てんき》元年鎭守府將軍《ちんじゆふのしやうぐん》の号《がう》をたまハる、頼義鳳凰《よりよしほうわう》の勅書《ちよくしよ》を含《ふくん》で虎狼《こらう》の住家《すみか》にむかふ、甲冑《かつちう》を着《き》て千里の道におもむき、矢石《しせき》を侵《をか》して万死《ばんし》のいのちを忘《わす》れ、謀《はかりこと》を帷帳《いちやう》の中《うち》にめぐらし、勝事《かつこと》を邊塞《へんさい》の外《ほか》に決《けつ》す、凶徒《けうと》の大將《たいしやう》安《あ》倍貞任《べのさだたふ》・同重任《しげたふ》ならびに散位《さんゐ》藤原經清《ふぢハらのつねきよ》等《ら》みなせめをかうふり誅戮《ちうりく》せられて、あるひハその首《くび》を京都《きやうと》に傳《つた》へ、あるひハその切耳《きりみゝ》を路頭《ろとう》にさらす、其殘黨《ざんたう》安《あ》倍《べの》致任《むねたふ》等五人手をつかねて降參《かうさん》す、夷《い》狄《てき》の地《ち》すでに王地《わうち》となり、叛逆《ほんぎやく》の 輩《ともがら》皆《みな》王民《わうみん》となれり、此勳功《くんこう》に依て、去《さんぬる》 康平《かうへい》六年伊《い》豫守《よのかみ》に任《にん》ぜらる、君恩《くんおん》のかたじけなき事 尤《もつとも》仰喜《きやうき》するにたれり、賴義《よりよし》其年《とし》彼餘《かのよ》黨《たう》をたいらげんために奥州《あうしう》に逗留《とうりう》し、去年《きよねん》二月上洛《しやうらく》す、いそぎ豫州《よしう》におもむくべき所に、彼軍中《かのぐんちう》にて忠功《ちうこう》あるもの十餘《よ》人恩賞《おんしやう》せらるべきのよし言上《ごんじやう》すといへども、いまだ勅裁《ちよくさい》あらざるにより、綸言《りんげん》を待《まつ》て任國《にんこく》におもむきがたし、いはんや去年九月任符《にんふ》を下されて下向延引《げかうゑんいん》す、しかれバ四ケ年《かねん》の任兩年《にんりやうねん》むなしくすぐ、豫州《よしう》の官物《くハんもつ》おさむる事あたハずといへども、公儀《こうぎ》の運上《うんじやう》ハ私物《しもつ》を以てすでに弁濟《べんさい》す、只今豫州《たゞいまよしう》の雜掌《ざつしやう》申すらく、彼國《かのくに》日でりにあふて五穀《ごこく》〻のらず、民《たみ》又飢《うへ》たり、此はかりことをせん事を勘《かんがふ》れハ、任國《にんこく》の年限《ねんげん》かさねてのべん事古《こ》今《こん》そのためしあり、況《いはんやき》 希代《たい》の大功《こう》をいたすをや、何《なん》ぞ非常《ひじやう》の忠賞《ちうしやう》なからん、むかし班超《はんてう》が西《さい》域《いき》をたいらぐるときにはやく千戸《こ》の侯《こう》に封《ほう》ぜらる、今賴義《いまよりよし》が東夷《とうい》を伐事《うつこと》重任《てうにん》のたまものをうくべし、かれは三十年を送《をくつ》てその功《こう》をあらハし、是ハ十三年をへて其勳《くん》をほどこす、遲速《ちそく》の間《あひだ》すでに優劣《うれつ》あり、是をゑらはれんに何《なん》ぞあはれみなからんや、望《のぞ》むらくハ天恩《てんおん》を受《うけ》て、東夷征伐《とういせいばつ》の功《こう》を以て豫州重任《よしうてうにん》の宣旨《せんじ》を下さるへし、云々。

賴義伊豫《よりよしいよ》の國司《こくし》たりし時、當國《たうごく》の武士《ぶし》河野親經《かハのちかつね》久しく名《な》をふるうといへとも、賴義の威《い》にをそれて、その庶子《そし》親清《ちかきよ》をこふて養子《やうし》とし河野《かハの》の家《いへ》をつがしむ。是を三嶋《ミしま》四郎と号《がう》す。

賴義《よりよし》、本性功直《ほんじやうこうちよく》にしておごりをにくむ。諸士《しよし》を挨拶《あいさつ》する事ゆたかなりといへども、あるときハ慈愛寛柔《じあいくハんじう》、ある時ハ威儀嚴重《いぎげんちう》。このゆへに人皆《みな》歸服《きふく》す。奥州合戰《あうしうかせん》の時、江州《がうしう》人日置《へきの》九郎といふもの其陣中《ちんちう》にあり。美麗《びれい》の甲冑《かつちう》を着《ちやく》し、そのよそほひ目《め》をおどろかす。賴義《よりよし》是を見て無用《むよう》のつゐへなる事きらひ、日置《へき》にかたつていはく、汝《なんち》が鎧《よろひ》不吉《ふきつ》のきざしあり、いそぎ是を敵陣《てきちん》に賣《うる》べし。日置《へき》其詞《ことば》にしたがひ、明日《ミやうにち》又別《べち》の鎧《よろひ》を着《ちやく》す。此鎧《よろひ》も花麗《くハれい》なり。頼義《よりよし》いはく、汝《なんち》がよろひいまだ賣《うら》ずや。日置《へき》答《こたへ》て、これハ昨日《きのふ》の鎧《よろひ》にあらず、といふ。頼義《よりよし》聞《きい》て、是《これ》も又不吉《ふきつ》の物《もの》なり。日置《へき》心《こゝろ》におもふやう、我《わが》鎧《よろひ》滅亡《めつばう》の相《さう》あるにあらず、大将《たいしやう》我《わが》おごりをにくむゆへにかく仰《おほせ》けるか、とて次《つき》の日《ひ》ふるき鎧《よろひ》を着して頼義に謁《ゑつ》しけれハ、此鎧目出《めで》たし、汝《なんち》によく相應《さうおう》せり、といへり。白河院《しらかハのゐんの》御宇《ぎよう》永保《ゑいほう》二年十一月二日、卒《しゆつす》。年《とし》八十八。河内國《かハちのくに》通法寺《つうほうじ》にはうふる。

頼清《よりきよ》
肥後守《ひごのかミ》　陸奥守《むつのかミ》　従四位下《じゆしゐげ》　村上《むらかミ》と号《がう》す。
子孫別巻《しそんへつくわん》にあり。

頼季《よりすゑ》
井上《ゐのうへ》三郎　乙葉《をとは》三郎　掃部助《かもんのすけ》
子孫別巻《しそんへつくハん》にあり。

頼任《よりたふ》
河内冠者《かハちのくハんじや》

義政《よしまさ》
常盤《ときは》〔磐〕五郎

●
義家《よしいへ》
源太　八幡《まん》太郎
母《はゝ》ハ上野介《かふつけのすけ》平直方女《たいらのなをかたがむすめ》。
初《はじめより》頼義夢《よりよしゆめ》に八幡太神《まんだいじん》の示現《じげん》ありと見て義家《よしいへ》をうむ。是に依《よつ》てひとゝなる時に、石清水《いはしミづ》の宝前《はうぜん》にまうで元服《げんぶく》し、八幡太郎と号す。弓馬《きうば》の達者《たつしや》、虎賁《こふん》の猛将《まうしやう》、威勇武略《いゆうぶりやく》あつて兵《へい》を用《もちゆ》る事神明《しんめい》のごとし。

左衛門尉　左馬允　治部少輔　兵部太輔　左馬《さまの》權頭《ごんのかみ》　左近將監《さこんのしやうげん》　下野《しもつけ》・相摸《さがみ》・武藏《むさし》・陸奥《むつ》・伊《い》豫《よ》・河内《かハち》・信濃《しなの》等《とう》の守《しゆ》。鎭守府將軍《ちんじゆふのしやうぐん》　正四位下《じやうしゐげ》
昇殿《せうでん》

義家《よしいへ》二歳《さい》の時、召《め》されて參内《さんだい》す。頼義《よりよし》あらたに鎧《よろひ》をつくり、源太が生衣《うぶぎ》と名《な》づけて、義家《よしいへ》を鎧《よろひ》の袖《そで》の上《うへ》にすゆ。後朱雀院《ごしゆしやくのゐん》叡覽《ゑいらん》あつて、その骨相《こつさう》をあやしみたまふ。ひとゝなるに及《およん》で、その聲《こゑ》大に、其力《ちから》人にすぐれ、强弓《つよゆミ》をひき、大矢《や》をはなつ。常《つね》に左折《ひだりおり》の烏帽子《ゑぼし》をきる事をこのむ。

永承《ゑいぜう》六年、頼義《よりよし》勅《ちよく》をうけたまはつて貞任《さたたふ》・致任《むねたふ》を征伐《せいばつ》する時、義家《よしいへ》も父《ちゝ》とともに同じくゆき、奥州《あうしう》にある事十餘《よ》年《ねん》、其間戰功《せんこう》尤《もつとも》おほく、大に勝利《せうり》を得たり。事《こと》ハ頼義《よりよし》の譜《ふ》の中に詳《つまびらか》なり。

貞任《さだたふ》滅亡《めつばう》の時、義家《よしいへ》其《その》黨類《たうるい》十人を生捕《いけどり》、ならべすへて、一度《ど》にそのかうべをはぬ。其鬚《ひげ》同じくきりおとす。ゆへにその太刀《たち》を名《な》つけて鬚切《ひげきり》といふ。

康平《かうへい》のとしの初《はじめ》、義家《よしいへ》、貞任《さだたふ》と出羽國《でハのくに》に戰《たゝかふ》時、大相《さう》大夫《だいぶ》光遠《みつとを》を使者《ししや》とし、越後國《ゑちごのくに》伊夜比古《いやひこ》の神《じん》社《じや》にまうでゝ是をいのる。そのゝち貞任《さだたふ》伏誅《ふくちう》するに及《およん》で、義家奏聞《そうもん》して彼神社《かのじんじや》を造營《さうゑい》し、封戸《ほうこ》若干《そくばく》を寄進《きしん》して祭祀《さいし》の式《しき》をさだむ。

頼義《よりよし》・義家《よしいへ》父子《ふし》相續《あひつい》て陸奥守《むつのかミ》兼《けん》鎭守府將軍《ちんじゆふのしやうぐん》兩職《りやうしよく》をとりおこなふ。そのゝち清原武則《きよハらのたけのり》軍功《ぐんこう》あるに依《よつ》て、鎭守府《ちんじゆふ》の号《がう》を武則《たけのり》に与奪《よたつ》し、出羽《でハ》の國《くに》の代官《だいくハん》とす。武則《たけのり》子《こ》二人あり。兄《あに》を將軍《しやうぐん》三郎武衡《たけひら》といふ。次《つぎ》を四郎家衡《いへひら》と云《いひ》、武則《たけのり》死《し》して後《のち》、武衡《たけひら》・家衡《いへひら》相續《さうぞく》す。こゝに藤原清衡《ふぢハらのきよひら》といふ者《もの》あり。俵藤太《たハらとうだ》（藤原秀郷）が後胤《こうゐん》、亘理權《わたりのごん》大夫經清《つねきよ》が子なり。經清《つねきよ》ハ貞任《さたたふ》が同類《どうるい》にして、頼義のために誅《ちう》せらる。清衡《きよひら》その継父《まゝちゝ》荒川《あらかハ》太郎武貞《たけさだ》が遺跡《いせき》をついで、

家衡《いへひら》と諍論《さうろん》の事あり。一説《せつ》に、家衡《いへひら》ハ清衡《きよひら》がたねがハりの弟なり。是より武衡《たけひら》・家衡《いへひら》謀叛《むほん》し、國郡《こくぐん》を押領《あうりやう》す。義家《よしいへ》東國《とうこく》の兵《へい》を引《ひき》ゐて是を追罸《ついばつ》す。時に白河《しらかハの》院《ゐんの》御宇《きよう》永保《ゑいほう》二年なり。

義家《よしいへ》すでに出羽國《ではのくに》にいたる。家衡《いへひら》拒《ふせひ》ていれず。武衡《たけひら》是を聞《きい》て、兵《へい》を引て奥州《あうしう》より出羽國にいたり、家衡にあふていはく、足下《そくか》獨身《どくしん》にして義家に敵對《てきたい》し國《くに》に入ざる時ハ、たとひ一日といへどもその勇名《ゆうめい》をあぐるのみにあらず、是又武衡が面目《めんぼく》なり、義家の武勇《ぶゆう》さかんなる事、古今《ここん》よのつね源平兩家《げんへいりやうか》のならぶべき所《ところ》にあらず、しかるに足下《そくか》の所作《しよさ》かくのごとし、向後《きやうこう》我《われ》も又心《こゝろ》を同しうして死生《ししやう》をともにすべし、といふ。家衡《いへひら》大によろこぶ。相《あひ》したがふ軍兵《ぐんびやう》も同しくよろこぶ。武衡《たけひら》申けるハ、金沢《かなざハ》の柵《さく》その要害《ようがい》よろしき所なり、とて家衡と相《あひ》ともに沼《ぬま》の柵《さく》を出て、金沢《かなざハ》にうつる。

義家《よしいへ》の弟《おとゝ》兵衛尉《ひやうゑのぜう》義光《よしみつ》都《みやこ》にあつて内裏《だいり》を警固《けいご》しけるが、奥州陣《あうしうちん》の事《こと》を聞《きい》ていとまをこひ、義家にしたがハんと奏《そう》しけれども、上皇《しやうくハう》(白河)ゆるしたまハす。義光すなハち兵衛尉を辞退《じたい》し、つるぶくろをといて殿上《てんじやう》にかけをき、夜中《やちう》に京《きやう》をいでゝ奥州《あうしう》におもむく。一説《せつ》に、絃袋《つるぶくろ》を右近《うこん》の橘《たちバな》の枝《えだ》にむすびつぐといへり。義家大によろこひ感涙《かんるい》をながして、今日《こんにち》足下《そくか》の下着《げちやく》する事、先考《せんかう》(頼義)伊豫守《いよのかみ》の再來《さいらい》するがごとし、足下《そくか》今我《いまわれ》〔がカ〕副《ふく》将軍《しやうぐん》とならハ武衡《たけひら》・家衡《いへひら》がかうべをはねん事我《わが》掌《たなごゝろ》の内《うち》にあり、といつて、すなはち軍勢《ぐんぜい》を引て金沢《かなざハ》にむかつて合戰《かせん》す。城中《じやうちう》おほく矢《や》をはなつ。寄手《よせて》の兵疵《へいきず》をかうふる事すくなからず。相摸國《さがみのくにの》住人《ちうにん》鎌倉《かまくらの》權《ごん》五郎景政《かげまさ》ハ累代《るいたい》のものゝふなり。少年《せうねん》〔生カ〕十六、義家《よしいへ》にしたがひ先かけして城をせむ。敵《てき》のいる矢《や》景政《かげまさ》が弓手《ゆんで》の眼《まなこ》にあたり、冑《かぶと》のはちつけの板《いた》にとほる。その矢をぬかずして、つるゐに敵を射《い》ころす。同國の住人《ちうにん》三浦《みうらの》太郎爲次《ためつぐ》いそぎ立より、襪《したうづ》をはきながら景政《かげまさ》が面《おもて》をふまへてその矢《や》をぬかんとす。景政ふして下《した》にありといへども、刀《かたな》をぬいて是をさゝんとす。為次《ためつぐ》おどろひて其故《ゆへ》をとふ。景政《かげまさ》いかつていはく、勇士《ゆうし》の矢にあたりて死《し》ぬるハよのつねの事なり、何《なん》ぞ汝《なんぢ》が足《あし》にて我面《わがおもて》をふまんや、汝《なんぢ》と共に死《し》なん。為次《ためつぐ》おそれてをのれが膝《ひざ》をかゞめ、景政が面をおさへてその矢をぬく。人みなその勇氣《ゆうき》を感《かん》ず。義家《よしいへ》の兵《へい》しきりに城をせむといへども、屛高《へいたか》く岸《きし》けはしくしてのぼりがたし。遠《とを》きものは矢にあたり、近《ちか》きものハ木石《ぼくせき》にあたる。伴《ともの》次郎助兼《すけかね》といふものあり。常《つね》に先がけす。義家《よしいへ》是を称《せう》して薄金《うすがね》といふ鎧《よろひ》をあたへて、城《しろ》の岸《きし》ちかくせめしむ。敵《てき》矢石《しせき》をはなち、大弓《おほゆみ》をいる。助兼《すけかね》かうべをふり、身《み》をたはむ。その鎧《よろひ》ならびに髻《もとゞり》大弓にうち損《そん》ぜられて、助兼わつかにまぬかるといへども、薄金《うすかね》のかぶと（マヽ）をうしなつて是をおし

む。義家此とき武衡《たけひら》・家衡《いへひら》同心《どうしん》する事を聞《きい》て、先國務《まつこくむ》をとゞめてもつはら軍旅《くんりよ》をいとなむ。九月、義家數万騎《すまんぎ》を引ゐて金沢《かなざハ》をせむ。太三大夫《だいさんだいふ》光任《みつたふ》年八十にて供奉《くぶ》する事あたハず。國府《こくふ》にとゞまりけるが、腰《こし》をかゞめ義家の馬の轡《くつばミ》にとりつき、涙《なみだ》をながして、をのれ年老《としおひ》ていと悲《かな》し、なましゐにいけりといへども、今日《こんにち》我君《わがきみ》の所作《しよさ》したまふを見す、といふ。聞《きく》もの是をあハれむ。義家《よしいへ》すでに金沢《かねざハ》（マヽ）の柵《さく》にいたれハ、その勢雲霞《せいうんか》のごとし。時に一行《いつかう》の斜雁《しやがん》、つらをみたりて四方《しはう》へわかれ飛《とぶ》。義家《よしいへ》是を見て、兵野《つハものや》に伏《ふす》ときハ飛雁《ひがん》つらをみだるといふ事あり、とて諸卒《しよそつ》に命《めい》して藪澤《すうたく》の間をさがせハ、案《あん》のごとく伏兵《ふくへい》三十餘騎あり。みな是を射《い》ころす。是ハ武衡にをしへられて義家をねらはんためにかくしけるなり。

義家在京《ざいきやう》のとき、宇治殿《うぢとの》（藤原頼通）に參りて貞任追罰《さだたふついばつ》のあひたの事を申す。大江匡房《おほえのまさふさ》是を聞《きい》て、器量《きりやう》ハよ

けれども兵《へい》の道をしらず、といふ。義家の郎等《らうどう》是を義家につぐ。義家さもあるべしとて、匡房《まさふさ》について軍法《くんはう》をまなぶ。こゝに至て義家いはく、我《われ》兵法《へいはう》をしらずんば武衡《たけひら》にあざむかれて破《やぶ》られまし。義家《よしいへ》の兵《へい》金沢《かなざハ》の柵《さく》をせむる事、すでに日かずつもれども、敵《てき》なをふせぎまもる。寄手《よせて》氣《き》をはげまして甲乙《かうをつ》の座《ざ》をさだめ、毎日《まいにち》その剛臆《かうおく》をわかつ。剛《かう》の者《もの》ハ甲《かう》の坐《ざ》〔座〕につき、臆病《おくびやう》の者ハ乙《をつ》の座《ざ》につく。をの〳〵いさみ戰といへども、乙《をつ》の座《ざ》につくもの多《おほ》し。腰瀧口《こしたきぐち》季方《すゑかた》毎度《まいど》甲《かう》の座《ざ》につく。季方《すゑかた》ハ新羅《しんら》三郎義光《よしみつ》が郎従《らうじう》なり。吉彦秀武《よしひこひでたけ》はかりことあるものなり。義家に申けるは、城堅《かたふ》して味方《みかた》つかれたり、たとひ力《ちから》ぜめにすとも益《えき》なかるべし、しばらく合戰《かせん》をやめて是をかこまへ、城中《じやうちう》粮《かて》つきて敵かならず没落《ぼつらく》せむ。義家げにもなりとて、かこんで待《まつ》。義家の兵《へい》は二方《はう》にそなへ、義光の兵は一方にそなへ、

清衡《きよひら》・重宗《しげむね》ハ一方にそなへて日かずを送《をく》る。武衡《たけひら》が兵に龜次《かめつぐ》・並次《なみつぐ》といふものあり。奥州《あうしう》にて名《な》を得たる劒術《けんじゆつ》の上手《じやうず》なり。武衡が使《し》者《しや》來《きたつ》て義家へ申けるハ、合戰をやめてむなしく日を送れハ誠《まこと》に徒然《とぜん》に侍《はんべ》り、龜次《かめつぐ》を御陣《ぢん》へ進《しん》ずべし、その相手《あひて》をゑらびてからかはしめたまへ、といふ。義家すなハち次任《つぎたふ》が舎人《とねり》鬼武《おにたけ》といふものをえらび相手《あひて》とす。龜次《かめつぐ》・鬼武《おにたけ》相《あひ》むかつてうちあふ。敵味方《てきみかた》是を見物《けんぶつ》す。半時《はんじ》はかりあつて、龜次《かめつぐ》戰《たゝかひ》まけて鬼武《おにたけ》がために切《きり》ころさる。寄手《よせて》大によろこびのゝしる聲《こゑ》をびたゝし。城中《じやうちう》の兵《へい》出て龜次《かめつぐ》がかうべをうばひとらんとす。つゝいて出るものおほし。寄手《よせて》防《ふせき》戰《たゝかつ》て是を破《やぶり》て、あまたの敵《てき》をうつ。

家衡が乳夫《めのと》千《ち》任《たふ》、櫓《やぐら》のうへにのぼり、よばゝつていひけるハ、將軍義家、汝《なんぢ》が父《ちゝ》頼義《よりよし》、初《はじ》め貞任《さだたふ》・致任《むねたふ》をうつ事あたはず、是に依《より》て鎮守府《ちんじゆふ》の名簿《めいぼ》

を我もとの清將軍《せいしやうぐん》（清原）武則にさづけて加勢《かせい》をこひ、その合力《かうりよく》に依《よつ》て貞任《さだたふ》等をうつ事を得たり、その恩《おん》徳《とく》いづれの時にむくゐんや、しかれハ則《すなハち》汝《なんぢ》ハ是相傳《さうでん》の家人《けにん》なり、何《なん》ぞ主君《しゆくん》に對《たい》して不義《ふぎ》をおこなふや、天罰《てんばつ》のがれかたし。寄手《よせて》はなハたにくんで返答《へんたう》せんとす。義家是を制《せい》し、諸勢《しよせい》にふれて、もし千任《ちたふ》を生捕《いけどる》ものあらバ我《わが》いきとほりをとかん、とつのりたまふ。城中兵粮《じやうちうひやうらう》つきて、こもる所の男女《なんによ》みな泣《なき》かなしふ。武衡《たけひら》うれへて、義光をたのんで降参《かうさん》をこふ。義光是を申といへども、義家ゆるさず。武衡かさねて慇懃《いんぎん》の詞《ことば》を義光に通《つう》じて申さく、君《きみ》ねがはくハ我館《わがたち》にきたれ、我《われ》したがひ奉ていでゝくだらん、たとひ將軍いかりたまふともいかてか死罪《しざい》をゆるされざらんや。義光ゆかんとす。義家聞《きい》ていはく、むかしより大將軍・副《ふく》將軍たるものたとひ敵《てき》まねけハとてその陣《ちん》に行《ゆく》事あらず、もしあざむかれ

てころされハ臍《ほぞ》をくふに益《ゑき》なかるべし。義光したがふ。武衡《たけひら》又申さく、君《きみ》もしきたらずんハ使《し》者《しや》一人をたまへ。義光をのれが郎等《らうどう》季方《すゑかた》をさしつかハす。季方かりきぬ・青《あを》き無紋《むもん》の袴《はかま》を着《ちやく》し、太刀をはひて行。敵城戸《きど》をひらき季方一人をいる。警固《けいご》ならびつらなり、劍戟《けんげき》をさしはさむ事林《はやし》のごとし。季方《すゑかた》肩《かた》をそばたて身《み》をそばめて、入て武衡《たけひら》にあふ。武衡よろこんでくだらんといふ。家衡《いへひら》ハかくれて見えず。武衡申けるハ、使《し》者《しや》よきやうに兵衛殿《ひやうゑとの》義光へ申て我《われ》をたすけば、おほく金銀《きんぎん》をあたへん。季方いはく、城中《じやうちう》ある所の財宝《さいはう》今日《こんにち》とらすといふとも、汝等《なんぢら》をうちころす時ハ皆《みな》我《わが》物《もの》なり、とて是をうけず。武衡大矢《や》をとり出して、是ハ誰《たれ》の矢ぞや、あたるものみなたふれ死《し》す、といふ。季方、是ハをのれが矢なり、といふ。やゝあつて季方、武衡に語《かたつ》ていはく、もし我《われ》を人質《ひとじち》とせバ只《たゝ》今《いま》足下《そつか》のまゝな

り、城門《じやうもん》を出《いで》ん時に雑兵《ざうひやう》を以て我をころさんとせハよろしからず。武衡いはく、しかハあらず、はやく歸りてよく我ために兵衞殿へ申せ。季方太刀のつかをにぎり顔色《かんしよく》にこゞにして軍兵《くんひやう》の中を通《とを》る事、かたハらに人なきがごとし。つゐに出て本陣に歸る。寄手《よせて》皆《みな》大に是を感《かん》ず。

一説《せつ》に、義家、季方《すゑかた》を使者《ししや》として城に入て、武衡《たけひら》・家衡《いへひら》にかたつていはく、降參《かうさん》せば赦免《しやめん》すべし。武衡《たけひら》・家衡《いへひら》こたへけるハ、今《いま》より以《い》後《ご》主從《しうじう》の号《がう》をやめて、武衡ハ陸奥守《むつのかミ》兼《けん》鎭守府《ちんじゆふ》となり、家衡ハ出羽守とならん、將軍もし此事を許容《きよよう》せられハ貴命《きめい》にしたがふへし、しからずハ降參《かうさん》すべからす、云々。武衡・家衡十三束《そく》の矢《や》を出して問《とふ》ていはく、是大將軍の御調《おんでう》度《ど》か、是にあたるものハ人馬《じんば》みな死《し》す。季方《すゑかた》いはく、大將の御弓五人張《はり》、大矢《や》十五束《そく》なり、むかし永承《ゑいぜう》（前九年の役）の戰《たゝかひ》に大將（源義家）なをわかし、武則《たけのり》其弓《ゆん》勢《ぜい》を見んために、ためしの鎧《よろひ》五領《りやう》をかけつらねて、是射《い》たまへ、といひけれは、大將弓《ゆミ》をえらび十五束《そく》の矢《や》を打《うち》つがひはなつ時に、五領《りやう》の鎧《よろひ》表《おもて》裏《うら》十《と》重《へ》を射《い》通《とを》す、見るものおどろかずといふ事なし、世にあまねく知所《しるところ》なり、十三束《そく》ハ季方《すゑかた》汝等《なんぢら》を射《い》んために是をはなつ矢《や》なり、といふ。武衡《たけひら》・家衡《いへひら》酒《さけ》を季方《すゑかた》にすゝむ。三献《ごん》の時宝物《たからもの》をさづく。武衡《たけひら》又、さきの申所二ヶ条《でう》御《ご》許容《きよよう》なくハ降參《かうさん》すべからず、といひければ、季方その座《さ》を蹴《け》ちらして歸《かへ》り來りて申す。義家是を聞《きい》て、しからバせめて是をたいらげん、といふ、云々。

秋《あき》より冬《ふゆ》までせめかこめハ、寄手《よせて》寒氣《かんき》をくるしんでいはく、去年大雪《おほゆき》、今年《こんねん》も一兩日のうちに大雪ふるべし、雪にあはゝこゞへ死《し》なんか、とて鎧《よろひ》ならびに馬《むま》をうり妻子《さいし》の粮《かて》とするものあり。城外《じやうくハい》すでにかくのごとくなれハ、城中ハいよ

〱食《しよく》に乏《とも》し。門戸《もんと》をひらき、小童《せうどう》・奴婢《ぬび》をはなちいだす。義家の陣《ちん》にくだりきたるもの多《おほ》し。秀武《ひでたけ》申けるハ、此くだるものこと〱くみなかうべをはぬべし。義家その故《ゆへ》をとふ。秀武こたへけるハ、敵そのころさるゝを見てハかならず出來らし、城中人おほけれは粮《かて》はやくつく、没《ほつ》落《らく》せん事近《ちか》し、その上《うへ》雪《ゆき》ふり食乏《しよくとも》しくハ何《なに》を以てか久しく城を守《まも》らんや、といふ。義家此はかりことしかるべしとて、みな是をきる。是に依《よつ》て城門《じやうもん》かたくとぢて出るものなけれハ、兵粮《ひやうらう》いよ〱つく。

藤原《の》資通《すけみち》ハ義家昵近《じつきん》の者《もの》なり。生年《せうねん》十三にして、陣中にあつて日夜《にちや》左右《さゆう》をはなれず。夜半《やはん》ばかりに義家是を呼《よび》おこしてをしへていはく、武衡・家衡今夜《こんや》にげ出《いつ》へし、天《てん》寒《さむう》して寄手《よせて》こゞへたり、汝《なんち》火《ひ》をかり屋《や》に放《はなつ》て人々に手をあぶらしめて敵《てき》を追《をふ》用意《ようい》をすべし。資通《すけみち》うけたまハつて諸軍《しよぐん》につぐ。諸軍あやしみおもふといへども、その下知《げち》にしたがひ、假屋《かりや》を燒《やき》て手をあふる。城中食物《しよくもつ》なけれハ、曉《あかつき》に及《およん》で果《はた》して武衡《たけひら》・家衡《いへひら》城をいてゝのがる。人みな義家を以て神《しん》とす。時はなハた寒《さむ》しといへども、雪《ゆき》いまたふらず。是義家天《てん》のたすけを得たるなるへし。時に寛治《くハんち》五年十一月十四日の夜なり。こゝにおゐて折節《おりふし》城中屋宅炎上《をくたくゑんしやう》して、人々さけびよぶ聲《こゑ》甚《はなハだ》し。煙《けふり》にまよひてにげ出るもの、おほく寄手《よせて》の兵のためにころさる。義家兵を放《はなつ》てせめ入けれハ、敵《てき》まぬかるゝものまれなり。武衡池《ち》中《ちう》に飛入《とびいり》、その面《おもて》を草《くさ》のうちにかくす。寄手是を見付て是を生捕《いけどる》。又千《ち》任《たふ》をも生捕《いけとり》、家衡は花柑子《はなかうじ》といふ六郡《ろくぐん》第一《だいいち》の名馬《めいば》に乘《のつ》てのかんとしけるが、此馬をおしみ、敵にうはひとられん事をおもひ、是をつなひてみづから射《い》ころし、其形《かたち》をあらため、やつこのまねしてのがれはしる。義家、武衡を呼《よび》て、是をなしりていはく、軍陣《ぐんぢん》の道《みち》時のいきほひにより人の力《ちから》をかるハ常《つね》の法《はふ》なり、昔《むかし》武則《たけのり》官符《くハんふ》にしたがひ我父《わがちゝ》のまねきに應《おう》じて官軍《くハんぐん》にくハゝる、しかるに先日汝《なんぢ》が郎等《らうどう》千《ち》任《たふ》いつハりほこつて名符《めいふ》ありといふ、誠《まこと》に是あらバ汝《なんぢ》相傳《さうでん》すべし、すみやかに出して我《われ》に見せしめよ、汝匹夫《ひつふ》の身《み》を以てかたじけなくも鎭守府《ちんじゆふ》の号《がう》ある事ハ我父《わがちゝ》の執奏《しつそう》に依《よつ》てなり、汝わづかなる功《こう》なくして今却《いまかへつ》て謀《む》叛《ほん》の張本人《ちやうほんにん》たるときハ何《なに》を以てか汝《なんぢ》をたすけんや、しかりといへども汝《なんぢ》みだりにみづから重恩《ぢうおん》の主《しゆ》なりといふハ何ぞや、とく〳〵申せ、とあれは、武衡《たけひら》かうべをたれ平伏《へいふく》して一言《ごん》も申さず。涙《なみだ》を流《なが》して、ねがはくハ一日の命《めい》をたすけ給へ、といふ。時に傔仗《けんぢやう》大宅《おほやの》光房《みつふさ》、義家の仰《おほせ》をうけて武衡《ひら》をきらんとす。かたハらに義光《よしみつ》のおはしけるを武衡かへり見て、兵衛《ひやうゑ》殿《との》我《われ》をたすけよ、といふ。義光あはれがりて、降人《かうにん》をハ殺《ころ》すべから

す、と申されけれハ、義家爪《つま》はぢきしていハく、敵味《てきみ》方相《かたあひ》いどむ時勝《かつ》まじき事を知《しつ》て戰場《せんぢやう》を出てみづから軍門《くんもん》に來て罪《つみ》をこふ者《もの》を降人《かうにん》といふ、安倍《あべの》致《むね》〔宗〕任《たふ》がたぐひのごとき是なり、武衡《たけひら》ハさやうにはあらず、我兵《わがへい》に生捕《いけどられ》て死期《しご》にのぞんで身《しん》命《みやう》をおしむ、何《なん》ぞ降人《かうにん》といはんや、汝《なんぢ》此法《はふ》をしらざるハつたなし、といつてつゐに武衡《たけひら》をきる。そのゝち千《ち》任《たふ》を召《めし》て、汝《なんぢ》先日櫓《やぐら》の上《うへ》の雜言《ざうごん》今《いま》わすれずや。千《ち》任《たふ》閉口《へいこう》してひれふす。義家いはく、その舌《した》をきれ。源《みなもとの》直《なをし》といふものあり、手を以て舌《した》をぬかんとす。義家《よしいへ》いはく、虎《こ》口《こう》にはちかつくへからす、汝《なんぢ》しれものなり、しされ、といふ。時に人きたつてかなばさみを以て是をぬく。千《ち》任《たふ》齒《は》をかんでひらかず。此ゆへに金箸《かなばし》を以て齒《は》をつきくだき、舌《した》を引《ひき》出してきる。又千《ち》任《たふ》を木《き》の上《うへ》にしばつてその兩足《りやうそく》地上《ちしやう》にちかづけ、武衡《たけひら》がかうべを彼足《かのあし》の下《した》にをいてふましむ。千《ち》任《たふ》足《あし》

をかゞめてふます。しべらく有て千《ち》任《たふ》氣力《きりよく》つかれて、足《あし》をのべて武衡《たけひら》がかうべをふむ。義家諸《しよ》人《にん》に語《かたつ》ていはく、我今日《われこんにち》此兩年《りやうねん》の鬱憤《うつふん》をひらく、いまだ家衡がかうべを見ざる事遺恨《いこん》なり、といつて城中《じやうちう》に入《いり》、所々《ところく》を燒拂《やきはら》ふ。城中《じやうちう》・城外《じやうぐハひ》、人《にん》馬《ば》散乱《さんらん》かすをしらず。

縣小次郎次任《けんこじらうつきたふ》ハ奥州《あうしう》の勇士《ゆうし》なり。城兵《じやうへい》のにげはしらん事を知《しつ》て、その行《ゆく》さきをさへきつてまつ。次任《つきたふ》がためにうたるゝものおほし。家衡《いへひら》かたちをかへやつこのまねして行所《ゆくところ》を、次任見付《つきたふミつけ》て是をうちころし、その首《くび》を捧《さゝ》ぐ。義家《よしいへ》大によろこんで、手づからみづから紅《くれなゐ》の衣服《いふく》を取て次任《つきたふ》にかづく。ならびに鞍置馬《くらおきむま》一疋をたまふ。次任高《つきたふかう》聲《しやう》に、家衡《いへひら》が首《くび》をもちきたれ、といへは、義家聞《きい》て、なに人ぞ、ととふ時、次任《つきたふ》が郎從太刀《らうじうたち》のきつさきに家衡《いへひら》がかうべをさしつらぬき、是ハ縣《けん》殿《との》の手づから所作《しよさ》せられける事にて侍《はんべ》りける、といふ。その外武衡《たけひら》・家衡《いへひら》が郎從物頭《らうじうものかしら》たるもの四十八人の首《くび》を梟《けう》す。義家是を實檢《じつけん》す。出羽《では》・奥州《あうしう》すでにたいらひ（行カ）げ、義家威名《よしいへいめい》をふるひ、清衡《きよひら》を奥州《あうしう》にとゝめをき、その身《み》ハ歸京《ききやう》。

白河院《しらかハのゐん》毎夜《まいや》をびえたまふ御惱《こなう》あり。武士《ぶし》に勅《ちよく》して、兵器《へいき》をもとめ御枕本《おんまくらもと》にをき是をしづめんと仰けれは、義家黒漆《こくしつ》の檀弓《まゆミ》一張《ちやう》をたてまつり、御寝所《ぎよしんじよ》にをく。御惱《ごなう》やかて平愈《へいゆ》し給ふ。

寛治《くハんち》の年《とし》の末《すゑ》、堀河院《ほりかハのゐん》御惱《ごなう》あり。療治《りやうち》・祈禱《きたう》みなしるしなし。公卿僉議《くぎやうせんぎ》有《あつ》て、義家に勅《ちよく》して大《おほ》内《うち》を警固《けいご》せしむ。義家仰《おふせ》をうけたまハり、甲冑《かつちう》を着《ちやく》し弓箭《きうせん》を帯《たい》し參内《さんたい》し、南庭《なんてい》に立またがり、殿上《てんしやう》をにらまへて高聲《こうしやう》に、前陸奥守《さきのむつのかミ》源《みなもとの》義家内《だい》裡《り》を守護《しゆご》し奉る、たといいかなる惡靈鬼神《あくりやうきしん》なりともいかでかたゝりをなさんや、すみやかにしりぞくべし、と唱《とな》へて三度《と》鳴弦《めいけん》す。殿上階下《てんしやうかいか》震《しん》動《とう》して身《み》の毛《け》もよだつばかりなり。御惱《ごなう》たちまち平愈《へいゆ》す。

義家《よしいへ》陸奥前司《むつのせんじ》たりし時、より〳〵堀川右大臣《ほりかはのうだいじん》頼《より》（藤原）宗《むね》の館《たち》へまいりて碁《ご》をうつ。小雑色《こさつしき》一人太刀《たち》を持《もつ》て相《あひ》したがひ、中門《ちうもん》の邊《へん》に伺候《しこう》す。ある時盗《ぬす》人《びと》あり。人にをはれて刀をぬき南庭《なんてい》にはしり入。義家是を見てやうやくに、前司《せんじ》義家こゝにあり、といふ。盗人是をきかざるまねして行《ゆき》すく。小《こ》雑色《ざつしき》、義家の氣色《きしよく》を見て盗《ぬす》人にいつて、八幡殿《はちまんとの》此所におはせり、はやかへれ、といへば、盗人是を聞《きい》て、ありく事あたはずして刀《かたな》をすて、からめらる。小雑色《こさつしき》是をとらふ。かゝる所に義家の郎等《らうどう》四五十人はかり、近邊《きんへん》の家《いへ》より來りつどふ。世の人その郎等《らうどう》の近所《きんしよ》にある事をしらず。義家《よしいへ》のかねて不慮《ふりよ》あらん事をいましむる事かくのごとし。

堀河《ほりかはの》院《ゐん》長治《ちやうぢ》二年二月十五日、義家攝州《せつしう》多田《ただの》院《ゐん》の別當《べつたう》ならびに導師《たうし》の事をさだめをき、又その敷地《しきち》を寄進《きしん》す。

堀河院喜〔嘉〕承《かぜう》元年七月四日、病《やまひ》に依《よつ》て剃髪《ていはつ》。同三年、卒《しゆつ》す。年《とし》六十八。河内國《かはちのくに》通法寺《つうほうじ》に葬《はうふ》る。初《はじめ》義家、父《ちゝ》頼義《よりよし》にしたがひ東征《とうせい》し、奥州《あうしう》數年《すねん》の合戰《かせん》に武勇《ぶゆう》をはげまし、朝敵《てうてき》をたいらげ、又武《たけ》衡《ひら》・家衡《いへひら》を誅罰《ちうばつ》す。兩度《りやうど》大に合戰《かせん》し、計略《けいりやく》・軍《ぐん》功《こう》まことに莫太《ばくたい》なり。つゐに大勲《たいくん》を立てその志《こゝろざし》を得たり。關東《くはんとう》の武士《ぶし》是を推尊《をしたつとん》て仰《あふひ》で主《しゆ》將《しやう》とし、その下風《かふう》に立《たゝ》ずといふ事なし。その身《ミ》は國家《こくか》をまもり、其名《な》ハ日域《しちいき》（マヽ）にはびこる。廷尉《ていい》爲義《ためよし》・左馬頭《さまのかミ》義朝《よしとも》にいたつて家督《かとく》を相《あひ》つぎ、天《てん》下《か》の武將《ぶしやう》となる。東國《とうごく》を管領《くはんれい》する事ハ是よりはじまれり。右大將《うだいしやう》頼朝《よりとも》（源）・征夷將軍《せいいしやうぐん》尊氏《たかうぢ》（足利）以後《いご》東照（家康）大權現にいたらせたまふまて、みなこれ義家《よしいへ》の正流《しやうりう》にて源氏《げんじ》の嫡家《ちやくけ》なり。義家子《し》々孫《そん》々《く》繁榮《はんゑい》のはかりことある事大にさかんなりといふべし。

義綱《よしつな》

賀茂《かも》次郎

鳥羽院《とハのゐん》天仁《てんにん》元年二月、義綱《よしつな》の弟《おとゝ》義光《よしみつ》ひそかにその姪《をい》義忠《よしたゞ》をころす。時に義綱《よしつな》虚名《きよめい》をかうふつて陳《ちん》じ申事あたはず、走《ハしつ》て甲賀《かうか》の山にたてごもる。六條《ろくでうの》判官《はんくハん》（源）為義《ためよし》宣旨《せんじ》をかうふり、往《ゆひ》て是をせむ。義綱降參《よしつなかうさん》しけれハ、佐渡國《さとのくに》に配流《はいる》す。長承《ちやうせう》元年、配所《はいしよ》にて自害《じがい》。

義光《よしミつ》

新羅《しんら》三郎

子孫《しそん》おほし。別巻《べつくハん》に見えたり。

義宗《よしむね》

兵庫允《ひやうごのぜう》　左衛門尉　早世《さうせい》。

義親《ちか》

母ハ三河守（源）隆長《たかなが》がむすめ。

従五位上《じゆごゐしやう》　對馬守《つしまのかミ》　左兵衛尉

堀河院《ほりかハのゐん》康和《かうわ》二年、違勅《いちよく》の罪《つミ》に依《よつ》て出雲國に左遷《させん》せらる。

鳥羽院御宇《とバのゐんぎよう》天仁《てんにん》元年、平正盛《たいらのまさもり》勅《ちよく》をうけたまハり出雲國《いづものくに》に進發《しんはつ》す。義親討死《よしちかうちじ》。

● 義國《よしくに》

母ハ《はゝ》中宮亮（藤原）有綱《ちうぐうのすけありつな》がむすめ。

式部丞　帯刀　加賀介　従五位下

近衛院《こんゑのゐんの》御宇《ぎよう》久安《きうあん》六年、下野國《しもつけのくに》に下向《げかう》し、足利《あしかゞ》の里《さと》に居住《きよぢう》す。足利式部大夫《あしかゞしきぶのたいふ》と号《がう》す。又荒加賀《あらかゝ》入道《にうだう》と号《がう》す。

同御宇仁平《ぎようにんへい》四年三月十六日、剃髪《ていはつ》。

同御宇久壽《ぎようきうじゆ》二年六月廿六日、卒《しゆつ》す。

義忠《よしたゞ》

左兵衛尉　左衛門尉　帯刀長《たてはきのちやう》
〔と〕鳥羽院《とバのゐんのぎよう》御宇天仁《てんにん》元年二月、鹿嶋《かしま》三郎ひそかに
しのび入て、義忠《よしたゞ》をさしころす。實《じつ》ハ叔父《おぢ》義光《よしみつ》
か所爲《しよい》なり。

爲義《ためよし》
左衛門尉　從五位下　六條判官《でうはんぐハん》
義家の家督《かとく》をつぐ。一説《せつ》に義親《よしちか》が子《こ》なり。義家
是を養《やしなつ》て子とす。
（源）頼朝卿祖《よりとものきやうそ》。其事別巻《へつくハん》に詳《つまびらか》に見えたり。

義時《よしとき》
陸奥《むつ》五郎　左兵衛尉　石河《いしかハ》と号《がう》す。

義隆《たか》
陸奥六郎　森冠者《もりのくハんしや》と号《がう》す。
二條院《ぜうのゐんきよう》御宇平治《へいち》元年、源義朝《よしとも》東國《とうごく》に赴《おもむく》時、義《よし》

新田嫡流得河松平家（清和源氏義家流）

隆《たか》是にしたがひ、（山城）龍花越《りうげこえ》にて討死《うちじ》。

義重《よししげ》
母ハ《はゝ》上野介《かうつけのすけ》（藤原）敦基《あつもと》がむすめ。
新田《につたの》太郎　九條院判官代《でうのゐんのはんくハんたい》　從五位下《じゆごゐげ》　左衛門
尉　大炊助《おほいのすけ》　上野國に居住《きよぢう》す。剃髪《ていはつ》して上西《じやうさい》と
号《がう》す。
高倉院《たかくらのゐんのぎよう》御宇治承《ちせう》四年、源頼朝義兵《よりともぎへい》を起《おこ》し平家《へいけ》
を退治《たいぢ》する時、關東《くハんとう》なを静謐《せいひつ》せす。義重《よししげ》も同じ
く兵《へい》を起《おこ》し、上野國寺尾《かうつけのくにてらお》の城《しろ》に住《ぢう》す。義家《よしいへ》の嫡《ちやく》
孫《そん》なるゆへに、みづから我家《わがいへ》を建立《こんりう》せんとする
の心さしあり。そのゝち頼朝《よりとも》のまねきに應《おう》じて
鎌倉《かまくら》にいたる。
土御門院《つちみかどのゐんのぎよう》御宇建仁《けんにん》二年正月十四日、卒《しゆつ》す。年
六十八。
平政子《たいらのまさこ》頼朝の後室《こうしつ》。その訃《ふ》を聞《きい》て、（源）頼家《よりいへ》将軍につげて
おしみかなしんでいはく、上西《じやうさい》ハ源氏《げんじ》の遺老《いらう》、

新田嫡流得河松平家（清和源氏義家流）

武家《ぶけ》の要須《ようすう》なり、云々。

慶長十六年三月廿二日、東照大権現（家康）御先祖《せんそ》の事の本《もと》をおぼしめし執奏《しつそう》ましく〳〵ければ、則《すなハち》勅《ちよつ》許《きよ》有て鎮守府《ちんじゆふの》将軍の号《がう》を義重《よししげ》にをくりたまふ。

義康《よしやす》

足利《あしかゞ》新判官《しんはんくハん》　昇殿《せうでん》

（足利）尊氏《たかうぢの》卿《きやうの》祖《そ》。子孫《しそん》繁多《はんた》なり。別巻《へつくハん》に見えたり。

季邦《すゑくに》

八條《でうの》院《ゐんの》藏人《くらふど》

義範《よしのり》

太郎三郎　伊豆守　山名《やまな》と号す。

義俊《とし》

太郎　大新田《おほにつた》と号す。

里見《さとみ》・田《た》中《なか》等《とう》の祖《そ》。

義兼《かね》

一名ハ義廉《かと》。新田三郎　皇喜《くわうか》〔嘉〕門《もん》院《ゐん》藏人《くらふど》　大炊助

小新田《こにつた》と号《がう》す。義重《よししげ》が家督《かとく》をつぐ。

（新田）義貞《よしさだの》朝臣《あそん》の祖《そ》。

義季《よしすゑ》

得川《とくがハ》四郎　徳川《とくがハ》三郎

文治《ぶんち》四年正月、（源）頼朝《よりともの》卿《きやう》筥根《はこね》・三嶋《みしま》へ參詣《さんけい》の時、義季扈従《こせう》す。

建久《けんきう》元年十一月・同六年二月、頼朝《よりともの》卿《きやう》兩度《りやうど》上《しやう》洛《らく》の時、騎馬《きば》にて隨兵《ずいびやう》たり。

經義《つねよし》

額戸《ぬかどの》三郎

義光《よしみつ》
新田冠者《にったのくわんじや》

義佐《よしすけ》
小四郎

女子
悪源太義平《あくげんだよしひら》（源）の室《しつ》。

頼有《よりあり》
得川《とくかハ》四郎太郎　下野守

頼氏《よりうぢ》
世良田《せらだの》弥四郎　三河守　従五位《じゆごゐ》　新田三河前司《にったのせんじ》
鎌倉《かまくらの》将軍藤原頼嗣《のよりつぐ》・同将軍宗尊親王《むねたかしんわう》に仕《つか》へて、北条時頼《ほうでうときより》と同時につねに柳営《りうゑい》に昵近《じつきん》して結番衆《けつばんしう》となる。建長《けんちやう》・弘長《こうちやう》のあひた、将軍鶴岡参詣《つるかをかさんけい》ならびに所々出御《しゆつきよ》の時、頼氏毎度扈従《よりうぢまいどこせう》す。

有氏《ありうぢ》
世良田《せらだの》小次郎　遠江守

教氏《のりうぢ》
世良田次郎

満氏《みつうぢ》
江田三郎

家時《いへとき》
又次郎

満義《みつよし》
弥次郎

政義《まさよし》
右京亮

義秋《よしあき》

親季《ちかすゑ》
修理亮

有親《ありちか》
左京亮

親氏《ちかうぢ》
松平太郎左衛門尉　初徳阿弥《はじめとくあみ》と号《がう》す。
此時初て三河國松平の郷《がう》に移住《いぢう》す。
某年《そのとし》四月廿日、逝去《せいきよ》。
芳壽院殿《はうじゆゐんでん》俊山徳翁《しゆんさんとくをう》。

泰親《やすちか》
太郎左衛門尉　世良田《せらだ》三河守　三河目代《もくだい》
此とき初て岡崎《をかさき》（三河）の城《しろ》をきつくといひつたふ。
某年《そのとし》九月廿三日、逝去。
良祥院殿秀岸祐金《りやうしやうゐんでんしうがんゆうきん》。

信光《のぶみつ》
和泉守　三河國岩津《いはつ》の城《しろ》に移住《いぢう》す。後《のち》に同國安《あん》城《じやう》にうつる。一説《せつ》に、親忠主《ちかたゞぬし》（松平）の時安城《あんじやう》にうつるといへり。安城《あんじやう》を或《あるひ》ハ安《あん》祥《じやう》共かけり。又岡崎《をかさき》（三河）にうつる。或ハいはく、岡崎の城をその男紀伊守光重《なんきのかみみつしげ》にさつく、云々。
長亨《ちやうかう》（マヽ）（享）二年七月廿二日、逝去《せいきよ》。
崇岳院殿月堂信光《そうかくゐんでんげつたうしんくわう》、又信光明寺《しんくわうみやうじ》とも申す。

信廣《のぶひろ》○
太郎左衛門尉　信光主の庶兄《しよけい》なり。

子孫《しそん》末《すゑ》に見えたり。

益親《ますちか》
遠江守　法名《ほうみやう》道慶《だうけい》。

勝親《かつちか》
遠江守

家久
出雲守

家弘《ひろ》
筑前守

久親《ひさちか》
備中守

守家《もりいへ》○
左京亮　竹谷《たけのや》と号《がう》す。
玄蕃頭清昌《きよまさ》(松平)の祖《そ》。

新田嫡流得河松平家（清和源氏義家流）

●親忠《ちかたゝ》
右京亮　大樹寺《だいじゆじ》(三河岡崎)を建立《こんりう》す。
明應《めいおう》二年十月十三日、寺部《てらべ》(三河、井田マデ同ジ)の城主《じやうしゆ》鈴木《すゞき》日向守・伊保《いぼ》の城主《じやうしゆ》三宅《みやけ》(貞宣)加賀守・衣《ころも》の城主中條《なかでう》出羽守・八草《やくさ》の城主那須《なす》宗左衞門・上野《うへの》の城主阿部《あべ》孫次郎等《ら》、三千餘騎《よき》を引ゐて岩津《いはつ》に出張《しゆつちやう》す。親忠《ちかたゝ》僅《わづか》に千餘騎を以て、井田《ゐだ》に出てむかひ戰て大にかつ。敵こと〳〵く敗北《はいぼく》す。
明應《めいおう》九年八月十日、逝去《せいきよ》。
松安院殿大胤西忠《せうあんゐんでんだいいんさいちう》。

昌龍《しやうりう》

親直《ちかなを》
因幡守《いなはのかミ》

與嗣《ともつぐ》○
嗣《つぐ》、一に副《すけ》に作《なす》。
佐渡守　形原《かたのはら》と号《がう》す。

若狭守康信《やすのぶ》（松平）の祖《そ》。

光重○
紀伊守《きのかみ》
子孫《しそん》末《すゑ》に見えたり。

光英《ひで》
八郎右衛門尉

元芳《もとよし》○
弥三郎
外記忠實《たゞざね》（松平）・主殿頭忠房《たゞふさ》（松平）の祖《そ》。

光親《ちか》○
次郎右衛門
子孫末に見えたり。

家勝《いへかつ》
美作守

親正《ちかまさ》
修理進《しゅりのしん》
此外信光主《のぶみつぬし》の子《こ》多《おほ》し。およそ男女《なんによ》四十餘《よ》人。

親長《ちかなが》
岩津《いはつの》太郎

乗元《のりもと》○
源次郎　大給《おぎう》と号《がう》す。
和泉守乗壽《のりなが》（松平）の祖《そ》。

●長親《ながちか》
次郎三郎　初名忠次。
出雲守　藏人丞

永正《ゑいしやう》三年八月廿二日、駿河《するが》の今川氏《いまがハうぢ》（氏親）五ケ國《かこく》の軍勢《くんぜい》一万餘《よ》人をかりもよほし、三河國へ發向《はつかう》す。長親《ながちか》五百餘騎《よき》を引ゐて矢矯河《やはぎがハ》をわたり合戰《かせん》す。今川《いまかハ》が兵《へい》やぶれはしる。夜《よ》に入て吉田《よしだ》（三河）の城を引しりぞき、牧野《まきの》古白《こはく》をして是を守《まも》らしめ、諸勢《しよせい》を引て駿河《するが》に歸《かへ》る。同年十一月三日、長親《ながちか》兵《へい》を出し、吉田《よしだ》の城をせめ破《やぶ》り、古白《こはく》ならびに一族《ぞく》七十餘《よ》人をうちとる。古白或ハ枯《こ》白《はく》とかけり。天文《てんぶん》十三年八月廿一日、逝去《せいきよ》。年九十餘《よ》。棹舟院殿《たうしうゐんでん》一閑道閲《かんだうゑつ》、又高月院《かうげつゐん》とも申す。

親房《ちかふさ》

玄蕃助　随身齋《ずいしんさい》と号す。

超譽《てうよ》

知恩院《ちおんゐん》の住持《ぢうぢ》。

親光《ちかミつ》

刑部

親良《ちかよし》

兵庫入道《ひやうごのにうだう》

信乗《のぶのり》

三郎次郎

長家《ながいへ》

安城《あんじやう》左馬助　一溪道看《けいだうかん》と号《がう》す。

天文《てんぶん》九年六月六日、安城（三河）にて討死《うちじ》。

張忠《はるたゝ》

右京亮

康忠《やすたゝ》

甚六郎　月峯秀光《げつほうしうくハう》と号《がう》す。

長家《ながいへ》と同じく安城《あんじやう》（三河）にて討死《うちじ》。

信忠《のぶたゞ》

次郎三郎　藏人　世《よ》に侍中《しちう》と号《がう》す。
壯年《さうねん》にして家督《かとく》を清康君《きよやすくん》に讓《ゆづり》、（三河）大濱《おほはま》に隱居《いんきよ》。
享祿《きやうろく》四年七月廿七日、逝去《せいきよ》。
安栖院殿泰孝道忠《あんせいゐんでんたいかうだうちう》。

親盛《ちかもり》○

三郎次郎　右京亮　福鎌《ふくかま》と号す。
筑後守康盛《ちくごのかみやすもり》（松平）が祖《そ》なり。

信定《のぶさだ》○

与一　内膳正　或ハいはく、信定ハ親盛《ちかもり》が兄《あに》なり。櫻井《さくらゐ》と号《がう》す。
万助忠政《たゞまさ》（松平、後改忠倶）が祖《そ》なり。

義春《よしはる》

甚太郎　右京亮　東條《とうでう》と号す。

弘治《こうぢ》二年、三河國日近《ひちか》にて討死《うちじ》。時に二月二十日。
貞巖顯松《ていがんけんせう》と号《がう》す。

家忠《いへたゞ》

甚太郎　雪峯旭映《せつほうぎよくゑい》と号す。

利長《としなが》○

彦四郎　藤井《ふぢゐ》と号す。
山城守忠國《たゞくに》（松平）が祖《そ》なり。

清康《きよやす》

世良田《せらだの》次郎三郎
大永三年、十三歳にて父《ちゝ》の讓《ゆつり》をうく。
同六年、山中城《やまなかのしろ》（三河）をせめとり、岡崎（同上）の城に移住《いちう》す。
享祿《きやうろく》二年五月廿八日、三河國下地《しもぢ》にて合戰《かせん》、
味方利《みかたり》なうしてしりぞく。清康君《きよやすくん》（家康祖父）二たび士卒《しそつ》を
はげまし、いさみすゝんで戰てかつ。敵の將牧《しやうまき》

野《の》傳次《でんじ》・傳藏《でんざう》を誅《ちう》して、吉田《よしだ》（三河）の城《しろ》をとる。

同年、三州に出張《しゆつちやう》し、科野《しなの》（尾張）郷《がう》にて尾州《びしう》の兵《へい》と合《か》戰《せん》し、勝利《せうり》を得たり。今年《ことし》尾嶋《おしま》（三河、井田マデ同ジ）の城をとる。

同三年、三州宇利《うり》の城をせめて、熊谷《くまがやうち》氏とあひたゝかふ。

天文《てんぶん》二年三月廿日、岩津《いはつ》へ發向《はつかう》し、廣瀬《ひろせ》の城主《じやうしゆ》三宅《ミやけ》右衛門尉ならびに寺部《てらべ》の城主《じやうしゆ》鈴木《すゝき》日向守と戰ひ勝《かつ》て、敵敗北《てきはいほく》す。

同年十二月井田《ゐだ》の郷《がう》にて信濃《しなの》の兵《へい》と合戰《かせん》、大に勝《かつ》て敵《てき》の首《くび》三千餘級《よきう》を得たり。

同四年十二月五日、尾張國森山《おハりのくにもりやま》の陣《ちん》にて御事あり。善徳院殿年叟道甫《せんとくゐんでんねんそうたうほ》と号《がう》し奉る。

信孝《のぶたか》○
藏人
天文《てんぶん》十七年四月十五日、三河國菅生河《すがふがハ》にて矢《や》にあたつて死《し》す。啓岳道雲《けいがくだううん》と号《がう》す。

子孫末《しそんすゑ》に見えたり。

康孝《やすたか》
十郎三郎　禮翁善忠《れいおうぜんちう》と号《がう》す。

（表紙題簽）

寛永諸家譜　清和源氏甲九册之内
義家流之内新田流

（扉裏）
「松平」

寛永諸家系圖傳

清和源氏　　甲二

義家《よしいへ》流《りう》

松平

泰親《やすちか》・信光《のぶみつ》の庶流《そりう》

●泰親《やすちか》

（符號・系線等朱、下同ジ）

信廣《のぶひろ》○
太郎左衛門尉　參州にうまる。脚《あし》のやまひありて松平の郷《がう》に蟄居《ちつきよ》す。子孫《しそん》この巻《まき》のすゑに見えたり。

●信光《のぶみつ》
和泉守《いづみのかみ》

●守家《もりいへ》
左京亮《さきやうのすけ》

●守親《もりちか》
左京亮　法名《ほうみやう》全孝《ぜんかう》。

●親善《ちかよし》
与二郎　玄蕃允《げんばんのぜう》　法名全長《ぜんちやう》。

清善《きよよし》

与二郎　玄蕃允　備後守《びんごのかミ》

はじめ参州竹谷《たけのや》に仕《ちう》して、今川義元《いまがハよしもと》に属《ぞく》し、女子をつかハして人質《ひとじち》とす。其後永禄《そのゝちえいろく》三年、人しちをすてゝ東照大権現（家康）につかへたてまつり、妻子《さいし》を質に献《けん》ず。これにより氏眞《うぢざね》（今川）いかりて、清善《きよよし》がむすめをとらへてこれを串《くし》につらぬく。三州上郷《かミのがう》の城主《じやうしゆ》鵜殿藤太郎《うどのとうたらう》（長照）ハ清善がたねがハりの兄《あに》たりといへども、氏眞《うぢざね》に属《ぞく》するゆへ、かれと相たゝかふ事三日のあひだにして七十餘級《よきう》の首《くび》をうちとる。家人《けにん》死するものおほし。そのゝち大権現岡崎《をかざき》（三河）より御馬《むま》を上郷《かミのがう》にすゝめられて、名取山《なとりやま》に御陣《ぢん》をすへられ、甲賀衆《かうかしゆ》に命《めい》じてひそかに彼城《かのしろ》をおそひてせめとる。大権現家臣等《かしんら》をめしておほせけるハ、勇士《ゆうし》に命《めい》じて遠州宇津山《ゑんしううつのやま》のとり出《で》をまもらしめん、とのたまひけれども、御うけ申ものなし。ときに清善隠居《きよよしいんきよ》の身《ミ》たりといへども、申《まう》しこふてかしこにおもむかん事を言上《ごんしやう》しけれハ、大権現ゆるしたまふにより、つゐに行《ゆき》てそのとり出《で》をまもる。大権現その忠功《ちうこう》を賞《しやう》じたまひて、遠劦《ゑんしう》のうち友長村《ともながむら》におゐて千貫《せんぐハん》の地《ち》をたまハり、御判形《ごはんぎやう》の御書《しよ》を頂戴《ちやうだい》す。

今度《こんど》宇津山《うつのやま》へ被《られ》ニ相移《あいうつ》一候事、忠節《ちうせつ》祝《しう》着《ちやくに》候。知行千貫文之地《ちぎやうせんぐハんもんのち》可ニ申付一候。其旨《そのむね》猶《なを》左衛門（酒井忠次）尉ニ申候。恐々謹言。

元龜《げんき》三

十月廿七日　家康御判

松平備後守殿（清善）

天正十五年五月廿三日、病死《びやうし》。歳八十三。法《ほう》名《みやう》全法《ぜんほう》。

清宗《きよむね》

与二郎　玄蕃允《げんばんのぜう》　備後守《びんごのかみ》

母ハ松平紀伊守《きのかみ》家廣《いへひろ》がむすめ。

小原《をはら》肥前守《ひぜんのかみ》（資良）、今川《いまがは》（氏眞）に屬《ぞく》して參州《さんしう》吉田《よしだ》の城《しろ》に住《ちう》するとき、大權現（家康）岡崎《をかざき》（三河）より兵《へい》を出し七手《なゝて》にわけてこれをせめたまふとき、清宗《きよむね》供奉《ぐぶ》し、おほせをうけたまハりて龍倉寺《りうざうじ》ぐちをせめて、鑓《やり》をあハせ二ケ所《しよ》の疵《きず》をかうふる。清宗が家人《けにん》うち死《じ》するもの三人。敵《てき》の頸《くび》五級《ごきう》をうちとる。

永祿《ゑいろく》十一年、朝比奈《あさいな》備中守《びつちうのかみ》（泰能）遠州《ゑんしう》懸川《かけがハ》にあり。此とき今川氏眞《うぢざね》駿府《すんふ》をさりて懸川《かけがハ》の城《しろ》にいるゆへ、大權現兵《へい》を發《はつ》してこれをせめたまふとき、清宗《きよむね》したがひ奉《たてまつ》りて、懸川の南金打村《みなみかねうちむら》に陣《ちん》をはりてしバ〳〵あひたゝかふ。

遠州三方原合戰《みかたがはらかつせん》ことおハりて、其夜《よ》清宗《きよむね》鈞命《きんめい》をうけたまハり、同國堀江《どうこくほりえ》の城《しろ》の加勢《かせい》におもむく。堀江ハ大沢《おほざは》（基胤）が居城《きよじやう》なり。大權現、石川日向守《いしかハひうがのかみ》（家成）を懸川《かけがわ》の城《しろ》にさしをかる。甲州《かうしう》のつはものしば〳〵きたりて、これをせむ。日向守ハ清宗《きよむね》が姉婿《あねむこ》なるゆへ、大權現、清宗《きよむね》をつかハされてこれをすくはしむ。そのゝち諏訪原《すはのはら》（遠江）に出陣《しゆつちん》のとき、甲州《かうしう》の兵士《ひやうじ》をふせがんために、清宗《きよむね》命《めい》をかうふりて遠州《ゑんしう》新坂《にいざか》邊《へん》塩井原《しほばら》に居《きよ》す。そのゝち遠州におゐて上ケ張村《かみがはりむら》・菅谷村《すげたにむら》・龜甲村《かめのかうむら》の地《ち》をたまハる。懸川《かけがハ》・堀江《ほりえ》の軍功《ぐんこう》によつてなり。大權現甲州勢《かうしうぜい》をふせがんがため、清宗《きよむね》に命《めい》じて横須賀《よこすか》（遠江）口登《ぐちと》宇利村《うりむら》・宇兎田村《うめだ》にをかしむ。其後遠州にて、釜田御厨《かまだミくり》の地《ち》を領《りやう》す。遠州二股《ふたまた》ならびに小笠山《をがさやま》・高天神《たかてんじん》・小山《こやま》・諏訪原《すはのはら》、駿州田中《すんしうたなか》・江尻《えじり》そのほかの御陣《ちん》ごとに大權現にしたがひたてまつり、軍事《ぐんじ》をつとむ。

參州長篠合戰《ながしのかせん》のとき、鈞命《きんめい》によりて酒井《さかゐ》左衛門尉（忠次）くみに列《れつ》す。

天正十年、大權現御馬《むま》を甲州新府《かうしうしんふ》にすゝめたまふとき、清宗《きよむね》甲州《かうしう》大野《おほの》にあり。北条氏政《ほうでううぢまさ》が軍士《ぐんじ》、兵をおこして黑駒《くろごま》(甲斐)に陣《ぢん》す。清宗これと合戰《かせん》して、十七の首級《しゆきう》をうちとる。そのゝち仰《おほせ》をかうふりて子家清《こいへきよ》に本領《ほんりやう》の地《ち》をゆづり、參州竹谷《たけのや》に住《ちう》せしむ。清宗ハべつに二千貫《ぐハん》の地《ち》をたまハりて、与力《よりき》五十人のかしらとなりて、駿州興國寺《すんしうこうこくじ》にさしをかる。

尾州長久手《びしうながくて》合戰《かせん》のとき、清宗同しく子家清とともに、小田原勢《をだはらぜい》(相模、北條氏政)をふせがんがために興國寺《こうこくじ》に居《きよ》す。

同十八年、大權現小田原御陣《ぢん》のとき、吉原《よしはら》(駿河)の番《ばん》をつとむ。そのゝち隱居《ゐんきよ》す。

同十九年、奥州《あうしう》御陣《ぢん》のとき、江戸西《にし》の丸《まる》の御番《ばん》をつとむ。

慶長《きやうちやう》十年十一月十日、病死《びやうし》。六十八歳。法《ほう》名《ミやう》全榮《ぜんゑい》。

女子

石川日向守家成《いしかハひうがのかミいへなり》が妻《め》。

●家清《いへきよ》

与二郎　玄蕃頭《げんばんのかミ》

母ハ松平主殿頭伊忠《とのものかミこれたゞ》が女《むすめ》。

天正九年、大權現(家康)御妹《いもうと》(異父妹多劫姫、久松俊勝女)をめあはせ、御諱《いミな》の字《じ》をたまハる。

同十八年、小田原《をだはら》(相模)御陣《ぢん》に供奉《ぐぶ》し、御歸陣《きぢん》の後《のち》、武州八幡山《ぶしうはちまんやま》におゐて一万石の采地《さいち》をたまハる。

同十九年、奥州《あうしう》御陣《ぢん》に供奉《ぐぶ》す。

慶長五年、關《せき》が原合戰《はらがせん》(美濃)のとき、石河《いしかハ》左衛門大夫(康通)とおなじく尾州清洲《びしうきよす》の番《ばん》をつとめ、犬山《いぬやま》(尾張)の城《しろ》をうけとる。

關ケ原落居《せきがはららくきよ》の後《のち》、參州吉田《よしだ》におゐて三万石の地《ち》を領《りやう》す。

同六年、従五位下に叙《しよ》す。

同十五年十二月廿一日、病死。四十五歳。法名全霜《せんさう》。

女子
久野《くの》三郎左衛門が妻《め》。

女子
鳥居《とりゐ》源《げん》七郎（康忠）が妻《め》。

女子
岡部《をかべ》内膳正《ないぜんのかミ》長盛《ながもり》が妻《め》。

清定《きよさだ》
内記《ないき》
家清《いへきよ》八幡山《はちまんやま》（武蔵）を領《りやう》ずる時、其地《そのち》をわかちて千貫《くハん》の地《ち》をさづく。吉田《よしだ》（三河）にうつるとき、又三千二百石をわかちて領《りやう》ぜしむ。

慶長《きやうちやう》十年十二月十一日、病死《びやうし》。二十一歳。法名全桃《せんたう》。

清信《きよのぶ》
内記《ないき》
母ハ松平紀伊守《きのかミ》家信《いへのぶ》がむすめ。はじめ家清《いへきよ》ならびに忠清《たゞきよ》・清昌《きよまさ》に属《ぞく》して、彼領地《かのりやうち》にあり。寛《くハん》永《ゑい》十年、はじめて江戸におもむく。同十二年、将軍家（家光）に拝謁《はいゑつ》し、御番《ばん》をつとむ。

清行《きよゆき》
二郎兵衛
寛永十八年六月朔日、将軍家（家光）を拝《はい》し奉《たてまつ》る。

● 忠清《たゞきよ》
民部太輔《みんぶのたいふ》　従五位下

母ハ大権現(家康)の御妹《いもうと》。(異父妹多劫姫、久松俊勝女)
龜井《かめゐ》武藏守《むさしのかみ》(玆矩)がむすめをめとる。
慶長十五年、父《ちゝ》が遺跡《いせき》をついて、參州吉田《よしだ》におゐて三万石の地《ち》を領《りやう》ず。
同十七年四月二十日、病死《びやうし》。二十八歳。法名《ほうみやう》勝全《せうぜん》。

女子
本多《ほんだ》豊後守《ぶんごのかみ》康紀《やすのり》が妻《め》。

女子
松平主殿頭《とのものかみ》忠利《たゞとし》が妻《め》。

女子
成田《なりだ》左馬助《さまのすけ》泰高《やすたか》が妻《め》。

女子

淺野《あさの》采女正《うねめのかみ》長重《ながしげ》が妻《め》。

●清昌《きよまさ》
玄蕃頭《げんばんのかみ》
母ハ鵜《う》殿《どの》彦《ひこ》八郎光正《みつまさ》がむすめ。
忠清《たゞきよし》死して後《のち》、參州西郡《にしごほり》におゐて五千石をたまハる。
慶長《きやうちやう》十九年、大坂《おほざか》御陣《ちん》のとき、參劦本坂《ほんざか》の番《ばん》をつとむ。
元和元年、大坂再乱《さいらん》のとき、紀伊《きの》大納言頼宣《よりのぶ》(家康十子)卿《きやう》にしたがひて軍事《ぐんじ》をつとむ。

清雄《きよを》
民部《みんぶ》

清方《きよかた》
帯刀《たてはき》

松　平（清和源氏義家流）

玄蕃頭《げんばんのかミ》清昌《きよまさ》家紋《いへのもん》　丸《まる》の内一引《うちにひとつびき》　或ハ《あるひ》蔦葉《つたのは》

親忠《ちかたゞ》○

與副《ともすけ》
佐渡守《さどのかミ》　法名《ほうミやう》光忠《くハうちう》。

貞副《さだすけ》
兵衛大夫《ひやうゑのたいふ》　法名順阿《じゆんあ》。

親忠《ちかたゞ》
佐渡守《さどのかミ》　法名淨光《じやうくハう》。

家廣《いへひろ》
又七　法名道伯《だうはく》。
永禄年中《ゑいろくねんぢう》、家廣末子《ばつし》一人をつかハして、駿州《すんしう》

今川義元《いまがハよしもと》に質《しち》とす。其後《そのゝち》東照大權現（家康）、氏眞《うちざね》（今川）と不和《ふわ》になりしとき、家廣《いへひろ》しちを捨《すて》て大權現につかへ奉り、數度《すど》の忠節《ちうせつ》あり。今川《いまがハ》かたより味方《ミかた》にくハゝるべきよしをかたらふといへども、これをきかざるゆへ、今川氏人質《ひとじち》の子《こ》を舟《ふね》にのせ形《かた》（三河）の原《はら》のまへ井の尾《お》の濱《はま》にてこれを害《がい》して串《くし》につらぬく。其後《そのゝち》大權現たび〳〵の御陣《ちん》に供奉《ぐぶ》す。

家忠《いへたゞ》
紀伊守　法名淨雲《じやううん》。
武田《たけた》信玄《しんげん》（晴信）急《きう》に遠州《ゑんしう》二俣《ふたまた》の城《しろ》をせむるとき、家忠、大權現（家康）のおほせにより、加勢《かせい》としてかしこにおもむく。
遠州三方原《ミかたがはら》合戰《かせん》に供奉《ぐぶ》。
參劢長篠《ながしの》合戰《かせん》のとき、大權現の命《めい》をうけたまハりて、家忠ならびに松平上野介《かうづけのすけ》（康忠）兩人《りやうにん》後詰《こづめ》

となる。信玄（マヽ）とりでをかまへて、長篠《ながしの》をせむ。家忠ならびに松平上野介さきがけとなりて、とりでをやきて勝利《せうり》を得《え》たり。その外《ほか》おほくの首《くび》をうちとる。この後《のち》大権現御出陣のたびことに、家忠《いへたゞ》供奉《ぐぶ》す。

家房《いへふさ》
勘《かん》右衛門　法名恵眞《ゑしん》。

正重《まさしげ》
石川勘助《いしかハかんすけ》
母かたの氏《うぢ》をついで石川と号《がう》す。關《せき》か原《はら》（美濃）御陣《ちん》のとき供奉《ぐぶ》。大坂兩度《おほざかりやうど》の御陣《ちん》に供奉《ぐぶ》して、首級《しゆきう》ふたつを得《え》たり。
寛《くハん》永《ゑい》三年正月十二日、病死《びやうし》。法名淨覺《じやうかく》。

正成《まさなり》
次右衛門
寛永七年、大坂御番《はん》のうちに死《し》す。法名淨心《じやうしん》。

政善《まさよし》
猪《ゐ》之助《すけ》　生國武藏《むさし》。

正長《まさなが》
勘助《かんすけ》
寛永三年、台徳院（秀忠）殿につかへたてまつる。同九年、將軍家（家光）へめし出さる。

信平《のぶひら》
八左衛門
將軍家（家光）へつかへたてまつり、御小姓組《こしやうぐミ》の御番《ばん》をつとむ。

家信《いへのぶ》

又七　紀伊守

はじめハ家副《いへすけ》、後《のち》に家信とあらたむ。甲州新《かうしうしん》府《ふ》御陣《ぢん》のとき、（家康）大權現にしたかび（がひ）たてまつり、酒井《さかゐ》左衞門尉（忠次）か旗下《はたした》につゐて信州諏訪高嶋《しんしうすはたかしま》の城《しろ》をせむ。そのとき城中《しやうちう》より夜中《やちう》に敵兵《てきへい》をそひきたる。家信これと戰《たゝかつ》てをひちらす。（尾張）羽黑《はくろ》合戰《かせん》のとき、家信（同上）犬山《いぬやま》の先陣《せんぢん》となりて、時刻《じこく》をうつさず是《これ》をやぶり、ゝゞから軍功《くんこう》をはげまして勇名《ゆうめい》あり。大權現、右二ケ度《ど》の感狀《かんじやう》をたまハる。其後御出陣《しゆつぢん》のたびごとに家信供奉《ぐぶ》す。

天正十八年、參州形原《かたのはら》より上総國五井《かづさのくにごゐ》にうつり、御加增《かぞう》ありて都合《つがう》五千石を領《りやう》ず。

慶長《きやうちやう》六年、又鈞命《きんめい》によりて形原《かたのはら》の本領《ほんりやう》にうつる。

同十五年正月二十六日、從五位下に叙《じよ》す。

寬《くハん》永《ゑい》十一年七月二十二日、從四位下に叙す。

同十五年正月十四日、病死《びやうし》。七十四歲。常立《じやうりう》院《ゐん》と号《がう》す。

康信《やすのぶ》

若狹守《わかさのかみ》　生國上総。

慶長十四年、康信《やすのぶ》十歲にてはじめて（秀忠）台德院殿につかへたてまつる。

同十七年、從五位下に叙《じよ》し、御茶《ちや》の番《ばん》をつとむ。

同十九年、大坂御陣《ちん》のとき、井上《ゐのうへ》主計頭《かずへのかみ》（正就）組《くみ》に属《ぞく》して供奉《ぐぶ》す。

元和五年九月、家信《いへのぶ》・康信《やすのぶ》父子《ふし》鈞命《きんめい》をかうふりて參州形原《かたのはら》より攝州高槻《せつしうたかつき》にうつりて、二万石を領《りやう》す。

寬永十二年、家信・康信父子、又鈞命《きんめい》によりて下総《しもふさ》の國《くに》さくら（佐倉）にうつり、四万石を領《りやう》す。

同十五年、家信《いへのぶ》死してのち、信康《のぶやす》鈞命によりて家督《かとく》をつぎ、三万六千石を領《りやう》ず。其餘《そのよ》の四千石ハ舎弟《しやてい》二人にわかちあたふ。
同十七年九月、台命《たいめい》をかうふり、又攝州《せつしう》高槻《たかつき》にうつりて、本地《ほんち》〔知〕三万六千石を領《りやう》ず。

勝信《かつのぶ》
助《すけ》十郎

氏信《うぢのぶ》
修理亮《しゆりのすけ》　生國參州。
寛永《くハんゑい》二年十一月、十三歳《さい》にして將軍家（家光）につかへたてまつる。
同七年十月、中奥《なかおく》にてつかふ。
同八年、御切米《きりまい》五百俵《へう》をたまハる。
同年十二月より、御膳番《ぜんばん》をつとむ。
同月二十九日、従五位下に叙《じよ》す。

同十五年、父《ちゝ》家信《いへのぶ》死去《しきよ》のとき、家信《いへのぶ》が領地《りやうち》のうち、二千石をわかちたまふ。

若狭守《わかさのかミ》康信《やすのぶ》家紋《いへのもん》　丸内利《まるのうちにり》文字《もんじ》
助《すけ》十郎勝信《かつのぶ》別紋《べつもん》　丸内《まるのうちに》桔梗《ききやう》

光重《ミつしげ》
紀伊守《きのかミ》　法名《ほうミやう》榮金《ゑいきん》。

昌安《まさやす》
彈正《たんじやう》左衛門

親貞《ちかさだ》
左馬允《さまのぜう》

某
七郎　大草《おほくさ》（三河）に居住《きよぢう》す。

三光《ミツミツ》

源《げん》太郎　善《ぜん》四郎　善兵衛尉
參州伊《い》賀《が》に生る。

正親《まさちか》

善四郎　善兵衛尉　生國同前。

清康君《きよやすくん》（家康祖父）・廣忠卿《ひろたゞのきやう》（家康父）につかへて、其後東照大權（家康）現につかへ奉る。

永祿《えいろく》三年五月十九日、今川義元《いまがハよしもと》と織田信長《をたのぶなが》尾《び》州《しう》桶挾間《をけばさま》（狹）にて合戰《かつせん》の時、大權現御歳《おんとし》十九にて兵《へい》を引ゐて義元に會《くハひ》したまふ時、正親供奉《ぐぶ》す。信長同國棒山《どうこくぼうやま》にとり出《で》をかまへて相戰《あひたゝかふ》。正親先陣にすゝんて、いとみ戰て討死《うちじ》す。四十八歳。法名眞津《しんしん》。

康安《やすやす》

善《ぜん》四郎　善兵衛尉　石見守《いはミのかミ》　伊《い》豫守《よのかミ》
二たび石見守と号《がう》す。生國同前。
大權（家康）現の命《めい》によりて若年《じやくねん》より三郎信康主《のぶやすぬし》（家康長子）につかへて、十八歳にてはじめて戰場《せんぢやう》におもむく。元龜《げんき》三年十一月、武田信玄《たけだしんげん》（晴信）遠州《ゑんしう》にをそひ來て二俣《ふたまた》の城《しろ》をせむる時、康安城中《じやうちう》にありて、中《なか》根平《ねへい》左衛門（正照）ならびに青木《あをき》四郎兵衛とあひともに士卒《じそつ》をはげましかたく城をまもる。敵兵《てきへい》城《じやう》下《か》の川をせきとめて水ぜめにせんとて、材木《ざいもく》をきりながす。城中より是をさとつて、日暮《ひくれ》にをよびて川をへたて鉄炮《てつはう》をはなち、夜に入て康安闇《やミ》にまぎれて是《これ》をうかゞひ見れバ、敵《てき》是をさとつて、百騎《き》ばかり火繩《ひなわ》を鉄炮《てつはう》にはさゝて相《あひ》ならんで是をはなたんとす。かたはらに一丈《ちやう》ばかりの石《いし》あり。康安身《やすやすミ》を石のかげにかくして是をまつ。しバらくありて敵鉄炮《てきてつはう》をはなつによりて、味方の兵《へい》おどろきて城中《じやうちう》にひきしりぞくといへとも、康安ひとり石のかげにありて、敵のすゝ〻來るをうかゞひて、鉄炮をはなつ事すべて五度《ごど》、其後引しりぞく。同年十二月二十二日、大權現、信玄《しんげん》と遠州三方《ミかたが》原《はら》にて合戰《かせん》の時、信玄大軍を引ゐてきたる。其兵はなハだおほくして、味方利《ミかたり》あらず。小《を》笠原金平《がさはらきんへい》（定武）といふものあり。つねに康安と同しく戰場《せんぢやう》におもむく。此時金平先鑓《まつやり》をあはす。康安も又すゝんで鑓をあはせ、五ケ所の疵《きず》をかうふる。中にも矢《や》二筋《すぢ》むねにあたる。康安〻づから一矢をぬいて是をすつ。今一矢をもぬくといへども、敵急に追かくるによりて、矢をすつる事あたハずして、手にもちなから鑓を引て、のがれゆく事一里ばかり。郎從《らうじう》康安《やすやす》か馬を引て來る。康安よろこんで是にのりてのがる。時に參劢岡崎《をかざき》の町奉行《まちぶぎやう》右衛門七、膝口《ひざぐち》を敵《てき》につかれて行歩《きやうぶ》かなはざれハ、敵追《てきをひ》

來《きたつ》てすでに首《くび》をとらんとす。右衛門七うしろより大に康安をよバはつていはく、我膝口《われひざぐち》をつかれてすすみゆく事あたハず、ねがハくハ康安かのる所の馬をかせ、もしいま我をすくハずんバ康安勇士《ゆうし》にあらず、といふ。康安かへり〻て、やむことをえすして馬よりおりて、右衛門七をのす。此時康安十八歳なり。

天正三年五月二十一日、大權現、武田勝頼《たけたかつより》と參州長篠《ながしの》にて合戰《かつせん》の時、康安先手《やすやすさきて》にありて、甲《かぶと》首《くび》一級《きう》をとりてこれを献《けん》ず。しバらくありて山田平《へい》一郎（正勝）も又來て首《くび》一級《きう》を献《けん》す。康安諸人《やすやすしよにん》の中にて平一にいひけるハ、汝日比《なんぢひごろ》の荒言《くハうげん》にも似《に》す、何《なん》ぞ首を献ずる事をそきや。平一郎僞《いつはつ》てこたへていはく、我すでに先《さき》に首《くび》を献《けん》じて今二たび是を献す。康安いかつて、我《われ》あに汝《なんぢ》にをとるべきや、といひもあへず、又敵《てき》中《ちう》にはせ入て、甲首《かぶとくび》一級《きう》をとりて、二たび是

を献す。大権現はなハだ御感《かん》あり。しバらくありて平一郎、康安にさゝやきけるハ、我先にいひけるハたハふれなり、誠にハ首一級を献す、となり。

同年、遠州諏《す》訪原《ハのハら》にて合《かつ》戰《せん》の時、康安ならびに平一郎、松平伊豆守（信一）に属《ぞく》して、敵《てき》陣《ぢん》にむかひて足輕《あしがる》をつかハし、鉄《てつ》炮《はう》をはなちていどみ戰《たゝかふ》。康安ゝつから馬《むま》足輕《あしがる》となつて先《せん》陣《ぢん》にすゝむ。こゝに敵《てき》これをうかがつて鉄炮をはなち、康安か着《ちやく》せし鎧《よろひ》の小手《こて》の端《はし》にあたりて甲《かぶと》の端《はし》を射《い》とをすといへども、身にハ疵《きず》つかす。平一郎も又鉄炮にあたりて疵をかうふる。

同年、同國《どうこく》小山《こやま》合《か》戰《せん》の時、康安《やすやす》ならびに松平彦《ひこ》九郎とともに足輕《あしがる》となつて、鉄《てつ》炮《はう》をはなつていどゝたゝかふ。彦九郎討《うち》死《じ》す。敵《てき》來《きたつ》て首《くび》をきらんとしけるを、康安是をふせぐゆへ、敵《てき》其首《くび》をとる事をえす。此たび康安大に戰《せん》功《こう》あり。

大権現兵《へい》を遠州井呂《ゐろ》にすゝめたまふ。勝《かつ》頼《より》士《じ》卒《そつ》を引ゐて水《すい》邊《へん》にのぞむ時、味《ミ》方《かた》の軍《ぐん》中《ちう》に内《ない》藤《とう》四郎左衛門（正成）すゝんであまたの矢《や》をはなつといへども、敵にあたらず。康安馬《むま》よりおりて、内藤がかたハらに立《たつ》て、矢のあたるへき所をつぐ。是により内藤が射《い》る所の矢、果《はた》して敵《てき》の馬の三途《さんづ》にあたり、馬おどろひて乗《のる》者《もの》たちまち落《おつ》。味《ミ》方《かた》ときのこゑをあげてわらつてしりぞく。此陣《ちん》に信《のぶ》康《やす》主《ぬし》（家康長子）、康安《やすやす》をめしてのたまひけるハ、勝《かつ》頼《より》井《ゐ》呂《ろ》の川にをそひ來るときく、今夜敵《てき》川をわたす事もあるへし、汝《なんち》ひそかに行《ゆき》て是を見よ。康安其旨《むね》にしたがひて、井呂にいたりて是をうかゞへバ、今《こ》夜《よひ》敵《てき》川を渡《わた》るべき躰《てい》にあらす。足《あし》輕《がる》こゝかしこに奔《ほん》走《そう》して、竹《ちく》木《ぼく》をきり來《きたつ》てかり屋をつくらんとす。騎《き》馬《ば》のものも又馬のむながひをしめす。是によつて見れバ、敵《てき》川を渡《わた》すべからざる事決《けつ》せり。康安くハしく是を見て歸り、信康主《のぶやすぬし》に其むねをつぐ。其夜はたして敵《てき》川を渡さず。信康主大に歎美《たんび》して、汝《なんぢ》よく是を見さだめたり、とのたまふ。

同七年、大權現、勝頼《かつより》が兵《へい》と駿州《すんしう》田中《たなか》の城《しろ》にて合戰《かつせん》の時、康安、石川伯耆守《いしかハはうきのかミ》數正《かずまさ》がくみ中にあり。敵《てき》數正が陣所《ちんしよ》へをそひきたり、物かげより鉄炮《てつはう》をはなつ。味方《ミかた》の兵《へい》死しきずつくものおほし。味方《ミかた》のはなつ鉄炮《てつはう》ハ敵《てき》にあたる事まれなり。數正《かずまさ》、康安にかたりけるハ、汝《なんぢ》よくはかりことをめぐらして、敵《てき》のかくれたる所をうかゞひて鉄炮をはなたバ、敵かならずにげさらん、といふ。康安是をきゝて、ひそかに陣屋の上にのほりて、敵方を見おろして鉄炮をつゝけてはなちけれバ、敵のあつまる所にあたりて、二人たふれふす。敵《てき》兵《へい》おどろきてひきしりぞく。康安其所をたづねみれバ、首《くび》なきもの二人ありて、鉄炮の疵《きず》ハ是なし。案《あん》ずるに、件の鉄炮首《くび》にあたるゆへ、敵其首《くび》を取て引さるならん。此合戰《かつせん》に康安、成瀬《なるせ》吉平《きちへい》(久次)と力《ちから》をあはせて、にくる敵《てき》ををふて、こと〲く城中にしりぞかしむ。康安城下に附《つい》てしりぞかす。敵の機《き》をうかゝひて先《さき》がけせんとす。敵是をみて鉄炮をはなつゆへ、康安疵をかうふりてしりぞく。

大權現同國宇都谷《どうこくうつのや》・丸子《まりこ》を過たまふ。勝頼《かつより》兵《へい》をふせて不慮《ふりよ》に其近邊《きんへん》より出て、足輕《あしがる》をかけ鉄炮《てつはう》をはなつゆへ、味方《ミかた》あはてさはぐ。康安馬《むま》よりおりて、足輕十五六人に鉄炮をもたせて山路《やまぢ》をおりくだり、鉄炮をつゝけうつにより、敵おどろひて山中へにげさる。味方つゝがなうして嶮路《けんろ》を過《すぎ》ゆく。大權現、數正《かずまさ》を遠州蒲生《かまふ》檢校《けんげう》が家《いへ》につかハして、小笠原河内守《をがさハらかハちのかミ》をころさしむ。康安是にしたがふ。河内守が郎従《らうじう》に三《ミ》嶋《しま》助《すけ》右衛門といふものあり。力《ちから》人にこえて是にあたるものなし。康安これをうちころして、三嶋がはく所の貞宗《さたむね》の脇指《わきさし》をとる。時に鳥居《とりゐ》彦《ひこ》右衛門尉元忠《もとたゞ》しきりに是を所望《しよまう》す。康安やむ事を得ずしてこれをあたふ。鳥居大によろこんで小田小手《をだごて》といふ鎧《よろひ》の小手を報《ほう》ず。大權現、康安と山田《やまだ》平《へい》一をめして仰《おほせ》けるハ、今軍中《くんちう》にて逆意《ぎやくい》のものあり、汝等《なんぢら》これをころすべし。兩人命《めい》をうくるといへども、前日戰《ぜんじつせん》場《ちやう》にて刀《かたな》の刃《やいば》をおるゆへ、兩人力《ちから》をあはせて城中《じやうちう》の廊下《らうか》にて是をとらへて、脇指《わきざし》にて其胸《むね》をつきとをす。

同九年三月、大權現遠州《ゑんしう》高天神《たかてんじん》の城をせめて、勝頼《かつより》が士《じ》卒をうちたまふ時、康安先陣《せんぢん》にすゝむ、敵兵《てきへい》横田《よこた》甚《じん》（尹松）右衛門がまもる所の櫓《やぐら》の下《した》にいたり、ひとり戰《たゝかひ》をはげますといへども、敵《てき》對《たい》するものなし。

同年、大權現、勝頼と駿州《すんしう》遠目《とをめ》にて合戰《かつせん》の時《とき》、康安足輕《あしがる》をつかハし、いどみ戰て首級《しゆきう》を得たり。

同年、遠目《とをめ》合戰の時、康安、山田平《へい》一とともに足輕《あしがる》となつて先陣《せんぢん》にすゝむ。勝頼が兵朝比奈《へいあさいな》彦《ひこ》（眞直）右衛門尉駿馬《しゆんめ》にのり、金《きん》の折掛《おりかけ》を差物《さしもの》とす。朝比奈、康安等《ら》が敵《てき》の歩卒《ほそつ》をうたん事を察《さつ》して、其歩卒《ほそつ》をまねきあつめて、山に傍《そふ》てしりぞくを見て、平一、康安にいひけるハ、朝比奈か勇者《ゆうしや》たる事をみな人のしる所なり、其上かれ良馬《りやうば》に乘《のつ》てきたる、是をうちとらん事かたし、我先に行て前路《せんろ》をさへぎるべし、康安ハかれがうしろよりかゝりて、中にさしはさんて是をうたバいかん、といふ。康安もつともと同《どう》じて、二人前後《ぜんご》よりはさんで是をきるといへども、かれ良馬にのり、そのうへ心剛《こゝろかう》にしてよくかけ引をしるゆへ、つゐにのがれさる。此時《とき》康安《やすやす》、朝比奈《あさいな》が差物《さしもの》をきりおとす。

同年、遠目《とをめ》の合戰《かつせん》に、康安、勝頼《かつより》が兵《へい》をせめて武勇《ぶゆう》をはげます。小《を》山田《やまだ》(信茂)が良〔郎〕従《らうじう》に鈴木《すゞき》加兵衛尉といふものあり。矢《や》をはなつて康安にあつ。時に朝比奈又太郎といふもの馳來《はせきたつ》て鈴木にいひけるハ、此場《このば》のかけ引自由《じゆう》ならず、たとひ一兩人を射《い》るといふとも、つゐに利《り》あるべからず、何ぞさらざるや、といつて相ともに引しりぞく。

同年、遠目《とをめ》の城下《じやうか》にせめ入時、康安足輕《あしがる》を下《げ》知《ぢ》して鉄炮《てつほう》をうたしむ。敵《てき》の軍中《ぐんちう》より、おほく味方《ミかた》の足輕を射《い》る。此時康安麥《むぎ》の中《なか》によりて鉄炮《てつはう》をうたんとす。敵火繩《てきひなハ》の煙《けふり》を見て、おどろひて堤《つゝミ》に傍《そふ》てのがる。こゝに康安又鉄炮に火繩をはさゞて待ところに、敵《てき》はたして又出きたる。康安鉄炮を臺《たい》にのせてはなたんとしけれバ、鉄炮の筒さけて大にひゞくゆへ、敵おどろひて二たび出《いで》ず。

同十二年四月、大權現、秀吉《ひでよし》(豊臣)と尾州《びしう》長久手《ながくて》合《か》戰《せん》のとき、康安、石川數正《いしかハかずまさ》がくみ中にありて、小牧山《こまきやま》(尾張)のとり出を守《まも》る。

同年、大權現蟹江《かにえ》(尾張)の城《しろ》をせめたまふ時、康安先陣《せんぢん》にすゝんで城下《じやうか》につく。城門の前《まへ》に小橋《こばし》あり。其橋《そのはし》の上《うへ》にて敵《てき》と鑓《やり》をあハする時、康安鉄炮《てつはう》にあたり、其疵《きず》をいたゞて手《て》をあぐる事あたハずといへども、會釈《あしやく》して防戰《はうせん》す。是によりて相引《あひびき》にしりぞく時、酒井備後守《さかゐびんごのかミ》(忠利)傍《かたハら》にありて是を見る。後《のち》に康安と鑓《やり》をあハするものをきけバ、谷崎《たにざき》忠《ちう》右衛門尉なり。

同十八年、大權現、秀吉《ひでよし》と同じく小田原《をだはら》(相摸)の城《しろ》をかこみたまふ。康安《やすやす》大番《おほばん》の頭《かしら》となりて供奉《ぐぶ》す。此時大權現鉄炮《てつはう》十挺《ちやう》を出《いだ》して、康安に仰《おほせ》けるハ、汝《なんぢ》よく鉄炮をはなつ、此内《うち》にて汝《なんぢ》が心《こゝろ》にかなひたるをとりて、士卒《じそつ》をはげまし是をはなつべし。康安謹《つつしん》で一挺《ちやう》をとりあげて拝受《はいじゆ》す。大權現の仰に、これ國友《くにとも》がはる（張）ところの筒なり、汝新《なんぢあたらしき》をすてゝ古《ふるき》をとる、これ其藝《そのげい》にくハしきしるしなり。其後《そのゝち》大權現御ゝづから矢《や》を城中《じやうちう》へはなちたまふ。左右《さゆふ》のものにもいさせて其矢のおつる所を見せしむ。左右いつハりて、其矢城中に入と申す。仰にいはく、是より城中まて其間遠ければ、弓勢《ゆんぜい》のをよぶところにあらす、汝等《なんぢら》いつハりて我をゝだりにあざむくものなり、とて康安《やすやす》をめして仰《おほせ》けるハ、汝《なんぢ》つねに强弓《つよゆみ》をひく、今こゝろゝに城中を射《い》るへし。康安命に應《おう》して矢をはなちけれハ、こと〳〵く城の堤におちつく。其うちにて矢《や》一筋《すぢ》城の塀《へい》をつらぬく。大權現左右のものをめして仰けるハ、先に我汝等《ら》を以てあやまれりと思ふゆへ、康安に射さしめたまへべ、なをかくのごとし、汝等いつハりて我をあざむきたり、とて大きにいからせたまふ。

慶長《きやうちやう》のはじめ、大權現關東《くハんとう》御入國《にうこく》の時、群臣《ぐんしん》をわかちて台德院殿（秀忠）へつけたまふとき、台德院殿、康安をこふて臣《しん》としたまふべきの御心《こゝろ》あるゆへ、先倉橋内匠《まつくらはしたくみ》（政勝）を御使《つかひ》として御意《ぎよい》のおもむきを康安につげたまふ。康安命《めい》のかたじけなき事を拝《はい》して、かならず忠《ちう》をつくさん事を存《ぞん》ず。台德院殿、又本多佐渡守正信《ほんださどのかみまさのぶ》・大《おほ》久保相模守忠隣《くぼさがみのかみたゞちか》を御使《つかひ》として大權現へ仰けるハ、康安《やすやす》をたまハりて我臣たらしめん、となり。大權現、康安が舊功《きうこう》のあつき事を思召《おぼしめし》、おり〳〵御前《ぜん》へめし出されて合戰《かつせん》の事を御評論《こひやうろん》あるゆへ、御父子《ふし》の間《あひだ》たりといへどもはなハだ是をおしみたまひ、康安をめして仰けるハ、台德院殿汝《なんぢ》をのぞみこふて臣《しん》たらしめんとす、汝往《ゆい》てつかへんや、又我まさに上方におもむかんとす、汝是にしたがハんやいかん。康安稽首《けいしゆ》してまうさく、いづれにつかへたてまつるか君にあらざらん、たゞ仰にしたがハんのミ。是によつて台徳院殿への御返事《へんじ》に、康安《やすやす》を上方《かみがた》への御供《とも》にめしつれらるべし、其餘《よ》のものは誰《たれ》にてもつかはさるべし、と仰ければ、台徳院殿是より康安をにくミたまひて、三年の間御言葉《ことば》をもかけられず。數《す》年《ねん》をへて後御《ご》一言《いちごん》ありて、其後又前《まへ》のごとく恩遇《おんぐう》にあづかる。

同五年九月、石田《いしだ》治《ち》部《ふのせ》少輔《ふ》三成《みつなり》謀叛《むほん》す。大權現關原《せきがハら》（美濃）にて合戰の時、康安、布施《ふせ》孫兵衛尉（重次）と同しく右ぞなへにありて、弓矢を帶して供奉《ぐぶ》す。

同六年五月十一日、從五位下《じゆごゐげ》に叙し、石見守《いはミのかミ》に任《にん》ず。

同十九年・元和元年、大坂兩度《おほざかりやうど》の御陣《ぢん》に供奉。

大權現薨御《こうぎよ》の後、台徳院殿につかへ奉りて、所職《しよしき》もとのごとし。其上三千石の御加增《かぞう》をたまハりて、懇志《こんし》あまりあり。此時にあたりて近藤《こんどう》石見守《いはミのかミ》（秀用）・渡邊《わたなべ》山城守（茂）ならびに康安、御夜《よ》詰《づめ》のあるごとに御前《ぜん》へめし出さる。眞田《さなだ》隱岐《おきの》守《かミ》（信昌）・横田《よこた》甚《じん》右衛門（尹松）・初鹿《はじか》傳《でん》右衛門（昌久）三人ハ甲州《かうしう》の旧臣《きうしん》なり。今《いま》康安と同しく台徳院殿の御前に候《こう》して御夜話《よはなし》の時、大權現と武田《たけた》父子《ふし》と合戰の事をかたる。此六人ハ其むかし彼戰場《かのせんぢやう》にあふてまのあたり見及し事なれば、今其事《そのこと》をかたるに一言《ごん》もいつハる事なし。横田《よこた》むかし康安か高天神《たかてんじん》にて武勇《ぶゆう》をふるう事を申けれハ、台徳院殿御座《ござ》をちかづけたまひて御感悦《かんゑつ》あり。

元和《げんわ》八年十月十四日、仰《おほせ》をうけたまハりてくミ中《ちう》を引ゐて駿府《すんふ》の城《しろ》をまもり、常番《じやうばん》となる。

同九年五月二日、病死《びやうし》。六十九歳。法名《ほうミやう》道白《だうはく》。

正朝《まさとも》

善《ぜん》四郎　壹岐守《いきのかみ》　生國同前。

（家康）大權現につかへ奉りて、小田原《をだはら》（相摸）ならびに奥州《あうしう》御陣《ごぢん》をつとむ。

慶長五年、（秀忠）台德院殿につかへ奉りて、眞田《さなだ》（昌幸、信濃）御陣（上田城）に供奉《ぐぶ》す。

同十年、從五位下《じゆごゐげ》に叙し、壹岐守に任ず。

同十九年、大坂御陣に供奉。

翌年再乱の時、御書院番《しよゐんばん》の小頭《こがしら》となりて供奉す。

元和八年、大番《おほばん》の頭《かしら》となりて、領地《りやうち》千石をたまへる。

同九年、家督《かとく》をついで六千石を領《りやう》ず。仰《おほせ》をうけたまへり父《ちゝ》が所職《しよしき》をついて駿府《すんふ》の常番《しやうばん》となる。

寛永《くハんゑい》二年、鈞命《きんめい》によりて駿河《するか》大納言忠長卿《たゞながのきやう》（秀忠二子）につかふ。領地《りやうち》ならびに所職もとのごとし。

同九年、忠長卿《たゞながのきやう》の事《こと》によりて、常州《じやうしう》下館《しもだて》の城主《じやうしゆ》水谷《みつのや》伊勢守《いせのかミ》（勝隆）にあづけらる。

同十二年正月、御赦免《しやめん》ありて、鈞命《きんめい》によりて水戸《ミと》中納言頼房卿《よりふさのきやう》（家康十一子）につかふ。領地《りやうち》もとのごとし。

（家光）將軍家、頼房卿《よりふさのきやう》の亭《てい》に渡御《とぎよ》の時、正朝《まさとも》御目見いたし、小袖《こそで》ならびに銀子《ぎんす》拝領《はいりやう》す。

重成《しげなり》

文《ぶん》四郎　志摩守《しまのかミ》　生國同前。

（秀忠）台德院殿につかへ奉る。ある時（家康）大權現群臣《ぐんしん》をわかちて台德院殿へつかハさるゝ時、重成召出されて大權現につかへ奉る。

慶長《きやうちやう》五年、關原《せきがはら》（美濃）御陣《ぢん》供奉。

同八年三月二十五日、從五位下《じゆごゐげ》に叙し、志摩守に任す。

大《おほ》十人組《くみ》の頭《かしら》となり、其後御かちの頭《かしら》となる。

大坂兩度《りやうど》の御陣《ごぢん》に供奉《ぐぶ》。

元和二年、又台徳院殿につかへ奉りて、御かちの頭となる。

寛《くハん》永《ゑい》三年、御書院番《しよゑんばん》の小頭《こがしら》となる。

同四年、鈞命《きんめい》によりて忠長卿《たゞながのきやう》(秀忠三子)につかへて、大番《おほばん》の頭《かしら》となり、三千石の領地《りやうち》をたまへる。

同九年、忠長卿の事によりて、常州土浦西《じやうしうつちうらにし》尾《お》丹後守《たんごのかミ》(忠昭)にあづけらる。

同十二年正月、御赦免《ごしやめん》ありて、仰《おほせ》によりて頼房卿《よりふさのきやう》(家康十一子)につかふ。領地《りやうち》もとのごとし。

將軍家(家光)、頼房卿の亭《てい》に渡御《とぎよ》の時、重成御目見、小袖ならびに銀子拜領す。

同十七年、將軍家御殿《ごてん》をあらためつくらせたまふ時、頼房卿其事《そのこと》にあづかり、重成《しげなり》を奉行《ぶぎやう》とす。御殿造畢《ごてんざうひつ》の後將軍家に謁《ゑつ》し奉る時、其勞《そのらう》を称《せう》じたまふ。其後御普請事《ふしんこと》をハりて、御給《あはせ》・羽織《はをり》ならびに銀子《ぎんす》を拜領《はいりやう》す。

成次《なりつぐ》

忠《ちう》太郎　主水《もんど》　生國《しやうこく》駿河《するが》。

大權現(家康)の嚴命《げんめい》によりて、井伊掃部頭直孝《ゐいのかもんのかミなをたか》が家臣《かしん》川手主水《かハてもんど》が養子《やうし》となる。

元和元年五月六日、大權現大坂《おほざか》の城をせめたまふ時、成次、直孝にしたがひて一方の先手《さきて》となり、城中《じやうちう》の副將《ふくしやう》木村長門守《きむらながとのかミ》(重成)といどみ戰て、先にすゝんで鑓《やり》をあはせ討死《うちじ》す。二十八歳。法名《ほうミやう》涼英《りやうゑい》。

其後大權現御不例《ごふれい》により台徳院殿(秀忠)江戸より駿府《すんふ》へ渡御《とぎよ》の時に、一日重成《しげなり》を西丸《にしのまる》にめして仰《おほせ》けるハ、汝《なんぢ》が弟《をとゝ》成次、大坂の戰場《せんぢやう》にをゐて其武勇抜群《ぶゆうばつくん》にして、三十にもたらす戰《せん》死《し》する事まことにおしむべし、もしかれ命《いのち》を全《まつたう》せハ、たとひ疵《きず》をかうふり手足《しゆそく》かなハずとも、一族《ぞく》の美目《びぼく》たるへし。重成、命《めい》のかたしけなき事を拝《はい》す。直孝《なをたか》も又御前《ぜん》に候《こう》して、なを成次が武勇《ぶゆう》を心がけし事を申す時、酒井雅樂頭忠世《さかゐうたのかミたゞよ》・土井大炊頭利勝《どゐおほいのかミとしかつ》、御前《ぜん》にありて同しく是を稱《せう》ず。

康信《やすのぶ》

久《きう》七郎　生國武藏《むさし》。

紀伊《きの》大納言頼宣《よりのぶのきやう》（家康十子）卿につかへて、大番《おほばん》の頭《かしら》となる。

寛永《くハんゑい》元年二月十五日、頼宣卿日光山《につくハうざん》へ參《さん》詣《けい》のとき、康信これにしたがひ、野州壬生《やしうミぶ》にて傍輩《はうばい》高井伊織《たかゐいをり》（直重）と口論《こうろん》しこれをきりころす。時に人ありてにげさるべきのよしすゝめけれども、傍輩をきりころし、いやしくも死《し》をまぬかれて何《なん》ぞこゝろよからんとて、廣光院《くハうくハうゐん》にてつゐに自殺《じさつ》す。三十一歳。法名道讃《たうさん》。

重之《しげゆき》

隼人《はやと》　生國　同前。

実《じつ》ハ正朝《まさとも》が子《こ》なり。重成是を養《やしなつ》て子《こ》とす。忠《たゞ》（秀忠三子）長卿《ながきやう》につかへ、今頼房《いまよりふさのきやう》（家康十一子）卿につかふ。

正求《まさミ》

善《ぜん》四郎　生國同前。

台徳院殿（秀忠）につかへ奉り、仰《おほせ》によりて忠長卿（秀忠三子）につかへ、其後頼房卿（家康十一子）につかふ。

正村《まさむら》

源《げん》太郎　生國同前。

元和五年四月十六日、台徳院殿（秀忠）を拝《はい》し奉る。

同八年、仰《おほせ》によりて将軍家（家光）につかへ奉る。

同九年、御小姓組《こしやうぐみ》の御番《ばん》をつとむ。
寛永《くハんゑい》元年、御小姓となる。
同二年、御書院番《しよゑんばん》の組《くミ》に入。
同十五年、御普請《ふしん》の役《やく》をつとむ。

家紋《いへのもん》　丸内《まるのうち》に劒菱《けんひし》

元芳《もとよし》

弥三郎　早世《さうせい》。

元心《げんしん》

初《はじめ》の名《な》ハ長勝《ながかつ》。

弥九郎　太郎左衛門尉　參州五井《ごゐ》に居《きよ》す。長親主《ながちかぬし》(松平)のとき、元心命《めい》をかうふりて參州深《ふか》津《つ》の城《しろ》をせめとる。弟《をとゝ》大炊助忠景《おほいのすけたゞかげ》その城主《じやうしゆ》をうつゆへ、長親主《ながちかぬし》深津の城を元心にたまハるといへども、辞《じ》してうけず。これを忠景《たゞかげ》にゆづる。

松平(清和源氏義家流)

永禄《ゑいろく》五年七月二十六日、死。八十二歳。

信長《のぶなが》

弥九郎　太郎左衛門尉
參州の采地《さいち》をすてゝ廣忠卿《ひろたゞのきやう》(家康父)にしたがひ、他國《たこく》に經歴《けいれき》す。
天文《てんぶん》二十年六月十八日、死す。四十九歳。
法名源意《げんい》。

忠次《たゝつく》

弥九郎　外記《げき》
尾州《びしう》織田《をたの》彈正《だんじやう》(信秀)參州安祥《あんじやう》の城《しろ》をせむるとき、廣忠卿《ひろたゞのきやう》(家康父)加勢《かせい》として忠次《たゞつぐ》をつかハさる。忠次かの城をまもりて戰功《せんこう》あるゆへ、廣忠卿その功《こう》を感《かん》じて參州にて伊田《いだ》・羽根《はね》の兩鄉《りやうがう》をたまハる。
天文十六年九月二十八日、廣忠卿渡《わたり》(三河)の城《しろ》を

松　平（清和源氏義家流）

せめて、渡河内《わたりがハち》におゐて合戰《かせん》のとき、忠次《たゞつぐ》城主《しやうしゆ》鳥居《とりゐ》又次郎と相たゝかつて忠次《たゞつぐ》死す。時に二十七歳。鳥居ハ忠次か従弟《いとこ》たりといへども、時に敵《てき》となる。法名源榮《げんゑい》。

景忠《かげたゞ》

弥九郎　太郎左衛門尉
廣忠《ひろたゞ》（家康父）卿《きやう》西参河《にしみかハ》に歸入《きにう》のとき、景忠先祖《せんぞ》の忠功《ちうこう》あるにより、幼年《ようねん》たりといへども、本《ほん》地《ち》〔知〕のうち五井《ごゐ》（三河）の郷《がう》そのほか六ケ所を領《りやう》ず。天正三年、長篠《ながしの》（三河）の城中《しやうちう》にありて、軍功《ぐんこう》をはげます。
文祿《ぶんろく》二年六月三日、死《し》す。五十三歳。法名《ほうミやう》源清《げんせい》。

伊昌《これまさ》

弥三郎　外記《げき》

慶長《きやうちやう》六年九月八日、病死《びやうし》。四十二歳。法名源久《げんきう》。

忠實《たゞざね》

弥三郎　土佐守《とさのかミ》　外記《げき》
慶長三年九月十三日、十四歳にして台徳院（秀忠）殿へめし出《いだ》され御前《ごぜん》にて元服《げんぷく》の時、弥三郎と号《がう》し、御諱《いみな》の忠《たゞ》の字《じ》をたまハり、御脇指《わきざし》を拝領《はいりやう》す。
同十三年、二十四歳にして従五位下に叙《じよ》す。

伊燿《これてる》

主水《もんど》　備中守《びつちうのかミ》
寛永《くハんゑい》九年十二月六日、二十九歳にて従五位下に叙す。

忠尚《たゞなを》

千助《せんすけ》　与左衛門尉

元成《もとなり》

六郎左衛門尉

外記《げき》忠實《たゞざね》家紋《いへのもん》　一葉《いちよう》の蒲萄《ぶだう》〔葡〕

忠景《たゞかげ》

大炊助《おほいのすけ》

忠定《たゞさだ》

大炊助　參州額田郡《ぬかだのこほり》岩津《いはつ》に住《ぢう》す。

同郡《とうぐんを》小美村《ミむら》の城主《じやうしゆ》米津《よねきつ》四郎右衛門をせめて城《しろ》をとる。そのゝち保母村《ほぼ》を領《りやう》ず。大場《おほば》のそれがし同郡《とうぐん》深溝《ふかミぞ》の城《しろ》にありしとき、忠定《たゞさだ》これをせめやぶりて、深溝《ふかミぞ》の城《しろ》に居《きよ》す。

享祿《きやうろく》四年六月九日、病死《びやうし》。法名《ほうミやう》源參《げんさん》。

好景《よしかげ》

大炊助《おほいのすけ》　深溝《ふかミぞ》の城《しろ》に住《ぢう》す。

參州碧海郡《あをうミのこほり》(三河)　中嶋板倉彈正《なかしまいたくらたんじやう》が城《しろ》をせめとりて、中嶋・長良《ながら》の兩所《りやうしよ》を領《りやう》ず。信長《のぶなが》(織田)尾州《びしう》桶挾間《おけばさま》(狹)におゐて今川義元《いまがハよしもと》と合戰《かつせん》のとき、東照大權現(家康)尾州大高《おほたか》の城《しろ》にましますとき、好景供奉《よしかげぐぶ》す。義《よし》元討死《もとうちじ》の後《のち》、大權現御歸陣《きちん》あり。好景供奉《よしかげぐぶ》す。

東條《とうでう》(三河)の吉良《きら》(義昭)敵《てき》をなすのとき、好景《よしかげ》長良におゐて相たゝかふ事數度《すど》なり。そのとき好景が子《こ》伊忠《これたゞ》を參州上野《うへの》(マヽ)の城《しろ》へ加勢《かせい》につかハすにより、好景が家人《げにん》おほくこれにしたがふ。東條《とう》にこれをきいて、中嶋の町《まち》の民《たミ》一人をうちとる。時に好景家人をひきゐて東條《とうでう》の兵《つハもの》をおひしりぞくる事一里ばかり。東條のもの牟呂《むろ》(三河)の城《しろ》におゐてもの見を善明《ぜんミやう》の境《さかひ》にをき、ひそかに軍《いくさ》を出して相たゝかふ。好景《よしかげ》が兵《へい》いよ〳〵つのりてすこしもさらず、戰場《せんぢやう》にて討死《うちじ》す。好景ならびに十郎右衞門（松平定政）・太郎右衞門（同定清）・久大夫（同好之）・新八郎（同景行）ミな戰死《せんし》す。此外《このほか》板倉《いたくら》八右衞門（好重）・同三郎九郎・松平内記《ないき》等の親族《しんぞく》二十一人、兵士《ひやうじ》すべて三十人うち死す。時に永禄《ゑいろく》四年四月十五日なり。好景歳四十四。法名《ほうみやう》源秀《げんしう》。

定政《さだまさ》○

孫十郎

子孫《しそん》するゐに見えたり。

●

伊忠《これたゞ》

主殿助《とのものすけ》　深溝《ふかみぞ》の城《しろ》に住《ちう》す。

大權現（家康）參州岡崎《をかざき》（三河）にましますとき、一向宗《かうしう》の一揆《き》蜂起《ほうき》す。大津《おほつ》半右衞門・乙部《をとべ》八兵衞が一族《ぞく》夏目《なつめ》次郎左衞門（吉信）等《ら》額田郡《ぬかだのこほり》（三河）野羽郷《のばのがう》の古城《ふるしろ》にたてごもる。伊忠《これたゝ》深溝《ふかみぞ》よりはたらきてこれをせむ

るとき、乙部《をとべ》等《ら》一揆の約《やく》を變《へん》じ伊忠《これたゞ》に内通《ないつう》するゆへ、伊忠《これたゞ》野羽の城をせめやぶる。大津半右衞門ハ針崎《はりざき》（三河）にしりぞく。夏目《なつめ》ハ平生《へいぜい》乙部が扶持《ふち》するにより、乙部、伊忠にこふて夏目が命《めい》をすくふ。伊忠すなハちゆるして介抱《かいはう》する事二年、大權現これを感悅《かんゑつ》したまふ。其後夏目めし出されて、岡崎《をかざき》の信康主《のふやすぬし》（家康長子）につかふ。乙部が子孫《しそん》ハ忠房《たゞふさ》が家中《かちう》にあり。大權現その功《こう》を感じて感狀《かんじやう》をたまふ。

大權現深溝《ふかみぞ》の城《しろ》に渡御《とぎよ》のとき、弟鷹一もとを伊忠にたまハる。又長沢《ながさは》の附城《つけじろ》をまもるべきのむね御書《しよ》をたまハる。そのとき武田信玄《たけたしんげん》（晴信）兵《へい》を引《ひき》ゐて參州牛久保《うしくぼ》に出張《しゆつちやう》しけるが、伊忠長沢《これたゞながさハ》におもむく事をきゝて、軍《いくさ》をひゐてかへりさる。

大權現參州吉田《よしだ》の城主《じやうしゆ》と兵《へい》をかまふとき、伊忠城外《じやうくハい》喜見寺《きけんじ》の邊《へん》にいたりてとり出《で》をきつ

く。

江州《がうしう》姉川《あねがハ》合戦《かつせん》のとき、伊忠が家老《からう》嶋田《しまだ》右衛門佐《すけ》うち死《じ》す。

越前《ゑちぜん》朝倉《あさくら》(義景)が兵《へい》江州《がうしう》へ出張《しゆつちやう》の時、大権現の仰《おほせ》によつて信長《のぶなが》(織田)の加勢《かせい》として、酒井《さかゐ》左衛門尉(忠次)と同しく発向《はつかう》す。

遠州懸川の城をせむるとき、伊忠、酒井左衛門尉とおなじくかしこにおもむく。伊忠が家人《けにん》石原《いしはら》十助《すけ》(定房)敵《てき》の城外《じやうぐハひ》へいでんとするをゝて、これを射《い》ころす。敵兵《てきへい》そのよく射《い》る事を感《かん》じて、その矢《や》ならびに金《きん》の團扇《うちわ》を十助にをくる。十助が子孫《しそん》いまにこれあり。

長篠合戦《ながしのかつせん》(三河)の時、伊忠ならびに嫡子家忠《ちやくしいへたゞ》、酒井《さかゐ》左衛門尉と同しく鳶巣《とびかす》(同上)におもむく。伊忠いひけるハ、我かならず戦死すべし、家忠我にしたかふ事なかれ、身をまつたふしてよくつかへ奉るべし。すなハちおほく其兵士《そのひやうじ》をわけて家忠につけて、靫《うつぼ》のしかり毛をさかなとして家人等《げにんら》(ママ)と別《わか》れの盃《さかづき》を取かハして、出陣《しゆつぢん》す。勝《かつ》(武田)頼《より》が敗軍《はいぐん》の跡をしたひてはせ入、力戦《りよくせん》してつゐに討死《うちじ》。時に三十九歳。天正三年五月二十一日なり。法名《ほうみやう》源了《けんれう》。

●家忠《いへたゞ》

主殿助《とのものすけ》深溝《ふかミぞ》(三河)の城《しろ》に住《ぢう》す。

大権現(家康)遠州小山《こやま》の城をせめたまふとき、家忠これにしたがふ。家人《けにん》も又勇功《ゆうこう》あり。遠州高《たか》天神《てんじん》をせめたまふとき、家忠供奉《ぐぶ》す。家人《けにん》板倉喜蔵《いたくらきざう》(定重)うち死、其外兵士《ひやうじ》五人戦死《せんし》す。大権現高天神《たかてんじん》の大佐賀《おほさか》・荻村《おきむら》二ヶ所の取出《とりで》をせめ取てすゝんで田中(駿河)に至り、井呂《ゐろ》の瀬《せ》をわたつて御帰陣《きぢん》の時、持船《もちぶね》(同上)の城主《じやうしゆ》朝比奈《あさいな》駿河守《するがのかミ》(信置)兵《へい》を出して味方《ミかた》の勢《せい》の跡をしたふ。大権現是をうち破《やぶつ》て持舟の城邊《じやうへん》にいたり、それより高天神をせめかこみ、鹿縄手《しゝがなハて》の取出《とりで》を築《きづい》て年《とし》を送《をく》る。時に家忠《いへたゞ》御使《つかひ》として江州安土《あづち》にいたり、織田《をたの》信長《のぶなが》に謁《えつ》して其事をつぐ。信長も又家臣《かしん》を濱《はま》松《まつ》（遠江）に來《きた》らしめて、返礼《へんれい》を修《しゆ》せらる。

駿州《すんしう》田中城《たなかしろ》ぜめのとき、家忠これにおもむく。家人鑓《やり》をあハせて敵兵《てきへい》をうちとる。敵《てき》の中《なか》より一人弓をもちてきたる。味方鑓《ミかたやり》にてこれにわたりあひ、たがひに勝負《せうぶ》を決《けつ》せす。兩方《りやうはう》ゝ〳づから名乘《なのつ》て敵《てき》の弓《ゆミ》を味方《ミかた》へとり、我鑓《わがやり》を敵《てき》にをくる。その外《ほか》おの〳〵軍功《ぐんこう》あり。

尾州《びしう》羽黒《はぐろ》合戰《かつせん》のとき、家忠《いへたゞ》、酒井《さかゐ》左衛門尉（忠次）とおなじく發向《はつかう》す。家忠手にて首級《しゆきう》二十餘《よ》ならびに馬《むま》五疋《ひき》を得《え》たり。

長久手《ながくて》（尾張）合戰《かせん》のとき、酒井《さかゐ》左衛門尉・石河《いしかハ》伯耆《はうきの》（數正）守《かミ》に屬《ぞく》して小牧《こまき》のとり出《で》をまもる。そのとき秀吉《ひでよし》（豐臣）小口《をぐち》（尾張）・樂田《がくでん》（同上）にたむろす。左衛門尉がつはもの小口《をぐち》の柵《さく》をやぶらんとしけれども、伯耆守《はうきのかミ》異儀《いぎ》〔議〕ありて士卒《しそつ》を出《いだ》さゞるゆへ、家忠《いへたゞ》、左衛門尉とともにいくさを引《ひい》てかへる。このたび家忠ならびに家《げ》（マヽ）人等《にんら》戰功《せんこう》あり。

大權現岡崎《をかざき》（三河）より濱松《はままつ》にうつりたまふとき、石川《いしかハ》伯耆守《はうきのかミ》をとゞめて岡崎の城《しろ》をまもらしむ。

そのゝち伯耆守《はうきのかミ》上がたにおもむかんとする時、岡《をか》崎騷動《さうどう》す。家忠これをきゝて、夜中《やちう》に深溝《ふかミぞ》より岡崎にいたりこれをしづめて、その二の丸《まる》をまもる。大權現濱松にてこれをきこしめし、家忠がはやく岡崎《をかざき》の城《しろ》にいたることを感《かん》美《び》したまふ。

小田原（相摸）陣のとき、家忠《いへたゞ》、酒井《さかゐ》左衛門尉とおなじく相州《さうしう》早川口《はやかハぐち》に陣《ぢん》をはりて、四月より七月に至てしは〳〵相戰ふ。其間に篠曲輪《さゝぐるわ》の騷動《さうどう》せしを、諸陣皆《しよぢんミな》、敵兵夜討《てきへいようち》によするかとうたかふ。然共家忠事の躰《てい》をきゝ能察《よくさつ》して、大權現の御本陣《ほんぢん》にいたり、是夜討にあらじ、篠曲輪の騒動なり、と申上けれハ、大權現きこしめして、是を奇《き》なりとしたまふ。

大權現關東《くハんとう》御入國《にうこく》のとき、家忠に命《めい》じて武《ぶ》州忍《しうをし》の城《しろ》をまもらしめ、采地《さいち》の御加増《かぞう》ありて、一万石の役《やく》をつとむ。其後薩摩守《さつまのかミ》忠吉《たゞよし》（家康四子）主《ぬし》忍の城を領《りやう》ずるにより、家忠は別《べつ》に鈞命《きんめい》をかうふりて、下総《しもふさ》の國《くにを》小美《ミ》川《がハ》の城《しろ》を領《りやう》ず。

慶長《きやうちやう》五年、上杉景勝《うへすぎかげかつ》奥州にて謀叛《むほん》、大權現伏見《ふしミ》より御發向東征《ごはつかうとうせい》の時、鳥居《とりゐ》彦《ひこ》右衞門元忠《もとたゞ》ならびに家忠、內藤《ないとう》弥次右衞門（家長）・松平五左衞門（近正）等、仰によつて伏見の城の御留守をうけたまハる。時に上方騒動《さうどう》、石田三成《いしだミつなり》謀叛《むほん》をおこし、筑前《ちくぜん》中納言（小早川）秀秋《ひであき》大軍をもよほして伏見《ふしミ》をせめしむ。元忠・家忠等かたくまもる事數日《すじつ》なり。八月朔日、城既《しろすて》におちんとする時、敵《てき》兵築地《へいついち》までせめのぼる。嶋津《しまづ》（義弘）が兵別所《べつしよ》下野、家忠に相逢《あいあふ》て鑓《やり》をあハす。家忠是をおひはしらしむ。家忠數度《すど》力戰《りよくせん》して、敵《てき》に左《ひだり》の脇《わき》をつかれてしバらく休息《きうそく》す。敵すでに城門《しやうもん》のあひだにいたる。家忠門をひらひて討死《うちじ》せんとしけれとも、門をまもるものすでに死しけれバ、鑰《かぎ》のある所をしらずして門をひらくことあたハざるゆへ、家人に敵《てき》をふせがしめて、家忠切腹《せつふく》す。家人《けにん》松平九七郎・嶋田《しまだ》久助・大原九郎次郎・同長七郎・鵜殿藤《うどのとう》三郎・原田內記《はらだないき》・三浦《ミうら》右衞門八・松平理助《りすけ》・原田清《せい》七・酒井《さかゐ》助大夫・宇野《うの》久四郎・横落熊藏《よこおちくまざう》・酒井猪之助《ゐのすけ》・越山甚《こしやまじん》一郎・同喜《き》大夫・服部《はつとり》八藏・稲吉《いなよし》清助、此外兵士討死《ひやうじうちじ》する者すべて八十五人。時に家忠四十六歳。法名《ほうミやう》源慶《げんけい》。

忠利《たゞとし》

主殿頭《とのものかミ》　從五位下

下総國《しもふさのくにを》小美《ミ》川《がハ》の城《しろ》に住《ちう》す。

慶長《きやうちやう》五年、景勝《かげかつ》謀叛《むほん》の時、忠利、台德院殿（秀忠）にしたがひ奉りて宇都宮《うつのミや》（下野）にいたり、そのゝち眞《さな》田《だ》（昌幸、信濃上田城）に御進發《しんはつ》の時、忠利に仰《おほせ》けるハ、小美川の城ハ常州《じやうしう》の境《さかい》なり、よくこれをまもるべし、と。これによりて忠利小美川の城をまもる。關《せき》が原《はら》（美濃）御陣《ぢん》の後《のち》、大權現（家康）、本多《ほんだ》佐渡守《さどのかミ》（正信）を以《もつ》て忠利（に脱カ）仰《おほせ》けるハ、關東《くハんとう》の中《うち》におゐて一倍《ばい》の領地《りやうち》をたまハるべきのよしありければ、忠利《たゞとし》、板倉伊《いたくらい》賀守《がのかミ》（勝重）を以て、ねがハくハ三劦の本領《ほんりやう》におもむくべきよし言上《こんじやう》す。これにより、大權現二たび忠利に命《めい》じて深溝《ふかミぞ》（三河）の城《しろ》におもむかしむ。

同九年、從五位下に叙す。

同十七年、鈞命《きんめい》をかうふりて深《ふか》溝をあらため、參州吉田《よしだ》の城《しろ》をたまハる。

同十九年、大坂陣《おほざかぢん》の時《とき》、敵兵《てきへい》攝州《せつしう》仁名寺《にんミやうじ》に堤《つゝミ》をつきて水《ミづ》をせきいるゝゆへ、味方《ミかた》進發《しんはつ》する事を得ず。大權現、忠利ならびに伊奈《いな》筑後《ちくご》（忠政）

守《かミ》・片桐《かたぎり》市正《いちのかミ》（且元）・同《おなじく》主膳正《しゆぜんのかミ》（貞隆）に命《めい》じて仰《おほせ》けるハ、仁名寺《にんミやうじ》の堤《つゝミ》をきりくづし、長柄川《ながらがハ》（攝津）の水《ミづ》をせきとめて神崎筋《かんざきすぢ》（同上）におとすべし。これにより忠利かしこにいたりて、三日の間に河水《かハミづ》をせきとゞむ。そのゝち忠利陣《ぢん》を天満《てんま》にすゝむ。此時《とき》大坂《おほざか》あつかひになりて、忠利陣《たゞとしぢん》をしりぞひて尼崎《あまがさき》（攝津）をまもる。其後《そのゝち》大坂より薄田隼人《すゝきたはやと》（兼相）、建部《たけべ》三十郎（政長）がもとにきたりて、尼崎《あまがさき》ハ大坂の領分《りやうぶん》なれハ其勘定《そのかんちやう》をとぐべきのよしをせむ。時に秀頼《ひでより》（豐臣）の使者《ししや》上下三百人神崎《かんさき》にすゝみ來《きた》る。三十郎が使者尼崎にはせきたりて、此事を忠利につぐ。忠利すなハち使者を以て薄田隼人にいひけるハ、我きく、（徵）汝《なんち》、主《しう》の命《めい》をうけて勘定《かんちやう》の事を三十郎にはたりて神崎にありといふ、又尼崎にいたらんやいなや、忠利こゝにありて此所《ところ》をまもるの間、なんぢはやくしりぞくべし。これによりて隼人《はやと》引《ひき》さる。大權現此事をきこしめし感美《かんび》したまふ。忠利翌年《よくねん》正月まて尼崎《あまがさき》に在番《ざいばん》す。

元和元年、大坂再乱《さいらん》の時、二條《でう》の城《しろ》におゐて本多《ほんだ》上野介《かうづけのすけ》（正純）鈞命《きんめい》をかうふり忠利につげていはく、常陸介殿《ひたちのすけどの》（頼宣、家康十子）幼少《ようせう》なる間、忠利《たゞとし》が外舅《をぢ》水野《ミづの》對馬守《つしまのかミ》（重央）とともに供奉《ぐぶ》すべし、と。忠利こたへていはく、父家忠《ちゝいへたゞ》先年《せんねん》伏見《ふしミ》におゐて討死《うちじ》す、忠利つねにこれをおもひて、小身《せうしん》なりといへども、上方《かミがた》におゐて出陣《しゆつぢん》の事あらバ、ねがハくハ先がけをうけたまハらん。上野介《かうづけのすけ》いはく、鈞命《きんめい》なり、違背《いはい》すべからず。忠利がいはく、しからバ直訴《ちきそ》いたすべしや。上野介これをゆるす。忠利つゐに直に言上《ごんしやう》す。大權現仰けるハ、弱年《じやくねん》の身《ミ》として言上いたすところ道理《だうり》至《し》極《ごく》せりといへども、常陸介《ひたちのすけ》にたしかなる臣なし、忠利ハ累代《るいたい》の臣《しん》として家人《けにん》も又おほし、いつれの地《ち》におもむくといふともあに忠ならずとせんや、まげて常陸介にしたがふべし。これにより辞《じ》する事を得ずしてこれにしたがふ。

大坂合戦《おほざかかつせん》以前《いせん》、戸田《とだ》土佐守《とさのかミ》（尊次）に岡崎《をかざき》（三河）の城《しろ》をまもらしむ。又濱松《はままつ》（遠江）の城《しろ》にも加番《かばん》をかせたまひ、又吉田《よしだ》（三河）の城《しろ》にも加番《かばん》をかせたまハんとて、岡崎《をかざき》より忠利が家臣《かしん》松平勘解由《かげゆ》（康定）左衛門をめしてとハせたまひけるハ、忠利《たゞとし》ハたれを留守《るす》にをかんとするや。勘解由左衛門こたへて申けるハ、忠利が家臣《かしん》松平勘解由左衛門・松平与《よ》五右衛門・大原《おほはら》修理《しゆり》・酒井《さかゐ》善《ぜん》五左衛門・岡《をか》田《だ》孫《まご》左衛門・板倉《いたくら》七兵衛等《ら》なり。大權現これをきこしめし、御感《かん》ありて、かれらハ皆《ミな》御存《ぞん》知《ち》のものどもなるよしにて、別《べつ》に加番《かばん》をきたまハず。

同九年、將軍家（家光）はじめて御上洛、將軍宣下《せんげ》御參内《さんだい》の時、忠利騎馬《きば》にて供奉《ぐぶ》。

寛永《くハんゑい》九年六月五日、吉田《よしだ》におゐて病死《びやうし》。五

十一歳。法名《ほうミやう》源越《げんゑつ》。

忠貞《たゞさだ》

長三郎　惣《そう》兵衛

十六歳より大権現（家康）につかへ奉る。

伏見《ふしみ》にをゐて病死《びやうし》。三十二歳。法名《ほうミやう》源洞《げんとう》。

忠良《たゞよし》

長三郎　駿州《すんしう》にうまる。

元和六年四月十五日、台徳院殿（秀忠）を拝《はい》したてまつる。時に五歳。

寛永《くハんゑい》八年十二月三日、太田《おほた》備中守《びつちうのかみ》（資守）に属《ぞく》して御書院番《しよゐんばん》をつとむ。

忠一《たゞかつ》

庄《しやう》九郎

元和元年、大坂陣《おほざかぢん》にて戦死《せんしす》。二十六歳。法名

源勝《げんせう》。

忠重《たゞしげ》

三郎兵衛　病死《びやうし》。法名源眞《げんしん》。

忠隆《たゞたか》

兵庫頭《ひやうごのかみ》　従五位下《じゆごゐげ》　一名《ミやう》ハ忠政《たゞまさ》。

二十歳の時より台徳院殿（秀忠）につかへ奉る。

寛永《くハんゑい》二年九月二十六日、病死《ひやうし》。三十二歳。

法名源峯《げんほう》。

忠久《たゞひさ》

弥五兵衛

寛永三年十二月二十一日、台徳院殿（秀忠）・将軍家（家光）を拝《はい》し奉る。時に六歳。

同十六年七月二日、仙石大和守《せんごくやまとのかみ》（久隆）組《くみ》にて御番《ばん》をつとむ。

●忠房《たゞふさ》

主殿頭《とのものかみ》　從五位下

吉田《よしだ》（三河）におゐて台德院殿（秀忠）を拜《はい》し奉る。時に五歲《さい》。

九歲の時より江戸に候《こう》す。

寬永《くはんゑい》九年八月十二日、參州苅屋《かりや》の城《しろ》をたまはる。時に十四歲。

同年十二月、從五位下《じゆごゐげ》に敍《じよ》す。

主殿頭忠房家紋《とのものかみたゞふさいへのもん》　丸《まる》の内《うち》に開扇《ひらきあふぎ》

●定政《さだまさ》

孫《まご》十郎　參州《さんしう》にうまる。

永祿《ゑいろく》四年四月十五日、兄大炊助好景《あにおほいのすけよしかげ》と同しく參州長良《ながら》におゐてうち死《じ》。

忠政《たゞまさ》

孫大夫　生國同前《しやうこくどうぜん》。

大權現（家康）にしたがひ奉りて、度々《と》戰場《せんぢやう》におもむく。そのゝち台德院殿（秀忠）につかへ奉り、江戸西《にし》の丸《まる》の留主番《るすばん》をつとむ。同心《どうしん》のものをあづかる。

元和三年、將軍家（家光）を拜《はい》し奉る。

同五年六月十二日、卒《しゆつ》す。七十二歲。法名《ほうみやう》源心《げんしん》。

忠勝《たゞかつ》

孫《まご》右衛門　生國同前《しやうこくどうぜん》。

大權現（家康）につかへ奉る。

慶長《きやうちやう》十九年、三十八歲にて病死《びやうし》。法名昌源《しやうげん》。

政勝《まさかつ》

瀬《せ》兵衛　生國同前。

大權現（家康）を拜《はい》し奉る。

松平（清和源氏義家流）

元和二年、台徳院殿（秀忠）につかへ奉りて、大御《おほご》番《はん》をつとむ。

寛永《くハんゑい》元年、将軍家（家光）へめし出《いだ》さる。

同九年、病死《びやうし》。二十六歳。法名《ほうミやう》永記《ゑいき》。

政次《まさつぐ》

助之丞《すけのせう》　武州《ぶしう》にうまる。

實《じつ》ハ松平市大夫忠次《たゞつぐ》が子《こ》なり。政勝《まさかつ》が養子《やうし》となる。

寛永十一年、鈞命《きんめい》により政勝《まさかつ》が遺跡《いせき》をついで、大御番《はん》をつとむ。

忠次《たゞつぐ》

市大夫　參州《さんしう》にうまる。

慶長《きやうちやう》十九年、大坂御陣《ちん》の時、伏見城《ふしミのしろ》の御番《ばん》をつとむ。

翌年《よくねん》大坂再乱《さいらん》のとき、牧野《まきの》内匠頭《たくミのかミ》（信成）組《くミ》にて供奉《ぐぶ》す。

元和五年、病死《びやうし》。四十歳。

重次《しげつぐ》

孫大夫《まご》　相州《さうしう》にうまる。

元和五年、台徳院殿（秀忠）の命《めい》により忠次《たゞつぐ》が遺跡《いせき》をついでつかへ奉る。

寛永《くハんゑい》元年、将軍家（家光）を拝《はい》し奉り、大久保《おほくぼ》右京亮《うきやうのすけ》教隆《のりたか》くみにて、大御番《ばん》のくみがしらとなる。

政次《まさつぐ》

助之丞《すけのぜう》

松平瀬《せ》兵衛政勝《まさかつ》が養子《やうし》となる。

孫《まご》大夫重次《しげつぐ》・助之丞政次《まさつぐ》家紋《いへのもん》　丸《まる》の内三矢筈《うちにミつやはず》

光親《ミつちか》

次郎右衛門　參州《さんしう》野見《のみ》に住《ぢう》す。

重親《しげちか》

傳《でん》十郎

永祿《えいろく》元年正月十日、死す。法名《ほうミやう》淨舜《じやうしゆん》。

親友《ちかとも》

圖書助《づしよのすけ》

參州《さんしう》の內鍋田村《うちなべたむら》・廣利村《ひろりむら》・歌石村《うたいしむら》・椿井木《つばきゐき》村・小井沼《こゐぬま》村・小井田和村《こゐたわむら》・下河內村《しもがハちむら》を領《りやう》ず。某年《そのとし》八月二日、參州西野《にしの》合戰《かつせん》の時《とき》、討死《うちし》。家《け》人《にん》も又八人戰死《せんし》す。

忠恒《たゞつね》

次郎右衛門　生國參河《ミかハ》。

木村新《きむらしん》九郎不忠《ふちう》の事あるとき、親忠主《ちかたゞぬし》（松平）、松平隼人《はやと》・同彦《ひこ》左衛門尉に命《めい》じてこれを誅《ちう》せしむ。兩人しばらく猶豫《ゆよ》するにより、忠恒《たゞつね》これを誅す。時に十七歲。親忠主《ちかたゞぬし》其勇《ゆう》を感《かん》じて吉平《よしひら》（三河、下同ジ）村《むら》・梨野村《なしのむら》・杉之木村《すぎのきむら》をたまハる。

某年《そのとし》六月七日、病死《びやうし》。法名《ほうミやう》春悅《しゆんゑつ》。

忠澄《たゞすみ》

新助《しんすけ》　生國同前《しやうこくどうぜん》。

東照大權現（家康）岡崎《をかざき》に御座《こざ》の時、參州額田郡《ぬかたごほり》の內《うち》土呂《とろ》、遠州《ゑんしう》の內平口《ひらくち》にて二百貫《くハん》の地《ち》をたまハる。

某年《そのとし》正月二十二日、病死《びやうし》。法名《ほうミやう》道林《だうりん》。

忠綱《たゞつな》

新助《しんすけ》　生國同前《しやうこくどうぜん》。

天正十二年六月十九日、尾《ひ》州蟹江《しうかにえ》合戰《かつせん》のとき、三十二歲にてうち死《じ》。法名《ほうミやう》榮風《ゑいふう》。

親正《ちかまさ》

新助《しんすけ》　生國同前。

（家康）大權現につかへ奉る。

慶長《きやうちやう》五年、關《せき》（美濃）が原《はら》御陣《ちん》の時、供奉《ぐぶ》。其後伏《そのゝちふし》見《み》におゐて御勘氣《かんき》をかうふり、大坂《おほざか》御陣《ちん》の時、召出《めしいだ》されて供奉《ぐぶ》す。大權現薨御《こうぎよ》の後《のち》、水戸《みと》中納言頼房《よりふさ》（家康十一子）卿《きやう》につかふ。

親次《ちかつぐ》

清《せい》右衛門尉　生國同前《しやうこくどうぜん》。

岡崎《をかざき》（三河）におゐて（家康）大權現を拜《はい》し奉り、其後脚《そのゝちあし》のやまひあるにより參州に蟄居《ちつきよ》す。

某年《そのとし》十月二十三日、四十七歳《さい》にして死《し》す。法《ほう》名《みやう》善勝《せんせう》。

重弘《しげひろ》

鈴木權《すゞきごん》兵衛

松平氏を称《せう》ずる事をはゞかりて、母方《はゝかた》の氏《うぢ》により鈴木《すゞ》と号《がう》す。母《はゝ》ハ鈴木三郎九郎（重成）が姉《あね》なり。

元和九年、めし出されて（秀忠）台徳院殿につかへ奉る。

玄鐵《げんてつ》

阿知和《あちわ》右衛門

某《それがし》

阿知和右衛門

女子

本多中務忠勝《ほんだなかつかさたゞかつ》が妻《め》。

重吉《しげよし》

次郎右衛門　生國《しやうこく》參河《みかハ》。（三河）野見《のみ》に住《ちう》す。
永正《えいしやう》九年、重吉十五歳《さい》にして師匠《ししやう》について書《しよ》をならふ。ある時敵菅生《てきすがふ》（三河）にをそひ來《きた》る。重吉此事《こと》を師匠につぐるにおよバずして獨《ひとり》菅生におもむき、鑓《やり》をひつさげ菅生の堤《つゝみ》におゐて諸士《しよし》にさきだつて首級《しゆきう》を得《え》たり。岡崎《をかざき》（三河）の彈正《だんじやう》左衛門（松平昌安）是を見て、諸士と同しく是を感美《かんび》す。彈正左衛門すなハち重吉を招《まね》ひて近侍《きんし》のさふらひとし、清康《きよやす》(家康祖父)君《くん》・廣忠卿《ひろたゞきやう》(家康父)につかへしむ。そのゝち相ついで(家康)大權現につかへ奉る。

永祿元年《ゑいろくぐハんねん》、鱸《すゞき》日向守《ひうがのかミ》寺部《てらべ》(三河)の城にたてごもる。重吉是をせめて相戰《あひたゝか》ふ。次男《じなん》般若《はんや》(マヽ)助《すけ》が家士《かし》名倉《なぐら》氏討死《うちうちじ》す。重吉戰功《せんこう》をつくして引しりぞく。今《いま》川治部太輔《かハちよのたいふ》義元《よしもと》其武功《ぶこう》を稱《せう》して感狀《かんじやう》をさづけ、寺部《てらべ》の領內《りやうない》にて百貫《くハん》文の地をあたふ。

同八年、參州上野《うへの》合戰《かつせん》の時軍功《くんこう》ある故《ゆへ》、大權現御感《ぎよかん》有て御脇指《わきざし》をたまハる。

天正《てんしやう》元年、大權現の仰《おほせ》によりはじめて御鎧《よろひ》を信康主《のぶやすぬし》(家康長子)に着《き》せ奉る。

同三年、遠州二股《ゑんしうふたまた》川合戰の時《とき》、諸士《しよし》に先立《さきだつ》て戰《せん》功《こう》あり。時に七十八歲。諸士ふかく是を感美《かんび》して、老年《らうねん》たりといへども猶壯年《なをさうねん》の者《もの》にまされりといふ。重吉《しげよし》、松平石見守《いはミのかミ》(康安)にいひけるハ、我既《われすで》に老年《らうねん》におよびて諸士と勇《ゆう》をあらそハんとにハあらず、信長《のぶなが》(織田)の家士《かし》平手《ひらて》氏《うぢ》我と勇をたくらべんとするのよしを聞ゆへ、我も又先陣にすゝむ、といふ。此外數多《ほかあまた》の武功《ぶこう》ありといへども、詳《つまびらか》に爰《こゝ》にしるさず。

天正八年八月二十七日、參州野見《のミ》にて病死。年八十三。法名淨久《じやうきう》。

某《それがし》

傳市郎《でんいちらう》 庄《しやう》左衛門

(尾張)房山合戰《ばうやまかつせん》の時、二十四歲にて討死《うちじに》。法名淨慶《じやうけい》。

般若《はんや》(マヽ)助《すけ》

(三河)寺部《てらべ》の城合戰の時、討死す。今川義元《いまがハよしもと》感狀《かんしやう》を父《ちゝ》重吉《しげよし》にさづく。庄左衛門今に是を所持《しよち》す。

昌利《まさとし》

松　平（清和源氏義家流）

傳《でん》十郎　庄右衞門

高天神《たかてんじん》（遠江）・新府《しんふ》（甲斐）・小牧《こまき》（尾張）・小田原《をだはら》（相摸）・奥州《あうしう》・名護屋《なごや》（肥前）等の御陣《ちん》の時《とき》、大權現（家康）の供奉《ぐぶ》す。

眞田《さなだ》（昌幸、信濃上田城）御陣の時、台徳院殿（秀忠）にしたがひ奉る。

慶長《きやうちやう》十八年十二月、五十三歳《さい》にて病死《びやうし》。法名貞山《ていざん》。

昌吉《まさよし》

傳《てん》市郎　庄《しやう》左衞門　生國《しやうこく》武藏《むさし》。

慶長九年三月、台徳院殿（秀忠）につかへ奉る。

同十九年、大坂陣の時、松平丹後守《たんごのかミ》（重忠）組《くミ》に属《ぞく》して發向《はつかう》す。

元和元年、大坂再乱《さいらん》の時、鈞命《きんめい》によつて丹後守と同しく江戸御留守番《るすばん》をつとむ。

同九年四月、台徳院殿諸士《しよし》をわかちて將軍家（家光）へつけ給ふ時、昌吉《まさよし》其中にあり。

寛永《くハんゑい》十九年、江戸の御留守番となり、采地《さいち》の御加増《かぞう》を拝領《はいりやう》して、与力《よりき》・同心《どうしん》をあづかる。

昌信《まさのぶ》

傳《でん》六郎

正光《まさミつ》

市之丞《いちのぜう》

昌重《まさしげ》

傳助　五郎兵衞

元和九年、將軍家（家光）を拝《はい》したてまつり、寛永五年より仕《つか》へ奉る。

同十四年、大御番《ばん》をつとむ。

某《それがし》

十平

忠重《たゞしげ》
小沢《をざハ》瀬兵衛
系圖《けいづ》別《べつ》にこれあり。

重勝《しげかつ》
傳三郎　越前守《ゑちぜんのかみ》　大隅守《おほすミのかみ》　生國《しやうこく》三河《みかハ》。

永禄《ゑいろく》二年、十一歳にてはじめて大權現(家康)を拜《はい》し奉る。

同七年、重勝十六歳《さい》にて大番頭《おほばんがしら》となる。

長久手《ながくて》(尾張)合戰《かつせん》の時、首級《しゆきう》を得《え》たり。

天正《てんしやう》年中、石川《いしかハ》伯耆守《はうきのかみ》(數正)逆心《ぎやくしん》有て、岡崎《をかざき》(三河)を出京都《いできやうと》におもむく時、重勝早速《さつそく》岡崎の城へはせつきて、此事を上聞《しやうぶん》に達《たつ》しければ、重勝が心ばせのおこたらざる事をはなハだ御感《かん》あり。

慶長《きやうちやう》八年、從五位下《じゆごゐげ》に叙《じよ》し、越前守に任《にん》ず。

後《のち》大隅守《おほすミのかみ》にあらたむ。

同十七年、鈞命《きんめい》によつて上総介《かづさのすけ》忠輝主《たゞてるぬし》(家康六子)の家老《からう》と成《なつ》て、越後國《ゑちごのくに》に移《うつ》り三条《でう》の城主《じやうしゆ》となる。此時大《おほ》番頭《ばんがしら》を次男《じなん》淡路守《あハぢのかみ》(重長)にゆづる。忠輝主勢州《せいしう》に蟄居《ちつきよ》の後、めし出されて台徳院(秀忠)(殿脱カ)につかへ奉る。

元和三年、二万六千石の釆地《さいち》を給りて、下総國《しもふさのくに》關宿《せきやど》の城主となる。

同五年、鈞命《きんめい》によつて關宿をあらため、遠劦《ゑんしう》横《よこ》須賀《すか》の城主と成て、駿府《すんふ》の城代《じやうだい》をかぬ。

同六年十二月十四日、病死《びやうし》。七十二歳。法名《ほうミやう》助白《じよはく》。

女子《によし》
松平周防守《すはうのかみ》(松井康重)が母《はゝ》。

重忠《しげたゞ》
傳《でん》三郎　丹後守《たんごのかミ》　從五位下《じゆごゐげ》　生國《しやうこく》同前《どうぜん》。
一名ハ重政《しげまさ》。母ハ鳥居《とりゐ》伊賀守《いがのかみ》(忠吉)がむすめ。
元和七年、横須賀《よこすか》(遠江)をあらため、出羽國《ではのくに》に移《うつ》りて

松　平（清和源氏義家流）

上山《かみのやま》の城主《しろぬし》となり、四万石を領《りやう》ず。

重直《なを》

丹後守

実《じつ》ハ小《を》笠《がさ》原《はら》兵部少輔《ひやうぶのせふ》（秀政）が子なり。重忠《たゞ》がむこと成て家督《かとく》をつぐ。

重長《しげなが》

傳《でん》五郎　淡路守《あハぢのかミ》　従《じゆ》五位下

母ハ上におなし。

勝廣《かつひろ》

傳五郎　生國越後《ゑちご》。

女子《によし》

品川内膳正《しながハないぜんのかミ》（高如）が妻《め》。

女子

塚原《つかはら》次左衛門（昌信）が妻。

重則《しげのり》

半《はん》次郎　従五位下　内膳正　大隅守《おほすミのかミ》　生國《しやうこく》参河《かハ》。

母ハ上におなし。

慶長《きやうちやう》三年、はじめて台徳院殿（秀忠）につかへ奉る。

同五年、眞田《さなだ》（昌幸、信濃上田城）陣に供奉《ぐぶ》。

其後《そのゝち》松平丹後守重忠《たんごのかミしげたゞ》に属《ぞく》し、組頭《くミがしら》と成《なつ》て伏見《ふしミ》の城番《じやうばん》をつとめ、彼地《かのち》に居《きよ》する事三年。

同十八年、御歩行《かち》の頭《かしら》となつて、歩卒《ほそつ》三十人をあづかる。

大坂両度の御陣に、歩卒三十人を引ゐて供奉す。

元和三年、上総介忠輝《かづさのすけたゞてる》（家康六子）主藤岡《ぬしふぢをか》（上野）に蟄居《ちつきよ》の時《とき》、重則《しげのり》、近藤石見守《こんどういはミのかミ》（秀用）と同しく上使《しやうし》として藤岡におもむく。

同七年、御加増《かぞう》を給り、御歩行《かち》の頭《かしら》をあらため大番頭《おほばんがしら》となつて、馬上《ばじやう》五十騎《き》・歩卒《ほそつ》二十人を預《あづか》る。

同年、大坂の御番をつとむ。

同九年、御入洛《じゆらく》の供奉《ぐぶ》。

寛永《くハんゑい》二年、与力《よりき》十騎《き》を引ゐて大坂の御番をつとむ。

同三年、御在京《ざいきやう》の時、重則《しげのり》江戸より京都《きやうと》におもむひて、崇源院《そうげんゐん》（家光母淺井氏）殿逝去《せいきよ》の事を言上《こんじやう》す。

同年、従五位下《じゆごゐげ》に叙《じよ》し、内膳《ないぜん》正に任《にん》ず。

同年、本多《ほんだ》中務少輔《なかづかさのせうふ》（忠刻）卒去《しゆつきよ》に付て、天壽院《てんじゆゐん》殿（忠刻室、秀忠女千姫）の御むか（迎）ひとして播州《ばんしう》におもむく。

同五年、寶臺院《はうたいゐん》（秀忠母西郷氏）殿の御追善《ついぜん》として法事《ほうじ》執行《しゆぎやう》の時、御名代《みやうだい》として駿州《すんしう》におもむく。

同七年、大番頭《おほばんがしら》をあらため、御留守居番《るすゐばん》となる。

又御奏者番《そうしやばん》をかねつとめ、与力《よりき》十騎《き》・歩卒《ほそつ》五十人を預《あづか》る。

同年、鈞命《きんめい》によつて御夜詰《よつめ》をつとめ、御雑談《ざうたん》の座《ざ》に侍《じ》す。


同十年、御加増《かぞう》を拝領《はいりやう》す。

同十七年、鈞命《きんめい》によつて与力《よりき》五騎《き》・歩卒《ほそつ》二十人をくハへ預る。

同十八年十二月二十七日、病死《びやうし》。六十二歳。松《せう》巖院《がんゐん》と号《がう》す。

重正《しげまさ》

太郎八　生國《しやうこく》武藏《むさし》。

母ハ屋代越中守《しろゑつちうのかみ》（秀正）がむすめ。

寛永十年、十一歳にてはじめて將軍家（家光）を拝《はい》し奉る。

同十九年、家督《かとく》をついで將軍家につかへ奉る。

同年八月二十三日、鈞命《きんめい》によつて清水《しみづ》門の御番をつとむ。

女子

母ハ上に同し。

松　平（清和源氏義家流）

西郷《さいがう》孫《まご》六郎延員《のぶかず》が妻《め》。

女子
母ハ上に同し。
神保左京亮《しんぼうさきやうのすけ》（茂安）が妻。

女子
母ハ上に同し。
松平出雲守勝隆《いづものかみかつたか》是をやしなふ。

重信《しげのぶ》
弥吉《やきち》　生國參河《みかハ》。母ハ上に同し。

●勝隆《かつたか》
忠《ちう》左衛門　出雲守《いづものかみ》　生國《しやうこく》駿河《すんしう》（マヽ）。母ハ上に同し。
慶長十八年、はじめて大權現（家康）につかへたてまつる。

同年七月二十一日、鈞命《きんめい》によつて大番頭《おほばんかしら》となり、馬上《ばしやう》七十騎《き》・歩卒《ほそつ》五十人を預《あつか》る。

同十九年、大坂陣の時、勝隆《かつたか》馬上七十騎・歩卒五十人を引ゐて發向《はつかう》す。

同年十二月、大坂和睦《くハぼく》の後、大權現にしたがひたてまつりて二条《でう》の城に至《いた》る。台徳院殿（秀忠）ハ勝山《かつやま》（攝津）にて御越年《をつねん》。正月三日、大權現二条より駿府《すんぷ》に還御《くハんぎよ》の時、仰《おほせ》にいはく、將軍勝山にまします、汝等《なんぢら》大和國郡山《やまとのくにこほりやま》に行《ゆき》て警衛《けいゑい》すべし。爰《こゝ》に勝隆《かつたか》、松平石見守《いはミのかミ》（康安）・水野備後守《ミづのびんごのかミ》（分長）と同じく郡山にたむろして、日を經《へ》て後《のち》、台徳院殿の御退陣《たいぢん》を聞《きひ》て伏《ふし》見《ミ》にいたり、台徳院殿を拜《はい》したてまつる。時に勤勞《きんらう》を感《かん》じ給ひて銀子《ぎんす》五十枚《まい》拜領《はいりやう》す。それより台駕《たいか》にしたがひたてまつりて駿府《すんふ》に至《いた》る。

元和《げんわ》元年、大坂再乱《さいらん》の時、騎馬《きば》七十騎・歩卒《ほそつ》五十人を引ゐて供奉《ぐぶ》す。

大權現薨御《こうぎよ》の後、駿府《すんふ》より江戸に至て台徳院殿につかへ奉る。大番頭《おほばんがしら》もとのごとし。

元和三年、采地《さいち》の御加増《かぞう》をたまハる。

同年十二月、従五位下《じゆごゐげ》に叙《じよ》し、出雲守《いつものかミ》に任す。

同六年、大坂の御番をつとむ。

同年十二月、御加増《かぞう》を拝領《はいりやう》す。

同九年、将軍家(家光)につかへたてまつる。大番頭もとのごとし。

同年、御入洛《じゆらく》の供奉《ぐぶ》。在京《ざいきやう》のあひだ高木主水《たかぎもんど》(正次)仰《おほせ》によつて大坂の常番《じやうばん》となるにより、主水が組中《くミ》の馬上五十騎《き》、鈞命《きんめい》によつて勝隆《かつたか》是をあづかる。

同年十一月、又鈞命《きんめい》によつて右《ミぎ》の五十騎《き》を植村《うへむら》出羽守《ではのかミ》(家政)につけ給ふ。

寛永元年、大坂《おほざか》の御番《ごばん》をつとむ。

同三年、御入洛《じゆらく》の供奉《ぐぶ》。

同八年、大坂の御番をつとむ。

同九年、越後少将《ゑちごのせうしやう》光長《ミつなが》(松平)の妹《いもふと》(鶴姫)、九条右大将《でうのうだいしやう》(道房)に嫁《か》娶《しゆ》の時《とき》、鈞命によつて輿副《こしぞへ》となつて洛陽《らくやう》におもむく。

同十年、御奏者番《そうしやばん》をかねつとむ。

同年、采地《さいち》の御加増《かぞう》を拝領《はいりやう》す。

同十一年、御入洛の供奉。

同年、松平中務少輔《なかづかさのせふ》(蒲生)忠知《たゞとも》死去《しきよ》の時、鈞命によつて江戸より豫州《よしう》におもむき、彼領地《かのりやうち》の事を沙汰《さた》す。

同十二年、豫州松山《まつやま》の城《しろ》を松平隠岐守《おきのかミ》(定行)にたまハる時、上使として豫州にいたる。

同年、大番頭をあらためられ、安藤右京進《あんどううきやうのしん》重《しげ》長《なが》・堀市正《ほりいちのかミ》利重《としげ》と同しく寺社奉行《じしやぶぎやう》となり、其上諸國《しよこく》の訴訟《そせう》をきく。御奏者番《そうしやばん》もとのことし。

同十三年、鳥居伊賀守《とりゐいがのかミ》(忠恒)死去《しきよ》の時、仰をかうふりて勝隆《かつたか》、松平右衛門大夫(正綱)と同しく羽州最上《うしうもかミ》にいたり、彼遺跡《かのいせき》をあらため政務《せいむ》を沙汰《さた》す。

同十五年三月二日、肥前國嶋原《ひぜんのくにしまバら》におもむく。

同年九月、崇源院殿《そうげんゐん》(家光母淺井氏)十三回忌《くハひき》の御追善《ついぜん》を増上寺《ぞうじやうじ》

にて執行《しゆぎやう》の時、僧衆《そうしゆ》をあつめて万部經《まんぶのきやう》を讀誦《どくじゆ》す。酒井《さかゐ》讃岐守《さぬきのかミ》忠勝《たゞかつ》・安藤《あんどう》右京進《うきやうのしん》重長《しげなが》・勝隆ならびに伊丹《いたミ》播磨守《はりまのかミら》（康勝）等御法事《ほうじ》の警衛《けいゑ》たり。

同十六年、御加増《かぞう》の采地《さいち》をたまハりて、上総國《かづさのくに》佐貫《さぬき》の城主《じやうしゆ》となる。

同十八年、鈞命《きんめい》によつて鍛冶橋《かぢばし》の御門番《もんばん》をつとむ。

同年、北条出羽守《ほうでうではのかミ》（氏重）が旧宅《きうたく》をたまハる。

同十九年、鍛冶橋の御番をあらため、和田倉《わだくら》の御門番をつとむ。

同年九月、崇源院《そうげんゐん》殿十七年忌《ねんき》御追善《ごついぜん》の法事《ほうじ》として、増上寺《ぞうじやうじ》におゐて万部經《まんぶのきやう》を讀誦《どくじゆ》の時、松平伊豆守《いづのかミ》信綱《のぶつな》・安藤《あんどう》重長《しげなが》と同しく勝隆《かつたか》御法會《ごほうゑ》の諸事《しよじ》を沙汰《さた》す。

女子

岩瀬《いはせ》吉左衛門（氏次）が母。

勝廣《かつひろ》

傳《でん》五郎

実《じつ》ハ淡路守《あハぢのかミ》重長《しげなが》が子なり。勝隆是を養《やしなふ》て子とす。

寛永《くハんゑい》九年七月十一日、はじめて將軍家（家光）につかへ奉る。

同年十二月、従五位下《じゆごゐげ》に叙し、美濃守《ミのゝかミ》に任《にん》ず。

同十一年、御入洛《ごじゆらく》の供奉《ぐぶ》。

女子

実ハ大隅守《おほすミのかミ》重則《しげのり》が子なり。勝隆是をやしなふ。

伊藤《いとう》（東）甚太郎《じん》（長治）が妻《め》。

家紋《いへのもん》　丸《まる》の内《うち》に雪篠《ゆきざゝ》

本ハ葵《あふひ》たりといへども、憚《はゞかり》あるによつて是をあらたむ。

●信廣《のぶひろ》

松平太郎左衛門　信光主《のぶみつぬし》（松平）の庶兄《そけい》。生國參河。
脚《あし》のやまひありて（三河）松平の郷《ごう》に蟄居《ちつきよ》す。

長勝《なかかつ》

松平太郎左衛門　越前守《ゑちぜんのかみ》　生國同前。
明應《めいおう》二年十月十三日、參河上野《うへの》の城主《じやうしゆ》阿部《あべ》滿《まん》五郎或《あるひ》ハ孫《まご》二郎ともいふ。ならびに寺部《てらべ》（三河、下同ジ）の城主《しやうしゆ》鈴木《すゞき》日向守《ひうがのかみ》・衣《ころも》の城主《しやうしゆ》中条出羽守《ちうでうではのかみ》・伊保《いほ》の城主・八草《やぐさ》の城主等《ら》、兵《へい》を引ゐて參州井田村《ゐたむら》にきたる。親忠主《ちかたゞぬし》（松平）これをふせぐ。時に長勝供奉《ながかつぐぶ》し、戰《たゝかい》をはげまし疵《きず》をかうふる。敵つゐに敗走《はいそう》す。

勝茂《かつしげ》

太郎左衛門　越前守《ゑちぜんのかみ》
天文《てんぶん》二年三月二十日、參州廣瀬《さんしうひろせ》の城主《しやうしゆ》三宅《みやけ》右衛門尉、（三河）寺部《てらべ》の城主と兵《へい》を引ゐて（同上）岩津《いはつ》にいたる。清康君《きよやすくん》（家康祖父）これをふせぎ給ふ時、勝茂《かつしげ》が子弥《こや》（信茂）十郎討《うち》死《じ》す。

信吉《のぶよし》

太郎左衛門　隼人佑《はやとのぜう》

親長《ちかなが》

太郎左衛門

某《それがし》

傳《でん》十郎
天文十一年八月十一日、參州小豆坂合戰《あづきざかかつせん》の時、廣《ひろ》（家忠卿《たゞのきやう》（康父）にしたがひ奉りて、今川義元《いまがハよしもと》が兵《へい》と戰死《せんし》（ひ脱カ）す。

重正《しげまさ》

民部《みんぶ》　生國《しやうこく》參河《みかハ》。

正成《まさなり》
次大夫　生國同前。

信貞《のぶさだ》
次郎左衛門　生國同前。

信久《のぶひさ》
兵助《ひやうすけ》　生國《しやうこく》武藏《むさし》。
寛永《くハんゑい》十八年三月、將軍家（家光）を拜《はい》し奉る。

家紋《いへのもん》　藤《ふぢ》の丸《まる》の內《うち》に桐塔《きりのたう》

（表紙題簽）

寛永諸家譜　清和源氏甲九冊之内
義家流之内新田流

（扉裏）

「松平」

寛永諸家系圖傳

清和源氏　甲三

義家流《よしいへりう》

松平

親忠庶流《ちかたゞそりう》

●親忠（符號・系線等朱、下同ジ）

松平（清和源氏義家流）

親長《ちかなが》

岩津《いはつの》太郎

●乗元《のりもと》

源次郎　加賀守　三州大給《おきう》を領《りやう》ず。

九十二歳にて死《し》す。法名《ほうみやう》宗忠《そうちう》。

●長親《ながちか》○

●乗正《のりまさ》

源次郎　左近《さこん》　領地同前。

六十二歳にて死去《しきよ》。法名成心《じやうしん》。

●乗勝《のりかつ》

源次郎　領地同前。

二十九歳にて死去。法名玄香《げんかう》。

親清《ちかきよ》○
將監《しやうげん》忠昭《たゞあきら》祖《がそ》。末《すゑ》に見えたり。

親乘《ちかのり》
源次郎　左近　和泉守　領地同前。
母《はゝ》ハ清康君《きよやすくん》（家康祖父）の御むすめ。後に足助《あすけ》（三河）に赴《おもむく》。
六十三歳にて死す。法名淨正《じやうしやう》。

眞乘《さねのり》
源次郎、左近　領地同前。
母ハ櫻井内膳《さくらゐないぜん》（松平信定）がむすめ。
東照（家康）大權現、親乘《ちかのり》に仰けるハ、遠州懸河《ゑんしうかけがハ》ハ敵國《てきこく》の境《さかひ》なり、眞乘《さねのり》ゆきて是を守《まも》るべし、とて御書《ごしよ》を給ハる。

懸川番手《かけがハばんて》之儀、兼日泉州《けんじつせんしう》（親乘）へ申候。御太（大）儀候共、來《きたる》廿日懸川《かけがハ》迄《まで》可《べく》ㇾ被《らる》ㇾ移《うつ》候。境目《さかひめ》之事候間、一刻《こく》も可ㇾ被ㇾ急《いそが》候。恐々謹言。

（永祿十二年）九月十六日　家康御朱印

松平左近殿

大權現、眞乘《さねのり》に命《めい》じて、笠居嶋《かさゐじま》（遠江）に出陣《しゆつぢん》せしむるのとき、御書《しよ》を給ハる。

御太（大）儀候共、笠居嶋《かさゐじま》此方陣取中《このはうぢんとりのうち》、可ㇾ有㆓御在《ございぢん》陣㆒候。委細《いさい》石川伯耆守《はうきのかみ》（數正）可㆓申越㆒候。恐々謹言。

（永祿十二年カ）八月十二日　家康御判

松平左近殿

遠州榛原郡《はいばらのこほり》小山《こやま》の城《しろ》ハ、甲州勢《かうしうぜい》のこもる所なり。大權現是をせめとりたまふとき、眞乘《さねのり》軍功《ぐんこう》あるゆへ、小山《こやま》のうち吉永《よしなが》・西嶋《にしじま》・幸玉《さいたま》・殿《との》窪《くぼ》・星窪《ほしくぼ》・柏原《かしハばら》ならびに山川《やまがハ》・舟市《ふないち》、都《すべ》て貳千貫文の地を御加增《かぞう》あり。其上逆徒《ぎやくと》をいましむべきのよし御判《はん》を給ハる。時に永祿《えいろく》十二年十二月十三日なり。眞乘《さねのり》常《つね》に大權現の先手として、たび〱戰場《せんちやう》に赴《おもむ》く。越後の國主《こくしゆ》長尾《ながお》輝虎《てるとら》（上杉謙信）、大權現とまじハりを結《むすバ》んとて、書《しよ》を眞乘《さねのり》にをくる。輝虎《てるとら》が家老《からう》兩人も又副狀《そへじやう》あり。元龜《げんき》元年、江州姉川《あねがハ》合《か》戰《せん》のとき、眞乘《さねのり》、大權現の先陣《せんちん》に列《れつ》して朝倉《あさくら》（義景）が軍《いくさ》をやぶり、その功《こう》あり。同三年、遠州三方原《ミかたがハら》合戰のとき、河合《かハひ》久次郎、信《しん》玄《げん》（武田晴信）が兵《へい》にうたれてすでにあやうかりしを、眞乘《さねのり》馬《むま》（マヽ）にはせて刀をふりて戰《たゝかひ》をはげまし、敵陣《てきぢん》をうちやぶるゆへ、久次郎まぬかるゝ事を得たり。眞乘しつはらひ（尻拂）して引しりぞく。天正三年、三州長篠《ながしの》合《か》戰《せん》のとき、武田《たけた》勝頼《かつより》が兵《へい》、鳶巣山《とびがすやま》（三河）にたてごもる。大權現、信長《のぶなが》（織田）と相《あひ》はかりて、酒井左衛門尉忠次《たゞつぐ》に命《めい》じて鳶巣の城をせむる時、御家人《けにん》のうちに武事《ぶじ》になれたるものを撰《えら》びて、忠次にしたかへて鳶巣《とびがす》をせめしむ。眞乘《さねのり》が家人も六騎《き》その中にあり。終《つゐ》に鳶《とび》が巣山《すやま》のとり出《で》をせめやぶりてのろしをあぐ。是により長篠《ながしの》の合戰大《おほき》に勝利《せうり》を得たまひ、勝頼《かつより》敗北《はいほく》す。甲州《かうしう》勢《ぜい》信州《しんしう》に出張《しゆつちやう》のとき、大權現御書《しよ》を眞乘《さねのり》に給ハり、三州・信州のさかひ武節《ぶせつ》（三河）をまもらしむ。同年、大權現駿州《すんしう》藤枝《ふぢえだ》に御出馬《しゆつば》ありて御退陣《たいぢん》のとき、眞乘《さねのり》しつはらひたり。敵跡《てきあと》をしたひてそひきたる。眞乘兵《へい》をかへし相《あひ》たゝかふゆへ、敵《てき》しりぞきて當目《たうめ》（駿河）の城《しろ》の山にのぼる。眞乘是をひうつとき、家人《けにん》松平久助・松平隼藏《はやざう》・河合《かハひ》帶刀《たてわき》・梅村《むめむら》喜八郎・伊与田《いよだ》次兵衛・近藤《こんどう》文右衛門・武井《たけゐ》角右衛門・河合《かハひ》藤十郎・鈴木《すゞき》源太郎お の〱首級《しゆきう》を得たり。同九年、甲州《かうしう》の兵《へい》遠劦《ゑんしう》高天神《たかてんじん》の城にたてごもる。大權現諸軍を引ゐて是をせめらる。眞乘《さねのり》城邊《じやうへん》ちかくはたらきて戰功《せんこう》をはげまし、城まさにおちんとするとき、大權現、福《く》嶋《しま》織部《をりべ》（爲基）等《ら》五人を城中《じやうちう》へつかハして仰けるハ、城をあけてしりぞかハ、その死《し》をゆるし給へし。しかれども城中《じやうちう》の兵《つはもの》、仰にしたがはす。織部等五人城を出るとき、織部が従弟《いとこ》城中《じやうちう》にありて、ひそかに書《しよ》を織部にさづく。織部《をりべ》等《ら》五人、大權現に謁《えつ》して城兵《じやうへい》のくだらざる事を言上《ごんじやう》し、かの書《しよ》をさゝぐ。是を披見《ひけん》ありければ、そのことばに、城中粮《かて》つきてまさに餓死《がし》せんとす、近日《きんじつ》松平眞乘が陣《ちん》をそひて戰死《せんし》せん、と云々。大權現是を御覽《らん》じて、すなはち眞乘《さねのり》を召《めし》て、是が備《そなへ》としたまふ。三月、その期《ご》におよび、はたして眞乘城兵をうちておほく首級《しゆきう》を得たり。

同十年三月十四日、死去《しきよ》。三十七歳。法名《ほうミやう》道翁《たうおう》。

● 家乘《いへのり》

源次郎　和泉守　三州大給《おぎう》に生る。

母ハ（三河）仁連木《にれき》戸田主殿頭がむすめ。松平丹波守（戸田康長）が姉《あね》。

天正十年三月、八歳にて眞乘が遺跡《いせき》をつゐで三《さん》刕《しう》大給《おぎう》を領《りやう》ず。

同十二年、尾州《びしう》長久手《ながくて》合戰のとき、家乘《いへのり》幼少《ようせう》なるゆへ家老《からう》松平五左衛門（近正）、家乘《いゑのり》にかはりて士卒《しそつ》を引ゐて出陣《しゆつぢん》す。其後關東《くハんとう》御入國《にうこく》のとき、五左衛門めし出されて直《ぢき》に召つかはる。その弟《おとゝ》新藏いまに乘壽《のりなが》につかふ。

同年、瀧川《たきかハ》左近《さこん》（一益）尾州《びしう》の前田《まへだ》・蟹江《かにへ》にたてこもる時《とき》、五左衛門等《ら》是におもむきて戰功《せんこう》あり。家乘《いゑのり》が家人河合《かハひ》帶刀・同才兵衛鎗《やり》をあはす。松平久助・同新助・同隼藏《はやざう》・鈴木《すゝき》佐左衛門・今井《いまゐ》加兵衛・梅村《むめむら》喜八郎疵《きず》をかうふる。武井《たけゐ》角右衛門・大橋《おほはし》新三郎討死《うちじ》す。

同十五年、家乘《いゑのり》十三歳の時、大權現（家康）の御前にて元服《けんぷく》し、御諱《いミな》の家《いへ》の字《じ》を給はる。

同十八年、大權現相州《さうしう》小田原《をだはら》へ御進發《しんはつ》の時、家《いへ》乘《のり》供奉《ぐぶ》す。時に十六歳。

大權現關東《くハんとう》八州《しう》を領《りやう》じ給ふ時、三刕《しう》大給《おぎう》をあらためて上州那波《なハ》を家乗《いゑのり》に給ハり、一万石を領す。

同十九年、奥州《あうしう》へ御出陣《しゆつぢん》の時、供奉す。時に十七歳。

慶長元年五月、豊臣秀吉《とよとミひでよし》、家乗《いへのり》を従五位下《じゆごゐげ》に叙《じよ》し、和泉守（に脱カ）任《にん》ぜらる。時に廿二歳。このとき大権現の家臣《かしん》従五位下《じゆごゐげ》に叙《じよ》せらるゝものわづか十人、家乗《いゑのり》その一たり。

同五年、關ケ原《せきがはら》（美濃）御陣《ごぢん》の刻《きざみ》、大権現江戸を發《はつ》せんとし給ふとき、家乗《いゑのり》に三州吉田《よしだ》の城《しろ》をまもるべきのむねを命せらる。家乗《いゑのり》がいはく、ねがハくハ御旗本《はたもと》の先手《さきて》をうけ給ハらん。大権現仰けるハ、吉田《よしだ》ハ尾州《びしう》智多郡《ちたごほり》につゝいて舟軍《ふないくさ》の通路《つうろ》なるゆへ、いたハりおぼしめすところなり、汝《なんぢ》ゆきて彼城《かのしろ》をまもるべし。是により家乗吉田《よしだ》におもむく。城主《じやうしゆ》池田《いけだ》三左衛門（輝政）城をさりて家乗にさづく。關《せき》が原落居《はらつきよ》の後、仰によりて勢劦桑名《せいしうくハな》にいたる。

同六年正月、那波《なハ》をあらため濃劦岩村《てうしういはむら》の城を給ハりて、二万石を領す。そのゝち家乗《いへのり》駿府《すんふ》におもむき、大権現に拝謁《はいゑつ》す。元日御礼のとき、家乗太刀折帋《たちおりかミ》を持《ぢ》して御前《ごぜん》に伺候《しこう》す。永井右近（直勝）奏者《そうしや》として太刀折帋を敷居《しきゐ》の外《ほか》にをく。仰にいはく、敷居《しきゐ》の内《うち》に入べし。是により家乗敷居をこえて拝謁《はいゑつ》す。

同十九年正月、大権現江戸に御座《ござ》ありて元日御礼の時、台徳院殿（秀忠）御本丸にて御礼をうけさせたまふとき、酒井雅樂頭《さかゐうたのかミ》（忠世）、今日の御礼は誰《たれ》を初とせん、ととふ。ある人のいはく、もし駿府《すんふ》の例《れい》にしたがハゝ和泉守なり、といふ。此事上聞《しやうぶん》に達《たつ》し、台徳院殿の命《めい》により、家乗《いへのり》初めて太刀折帋《たちおりかミ》持参《さん》す。二日、西丸《にしのまる》にて大権現を拝《はい》し奉るときも、又御礼衆《れいしゆ》の初めとなる。

同年二月十九日、死去《しきよ》。年《とし》四十。法名《ほうミやう》道見《だうけん》。

眞次《さねつぐ》

三郎次郎　左近　縫殿助《ぬいのすけ》

慶長二年四月、武州《ぶしう》・上州の賊徒《ぞくと》の首長《しゆちやう》十三人、上刕飯塚《いひつか》におゐて一屋《いちをく》の内にたてごもり、武具《ぶぐ》を持《ち》してまもり居《きよ》す。眞次《さねつぐ》是に赴《おもむ》きて二人を捕《とら》へたり。その一人ハ鑓《やり》にて是をつき、一人ハ生捕《いけどり》にす。その餘《よ》ハ家人《けにん》是をうちころす〔しカ〕、あるひ〔はカ〕に生捕《いけどる》。たゞ一人屋外《やぐハい》ににげさるゆへ、是を取にがす。その時眞次《さねつぐ》二十一歳。

元和元年五月七日、大坂合戰《かせん》の時、柵《さく》の前にて敵兵《てきへい》一人をうちとる。三丸に乘入《のりいり》て鎧武者《よろひむしや》と相《あひ》たゝかひ、つゐに是をうちとりて、首級《しゆきう》二つを持《ち》し、御旗本《はたもと》に參《さん》じて台徳院殿（秀忠）に謁《ゑつ》し奉る。そのゝち岡山《をかやま》（摂津）に供奉《ぐぶ》いたし、首御實檢《くびごじつけん》の時、酒井《さかゐ》雅樂頭《うたのかミ》忠世《たゝよ》・本多《ほんだ》佐渡守《さどのかミ》正信《まさのぶ》、眞《さね》次《つぐ》が功《こう》を大なりとして、その事を帳面《ちやうめん》にしるす。時に三十九歳。眞次《さねつぐ》大坂城より本陣《ほんぢん》に歸らんとするとき、戸田《とだの》藤五郎（重宗）疵《きず》をかうふりて歸るにあふ。敵兵鑓《てきへいやり》二本を以て是をつかんとす。眞次是を見て馬をはせて敵兵《てきへい》をゝひちらし、藤五郎をたすけ得て歸る。

乘眞《のりざね》

左近大夫

實《じつ》ハ内藤《ないとう》石見守信廣《のぶひろ》が子なり。眞次《さねつぐ》是をやしなひて子とす。

寛永九年七月、將軍家（家光）を拜謁《はいゑつ》し奉る。

同年十二月六日、從五位下《じゆごゐげ》に叙《じよ》す。

乘次《のりつぐ》

左七郎

寛永十五年八月朔日、七歳にて將軍家（家光）を拜し奉る。

乗壽《のりなが》

源次郎　和泉守　武州江戸に生る。

母ハ石川長門守（康通）かむすめ。

慶長十九年二月、十五歳にして父《ちゝ》家乗が遺跡《いせき》をつぎ、大権現（家康）・台徳院殿（秀忠）を拝し奉る。このとき台徳院殿より御帷子《かたびら》・單物《ひとへもの》・羽織《はをり》ならびに御馬《むま》月毛《つきげ》を拝領《はいりやう》す。そのうへ家人《けにん》四人乗壽《のりなが》にしたがひ登城《とうじやう》いたし、拝礼《はいれい》をなす。おの〳〵御帷子《かたひら》・單物《ひとへもの》・羽織《はをり》を頂戴《ちやうだい》す。

同年十月、大坂陣《おほざかぢん》の時、乗壽召《のりながめし》に應《おう》じて二條《でう》の城にいたり、美濃衆《みのしゆ》稲葉《いなば》内匠頭（正成）・遠藤《ゑんどう》但馬守（慶隆）・竹中《たけなか》丹後守（重門）・稲葉《いなば》右近《うこん》（方通）・平岡《ひらをか》牛《うし》右衛門（頼資）・大嶋《おほしま》一黨《たう》・高木《たかぎ》一黨《たう》・妻木《つまぎ》玄蕃助《げんばんのすけ》（頼忠カ）・遠山《とをやま》（方景）勘右衛門（河内）・尾《お》里《ざと》（光親）助右衛門等《ら》と同しく、御先手としてひらかたにおもむく。仰によりて乗壽《のりなが》その組頭《くみがしら》となる。大坂の兵出口村《へいでぐちむら》の堤《つゝみ》をほりて淀川《よどがハ》の水《ミづ》をたゝへ、人馬《にんば》の通路《つうろ》をふさぐ。乗壽《のりなが》その組衆《くみしゆ》と仰をうけたまハりて是をうむ。伊奈筑後守《いなちくごのかみ》（忠政）奉行《ぶぎやう》として福《ふく》嶋備後守《しまびんごのかミ》（忠勝）が人夫《にんぶ》を以てつきゝりて在陣《ざいぢん》す。そのゝち大坂和睦《くわぼく》ありて、玉造口《たまつくりぐち》の堤《つゝミ》をほりくづし、堀《ほり》をうめて歸る。

元和元年正月廿七日、従五位下《じゆごゐげ》に叙《じよ》し、和泉守に任《にん》ず。

台徳院殿御参内《さんだい》のとき、仰により乗壽《のりなが》供奉に列《れつ》し、左方《さはう》の先《さき》となる。

同年の夏《なつ》、大坂再乱《さいらん》のとき、乗壽美濃衆《のりながミのしゆ》ならびに信劦衆《しんしうしゆ》知久《ちぐ》（則直）伊左衛門・小笠原《をがさはら》靭負《ゆきへ》（長臣）・座光寺《さくハうじ》丹《たん》（爲時）後《ご》・宮崎《みやざき》一黨《たう》と同じく、鈞命《きんめい》をうけ給ハりて枚《ひら》方《かた》におもむく。乗壽組頭《のりながくミかしら》となる。そのゝち山田《やまだ》（重利）十大夫・中川《なかがハ》（忠勝）半左衛門上使《じやうし》としてきたりてつけていはく、京極《きやうごく》若狭守（忠高）・同丹後守（高知）出口村《でぐちむら》に陣《ぢん》す、大坂の兵《へい》もし出て合戦《かせん》せハ、乗壽後詰《のりながごづめ》をして、先手もしやぶれば横合《よこあひ》に是をうつべし。是により五月七日、若狭守・丹後守すゝんで備《び》前嶋《ぜんじま》(攝津)にいたる。乗壽《のりなが》も又森口《もりぐち》(河内)に出張《しゆつちやう》すといへども、大坂すでに落城《らくじやう》ゆへ、乗壽《のりなが》その組衆《くミしゆ》と同じく、大坂の落人《おちうと》あまたうちとりて、夜《よ》に入て枚方《ひらかた》に歸る。同二年元日、駿府《すんふ》におゐて大權現に拜謁《はいゑつ》す。永《なが》井《ゐ》右近(直勝)奏者《そうしや》として、その儀式《ぎしき》家乗《いへのり》が時の例《れい》のごとし。其外《そのほか》女御《にようご》(秀忠女和子、東福門院)入内《じゆだい》・行幸《ぎやうがう》・御參内《ごさんだい》のとき乗壽《のりなが》騎馬《きば》にて供奉《ぐぶ》に列《れつ》し、左方《さはう》の先《せん》たり。寛永十五年五月、將軍家(家光)の命により、濃州岩村《でうしういはむら》をあらため、遠州濱松《はままつ》の城《しろ》にて都合《つがう》三万六千五百石を領地《りやうち》〔知〕す。

知乗《とものり》

内匠頭　但馬守　濃州岩村《でうしういはむら》に生る。元和二年十一月、江戸にいたりて台徳院殿(秀忠)につかへ奉る。同年十二月、鈞命《きんめい》により御前に近侍《きんぢ》す。同三年、御切米《きりまい》五百俵《へう》を給ハる。同六年、台命《たいめい》により從五位下《じゆごゐげ》に叙《じよ》し、但馬守に任《にん》ず。同七年、三州本地村《ほんちむら》にて采地《さいち》千石を給ハる。そのゝち病《やまひ》にかゝりて勤仕《きんじ》する事あたハざるゆへ、同九年、上聞《しやうふん》に達《たつ》し、仰によりて御書院番《しよゐんばん》を勤《つと》む。寛永十年、將軍家(家光)より御加増《かぞう》ありて、常陸《ひたち》の國《くに》にて二百石を給ハり、都合《つがう》千二百石を領ず。

乗久《のりひさ》

源次郎　濃州岩村《でうしういはむら》に生る。寛永十七年六月朔日、初めて將軍家(家光)に謁《ゑつ》し奉る。時に八歳。

乗政《のりまさ》

助十郎

和泉守乗寿《のりなが》家紋《いへのもん》　葵《あふひ》。家乗《いへのり》にいたりて蔦《つた》の葉《は》にあらたむ。

親忠《ちかたゞ》四代《よだい》大給《おほきう》の庶流《そりう》

●親清《ちかきよ》

傳藏　左衛門尉　四十歳にて死《し》す。

近正《ちかまさ》

五左衛門

初ハ松平和泉守家乗《いへのり》が家《いへ》にあり。家乗幼少《ようせう》なるゆへ、是にかハりてしば〳〵戦場《せんぢやう》におもむく。(家康)東照大權現あらたに三州大《お》給《きう》の地をひらきたまふとき、大給の內におゐて千五十石の地を給ハる。

天正十二年、大權現尾州蟹江《ひしうかにえ》の城《しろ》を御せめの時、近正大手口《ちかまさおほてぐち》におゐて敵兵《てきへい》春田《はるた》久三郎・同太郎左衛門・大嶋新左衛門・山岸《やまぎし》彦大夫と相たゝかつて軍功《ぐんこう》あり。

同十三年十一月十六日、石川伯耆守數正《かずまさ》逆心《ぎやくしん》を企《くハたつ》る時、數正《かずまさ》ひそかに家人《けにん》天野《あまの》又左衛門を近《ちか》正《まさ》がもとにつかへして、与力《よりき》すべきのよしをつぐといへども、近正《ちかまさ》あへてきゝいれずしていはく、汝《なんぢ》又きたらバ我《われ》かならすなんちを害《がい》せん。その夜數正《かずまさ》つゐに岡崎《をかざき》（三河）をにげ出《いづ》。是により翌日《よくじつ》、和泉守が家臣《かしん》兩人を子息《しそく》新二郎一生《かつなり》にそへて此事を大權現へ注進《ちうしん》す。すなハち一生《かつなり》を人質《ひとじち》として遠州《ゑんしう》濱松《はままつ》の城にをかしむ。

同十八年、大權現關東御《くハんとうこ》入國《にうこく》の後召《めし》出されてつかへ奉り、上野の國群馬郡《くんまこほり》三之《さんの》藏《くら》におゐて五千五百石を給ハる。

慶長五年、近正《ちかまさ》、鳥居《とりゐ》彦右衛門尉（元忠）・内藤《ないとう》弥次衛門尉（家長）・松平主殿頭（家忠）と同じく伏見《ふしみ》御城の留守番《るすばん》を勤《つと》む。時に筑前中納言《ちくぜんちうなごん》（小早川）秀秋《ひであき》、石田三成《いしだみつなり》等が催促《さいそく》に應《おう》じて伏見の城をせむ。近正《ちかまさ》はげ〻たゝかつて、〻づから鉄炮《てつはう》をはなちて、敵兵《てきへい》死し疵《きず》をかうふるものおほし。八月朔日、伏見落城《らくじやう》のとき、松《まつ》の丸《まる》におゐて、近正、秀秋《ひであき》が兵日《へいひ》夏《なつ》角之助と相たゝかつて、つゐに討死《うちじ》す。年五十四。日夏《ひなつ》ハ後《のち》に竹越《たけのこし》（正信）山城守に屬《ぞく》す。

一生《かつなり》

新次郎　五左衛門尉

石川伯耆守數正《かずまさ》逆心《ぎやくしん》のとき、一生《かつなり》人質《ひとじち》として遠州濱松《はままつ》の御城にいたり、初めて大權現（家康）を拜し奉る。そのゝち御暇《いとま》を給ハり三州大給《おきう》に歸るとき、大權現の仰に、父《ちゝ》近正《ちかまさ》、數正《かずまさ》に与力《よりき》せざる事を感《かん》じおぼしめし、又蟹江《かにえ》（尾張）の城におゐても軍功《ぐんこう》あり。是により御脇指《わきさし》を一生《かつなり》に給ハる。そのゝち父《ちゝ》が遺跡《いせき》をついで上野《かうづけ》の國《くに》三之藏《さんのくら》に住《ちう》す。それより大權現の命により三之《さんの》藏《くら》をあらためて、下《しも》野《つけ》の國《くに》板橋《いたばし》におゐて一万石を領ず。

慶長七年五月、佐竹《さたけ》右京大夫義宣《よしのぶ》水戸《みと》をあらため羽州《うしう》秋田《あきた》を領する時、一生《かつなり》鈞命《きんめい》をうけて、松平周防守（松井康重）・由良《ゆら》信濃守（貞繁）・菅沼《すがぬま》与五郎・藤田《ふじた》能登守（信吉）と同じく水戸《みと》の城番を勤む。

同年七月、車《くるま》丹波・同所《しよ》左衞門・馬場《ばば》和泉・同新助・大窪《おほくぼ》(マヽ)兵藏一揆《き》をおこす時、大窪《おほくぼ》が家人《げにん》(マヽ)ひそかに城中に入らんとするを捕《とらへ》て、一生《かつなり》が番所《はんしよ》におゐてなじりとふ。すなハち懐中《くハいちう》をさぐりて、一揆《き》を企《くハたつ》るの廻文《くわいぶん》をもとめ得たり。是により大《おほ》窪《くぼ》をからめをく。夜にいりて一揆《き》等《ら》三丸の大手口八幡小路《はちまんこうじ》にせめきたる。一生《かつなり》ふせぎたゝかつて、一揆《き》引しりぞく。翌日《よくじつ》、一生《かつなり》水戸《みと》の城番《じやうばん》のものと相《あひ》はかりて、車《くるま》丹波ならびにその餘《よ》の張《ちやう》本人等《ほんにんら》を生捕《いけどり》、又松平丹波守(戸田康長)太田《おほた》(常陸)の城におゐて馬場《ばゞ》和泉を捕《とらへ》て水戸につかハし、こと〳〵く禁《きん》獄《ごく》し、一生《かつなり》江戸にきたりて此旨《むね》を言上《ごんじやう》す。是により上使《じやうし》として安藤《あんどう》五左衞門(重信)・大久保《おほくぼ》甚左衞門(忠直)水戸《みと》に下向してそのことを沙汰《さた》し、一揆《き》の張本《ちやうほん》人《にん》をたづさへて江戸に歸る。又仰により水戸へつかハし、こと〳〵く是を誅《ちう》す。大窪《おほくぼ》兵藏ひとり自殺《じさつ》す。

同九年四月、死去《しきよ》。三十五歳。

正吉《まさよし》

五左衞門

慶長十五年、初めて台徳院殿(秀忠)を拝《はい》し奉る。時に十六歳。

同十七年より御番《ばん》を勤《つと》む。

大坂兩度の御陣《ぢん》に、水野《みつの》監物(忠元)くみに屬《ぞく》して供奉《ぐぶ》す。五月七日、天王寺《てんわうじ》口におゐて首級《しゆきう》を得たり。御歸陣《きぢん》のゝち、江戸におゐて領地《りやうち》五百石を給ハる。寛永十年、二百石の御加増《かぞう》ありて、都合《つがう》七百石を領す。

成重《なりしげ》

右《う》近《こん》衞《ゑの》將監《しやうげん》

慶長十三年、十五歳にして初て大權現(家康)を拝し奉り、従五位下《じゆごゐげ》に叙《しよ》せらる。

同十九年、大坂陣のとき、鈞命《きんめい》によりて相《さう》州《しう》小《を》田《だ》原《はら》の御城番《じやうばん》を勤《つと》む。

元和元年、大坂再乱《さいらん》のとき、敵兵《てきへい》、酒井左衛門（家次）尉が組中《くみちう》のそなへに乱入《らんにう》す。成重《なりしげ》ならびに味方《みかた》の勢《せい》いどゝたゝかつてその備《そなへ》をゝだサす。このとき成重《なりしげ》が家人《けにん》あるひハ討死《うちじ》し、あるひハ疵《きず》をかうふりて戦功《せんこう》あり。水谷《みつのや》伊勢（勝隆）守が家臣《かしん》稲葉《いなは》市助馳《はせ》きたりて、成重《なりしげ》が戦功《せんこう》をかんじ成重《なりしげ》につげていはく、我《われ》も又一足《ひとあし》もしりぞかずして軍功《ぐんこう》をはげます、ねがハくは成重《なりしげ》後《のち》の證據《せうこ》たれ、と。是により御帰陣《きぢん》のゝち御《ご》評議《ひやうぎ》ありし時、右のことを言上《ごんじやう》す。

同三年、台徳院（秀忠）殿の命《めい》をかうふり、三州旗《は》頭《づ》〔幡豆〕郡《こほり》西尾《にしお》の城にて一万石の御加増《かぞう》ありて、都合《つがう》二万石を領す。

同七年、丹波の國桑《くは》田《だ》郡《こほり》亀山《かめやま》の城にて二千二百石の御加増を給ハり、都合《つがう》二万二千二百石を領す。

寛永十年九月十六日、死去《しきよ》。四十歳。

忠昭《たゞあきら》

左近将監《さこんしやうげん》

寛永九年、初めて将軍家（家光）を拝謁《はいゑつ》し奉る。

同十一年閏《うるふ》七月、将軍家の命により亀山（丹波）《かめやま》をあらためて豊後《ぶんご》の國にて采地《さいち》を給ハる。員数《いんじゆ》まへのごとし。

同十七年、従五位下《じゆごゐげ》に叙《じよ》す。

為季《ためすゑ》

武《ぶ》兵衛尉

寛永十二年八月、初めて将軍家（家光）を拝し奉る。

同十八年四月、鈞命《きんめい》により御小姓組《こしやうぐみ》の御番《ばん》を勤《つと》む。

家紋《いへのもん》　丸内《まるのうちに》　釘貫《くぎぬき》

大《お》給《きう》庶《そ》流《りう》

いまだその出るところを詳《つまびらか》にせず。

●貞次《さだつぐ》

松平八郎右衛門

大給《おきう》の庶子《そし》。代々《だいく》大給の領内《りやうない》宮石《みやいし》に住《ちう》す。

宗次

喜平　生國三河。

廣忠卿《ひろたゞきやう》（家康父）より東照大權現（家康）につかへ奉る。

永祿《えいろく》三年、今川義元《いまがハよしもと》尾刕《びしう》に出張《しゆつちやう》の時、大權現の御つかひとして義元《よしもと》の陣《ちん》に赴《おもむ》き、桶挾間《おけばさま》〔狭〕にて討《うち》死《じ》す。法名《ほうミやうげんそう》源宗。

康次《やすつぐ》

加々右衛門　生國同前。

十五歳にして初めて大權現（家康）に仕《つか》へ奉り、度々の御陣に供奉。

長久手合戰《ながくてかせん》（尾張）の時、先陣にすゝみて首級《しゆきう》二つを得たり。そのゝち伏見《ふしみ》・駿河《するが》御城《しろ》の留守番《るすばん》をつとむ。

元和元年八月廿二日、駿河《するが》にをゐて病死《びやうし》。年七十二。法名《ほうミやうげんゑい》源榮。

某《それがし》

彦六郎　早世《さうせい》　法名《ほうミやうせいげん》清源。

正次《まさつぐ》

加々右衛門　生國同前。

關原陣《せきがハらちん》（美濃）のとき、大權現（家康）の供奉を勤《つと》め、そのゝち台徳院殿（秀忠）につかへて、大坂兩度の御陣にしたがひ奉る。

將軍家（家光）の御代におよびて、大御番の組頭《くみがしら》となり、そのゝち鈞命《きんめい》によりて關東中《くハんとうちう》の野山《のやま》の檢使《けんし》となる。

武州《ぶしう》王子《わうじ》の社《やしろ》御造營《ざうゑい》の時、奉行《ぶぎやう》となる。

寛永十四年九月十九日、病死《びやうし》。五十四歳。法名祖安《そあん》。

正成《まさなり》

内藏助

台徳院殿（秀忠）を拝し奉り、そのゝち将軍家（家光）につかへて、御小姓《こしやう》くゞの御番を勤む。

正茂《まさしげ》

市郎左衛門　生國三河。

利次《としつぐ》

主米《もとめ》

大權現（家康）・台徳院殿（秀忠）につかへ奉る。

元和八年、江戸にて死去《しきよ》。法名宗心《そうしん》。

康正《やすまさ》

助之進

寛永六年、將軍家（家光）につかへ奉る。

直次《なをつぐ》

新五左衛門

伏見《ふしみ》におゐて大權現（家康）を拝し奉り、鈞命《きんめい》によりて江戸に下向《げかう》し台徳院殿（秀忠）につかへ奉る。

大坂兩度の御陣に供奉。

元和二年、鈞命により將軍家（家光）へつかへ奉り、御書院番《しよゐんばん》の組頭《くみがしら》となり、又御歩《かち》の頭《かしら》となる。そのゝち御持弓《もちゆミ》ならびに与力《よりき》・同心《どうしん》をあづかる。

直正《なをまさ》

弥次兵衛

寛永十一年、将軍家《（家光）》を拝し奉る。
同十五年、御書院番《しよゐんばん》を勤む。
同十八年、御小姓組《こしやうくみ》の御番をつとむ。

直重《なをしげ》
七郎兵衛　生國武藏《むさし》。
寛永十五年十二月、将軍家《（家光）》を拝し奉る。
同十九年六月、御書院番を勤む。

次茂《つぐしげ》
諸《しよ》左衛門　生國《しやうこく》駿河《するが》。

家紋《いへのもん》　蔦葉《つたのは》

●乗清《のりきよ》
家傳《かでん》にいはく、親忠主《ちかたゞぬし》（松平）の子《こ》にして、大給《おきう》源次郎乗元《のりもと》が弟《おとゝ》なり。三州瀧脇《たきわき》に住す。

乗遠《のりとを》
三郎大夫　住所同前。
弘治《こうち》二年三月廿五日、討死《うちじ》。法名《ほうみやう》如海《によかい》。

正乗《まさのり》
久大夫
若年《じやくねん》より東照大権現《（家康）》につかへ奉りて、本領《ほんりやう》十ヶ村の外《ほか》に七ヶ村を給ハりて、瀧脇《たきわき》（三河）に住す。大給《おきう》（松平）和泉守親乗《ちかのり》、大麤《おほさくハん》と号《がう》す。正乗《まさのり》を殺《ころ》してその領地をうばゝんとせし時、弟《おとゝ》出雲守乗高《のりたか》、兄《あに》が仇《あた》を報《ほう》ぜんがために大給《おきう》をせめやぶりて放火《はうくハ》せしゆへ、親乗《ちかのり》尾州《びしう》にはしる。

乗高《のりたか》

出雲守
大權現《（家康）》につかへたてまつる。
永祿《えいろく》五年、三州にて一向宗《かうしう》蜂起《ほうき》の時、數度《すど》合戰あり。中《なか》にも土呂《とろ》の戰《たゝかひ》に乗高《のりたか》、水野宗兵衞《（忠重）》と蜂屋《はちや》半丞等《ら》をとりひしきて軍功《ぐんこう》あり。二俣《また》（遠江）の城をせめおとすののち、遠州岩水寺《がんすいじ》村《むら》を給ハる。
天正十八年、相州《さうしう》小田原《をだはら》陣《ぢん》の時、大權現、乗高《のりたか》に鈞命《きんめい》ありて佐夜《さよ》（遠江）の中山《なかやま》におゐて秀吉《ひでよし》（豊臣）を饗應《きやうおう》す。後《のち》にその茶入《ちやいれ》を給ハる。そのゝち留守《るす》番《はん》を勤《つと》め、組子《くみこ》百廿人をあづかる。江戸にて病死《びやうし》す。

乗次《のりつぐ》

右馬助　監物
大權現《（家康）》につかへ奉る。
慶長三年、御上洛《しやうらく》のとき供奉いたし、伏見《ふしみ》の城番を勤む。

同五年、關ケ原《せきがはら》（美濃）御陣に供奉《ぐぶ》す。
同六年、先祖《せんぞ》代々《だい》三州《さんしう》の本領を給ハり、歩卒《ほそつ》をあづかる。
元和九年、鈞命《きんめい》により將軍家《（家光）》につかへ奉りて、御上洛の供奉す。同年八月六日、従五位下《じゆごゐげ》に叙《じよ》し、監物《けんもつ》に任《にん》ぜらる。

正武《まさたけ》

右衛門八
実《じつ》ハ青沼《あをぬま》勘六昌次《まさつぐ》が子《こ》なり。昌次、乗次《のりつぐ》が妹《いもうと》をめとるゆへ、正武《まさたけ》をやしなひて子とす。青沼《あをぬま》ハ逸見《へんミ》の族《ぞく》なり。勘六、大權現《（家康）》につかへ奉る。
寛永十六年、正武《まさたけ》、將軍家《（家光）》を拜す。
同十七年五月、御書院番《おんしよゐんばん》を勤《つと》む。

家紋《いへのもん》　蔦葉《つたのは》

（表紙題簽）

寛永諸家譜

清和源氏甲九册之内
義家流之内新田流

（扉裏）
「松平」

寛永諸家系圖傳

清和源氏　甲《かふ》四

義家流《よしいへりう》四

松平

長親《ながちか》庶流《そりう》

●長親《ながちか》（符號・系線等朱、下同ジ）

松平（清和源氏義家流）

●信忠《のぶたゞ》○

●親盛《ちかもり》

三郎次郎　右京亮　福鎌《ふくがま》と号《がう》す。

●親次《ちかつぐ》

三郎二郎　右京亮

清康君《きよやすくん》（家康祖父）にしたがひ奉り、戰場《せんぢやう》におもむく時比《ひ》類《るい》なき働《はたらき》あるにより、鑓《やり》三郎次郎と号《がう》す。

享祿《きやうろく》三年、清康君三州宇《う》利《り》の城をせめて熊《くま》谷《がや》某《それがし》と合戰《かせん》す。城外《じやうぐわい》におゐて親次《ちかつぐ》一手《て》の大《たい》將《しやう》となる時、誓約《せいやく》していハく、今日われ一足《あし》もしりぞくべからず、と。すなハち一帋《し》の誓《せい》詞《し》をよろひのわたがゝにつけて敵陣《てきぢん》にみだれ入《いり》、郎従《らうじう》十餘《よ》人とともにうち死《じ》す。時に二十八歳。

親俊《ちかとし》

三郎次郎　左馬助

康親《やすちか》

右京亮　筑後守

東照大權現（家康）につかへ奉る。

慶長《きやうちやう》元年、大御番《ごばん》の頭《かしら》となる。

同十年八月七日、四十三歳にして從五位下《じゆごゐげ》に叙《じよ》せられ、御諱《いみな》の康《やす》の字《じ》を給る。

元和三年二月廿三日、病死《びやうし》。五十一歳。法名《ほふみやう》良心《りやうしん》。

康盛《やすもり》

右京亮　讃岐守　後《のち》に筑後守とあらたむ。

元和二年正月朔日、十六歳にして從五位下《じゆごゐげ》に叙《じよ》す。

康勝《やすかつ》

宇右衛門尉

寛永七年七月十八日、將軍家（家光）を拜し奉りて、御小姓組《こしやうぐみ》の御番《ばん》を勤《つと》む。

康俊《やすとし》

三郎次郎

寛永十八年六月朔日、將軍家（家光）を拜し奉る。

筑後守康盛《やすもり》家紋《いへのもん》　梅花《むめのはな》

●信定《のぶさだ》

与一　内膳正　或《あるひ》ハいハく、親盛《ちかもり》が兄《あに》なり。櫻井《さくらゐ》と号《がう》す。

享祿《きやうろく》二年五月廿八日、清康君《きよやすくん》（家康祖父）、牧野傳次《まきのでんじ》・傳藏《でんざう》・新次《しんじ》・新藏《しんざう》と三州御油《ごゆ》にて合戰《かせん》のとき、信《のぶ》定《さだ》ならびに子《こ》清定《きよさだ》、清康君の命《めい》をうけて士卒《しそつ》の法令《ほふれい》をつかさどりて、戰功《せんこう》あり。戰屈《たゝかひくつ》してしばらく引《ひき》しりぞき、午《むま》の刻《こく》に又すゝんで下地堤《しもちつゝみ》にくだる。清康君みづから鑓《やり》をひつさげ、信定《のぶさだ》・清定《きよさだ》とともに馳《はせ》むかひたまひ、先《さき》をあらそひて大《おほき》に勝利《せうり》を得たまふ。敵《てき》の大將《たいしやう》傳次《でんじ》・傳藏・新《しん》次《じ》・新藏まくらをならべて討死《うちじ》す。すなハち其《その》日《ひ》河《かは》をわたりて吉田《よした》（三河）の城《しろ》に入たまふ。

同年、尾州《びしう》科野《しなの》におゐて尾州の勢《せい》と合戰《かせん》のとき、清康君の命《めい》をうけて、信定・清定先かけとなりて尾《び》州《しう》の勢《せい》をひちらす。此軍功《このぐんこう》ゆへ科野《しなの》を給ハる。其外清康君戰場《せんちやう》にのぞみたまふごとに、信定先手《のぶさださきて》をうけたまハりて、功《こう》をなさすといふ事なし。清康君御逝去《ごせいきよ》の後、一族《ぞく》・御家人《けにん》悉《ことごと》く信定にしたがふ、あたかも家督《かとく》のごとし。其後《そのゝち》長親《ながちか》の命《めい》により、廣忠卿《ひろたゞのきやう》（家康父）を勢州《せいしう》よりむかへて岡崎《をかざき》（三河）の城《しろ》に入奉る。

天文七年十一月廿七日、卒《しゆつ》す。法名《ほふみやう》道見《だうけん》。

● 義春《よしはる》

東條《とうでう》甚太郎

● 利長《としなか》

藤井《ふぢゐ》彦四郎　法名《ほふみやう》喜春樹祥《きしゆんじゆしやう》。

天文九年、廣忠卿《ひろたゞのきやう》（家康父）、御一族《ぞく》源次郎信康《のぶやす》（松平）ならびに利長《としなから》等に命して安祥《あんじやう》（三河）の加勢《かせい》としてかしこにおもむき城中《じやうちう》にたてごもらしむ。六月六日、尾州の大軍《ぐん》しきりにこれをせむ。城《じやう》主《しゆ》安祥《あんじやう》左馬助長家《ながいへ》（松平）ならびに利長《としながら》等城戸《きど》をひらいて出《いて》てたゝかふ。時に信康《のぶやす》・甚六郎康《やす》（松平）忠《たゞ》・長家《ながいへ》、その外御譜代衆《ごふだいしゆ》林《はやし》藤助・内藤《ないとう》善左衛門・近藤《こんどう》与一郎數《す》十人討死《うちじ》す。尾州勢も又おほくうたる。渡邊《わたなべ》八右衛門（義綱）等《ら》矢《や》をはなちて敵《てき》をふせぐ。利長《としなが》士卒《しそつ》をはげましてかたく城《しろ》をまもるゆへ、尾州勢《せい》そのそなへをしりぞきて城外《じやうぐわい》に陣《ちん》すといへども、つゐに引《ひき》さる。

清定《きよさだ》

与一　内膳正

享祿《きやうろく》二年、牧野《まきの》と合戰《かせん》のとき、父《ちゝ》と同じく清康君《きよやすくん》（家康祖父）にしたがひ戰功《せんこう》あり。

天文《てんぶん》十二年十月三日、卒《しゆつ》す。法名《ほふみやう》道喜《だうき》。

家次《いへつぐ》

監物

永祿《ゑいろく》元年、大權現（家康）、家次に命して尾《び》州科野《しなの》に居《きよ》せしむ。尾州の兵《へい》附城《つけしろ》をきついてこれをせむ。家次《いへつぐ》夜《よ》うちをして、廣瀬《ひろせ》衆《しゆ》竹村《たけむら》孫七郎・磯田《いそだ》金平・戸崎《とさき》平九郎・瀧山《たきやま》傳三等《ら》を討《うち》とる。その外雜兵《ほかざうひやう》數《かず》をしらず。これにより尾州の敵兵《てきへい》こと／＼く敗北《はいほく》するゆへ、かたく科野《しなの》の城《しろ》をたもつ。今川義元《いまがはよしもと》・氏眞《うぢざね》その功《こう》を称《せう》して感狀《かんじやう》をさづく。

同六年、今川氏眞《いまかはうぢざね》三州岩略寺《がんりやくじ》におゐて出城《でじろ》をかまへ、侍《さふらい》大將《たいしやう》七頭《かしら》をすへてかたく是をまもらしむ。大權現御出馬《ごしゆつば》ありて、家次《いへつぐ》を先手《さきて》としてこれをせめたまふ。家次命《めい》をうけて他《た》の兵《へい》をまじへず、手勢《てぜい》をもつて卽時《そくじ》にかの城《しろ》を乘《のり》とり、駿河勢《するがぜい》數輩《すはい》をうちとる。

同年七月廿九日、卒去《しゆつきよ》。法名《ほふみやう》道觀《だうくわん》。

忠正《たゞまさ》

与一

永祿《ゑいろく》十二年、今川氏眞《うぢざね》駿府《すんふ》を沒落《ぼつらく》して、朝比《あさひ》奈《な》備中守《びつちうのかミ》（泰能）が居城《きよじやう》遠州《ゑんしう》懸川《かけがは》の城にたてごもり、とり出《で》を天王山《てんわうざん》にかまふ。大權現（家康）御馬《むま》を出《いた》されこれをせめ給ふとき、忠正《たゞまさ》手勢《てぜい》を引《ひき》ゐて先《せん》陣《ちん》にすゝみ、簀戸《すど》をやぶり、旗《はた》・馬《むま》じるしを屛際《へいぎハ》につけて、やうやく屛《へい》のうちにせめいる。時に、仰によりて忠正諸勢《しよせい》のしつはらひ（尻拂）をいたし、早速人數《さつそくにんじゆ》をあつめて陣《ちん》を引《ひき》まろむ。大權現、忠正が今日《こんにち》の軍功《ぐんこう》のありさまを美《び》なりとして御つかひを給ハり、これを感《かん》ぜらる。

元龜《げんき》元年六月、織田信長《をたのぶなが》、淺井《あさゐ》（長政）・朝倉《あさくら》（義景）と江州《がうしう》姉川《あねがは》におゐて合戰《かせん》の時、大權現御加勢《ごかせい》として御馬《むま》を出され、朝倉《あさくら》が勢にあたりたまふ。忠《たゞ》正戰場《まきせんぢやう》におゐていさみたゝかつて粉骨《ふんこつ》をつくし、朝倉が勢あまたうちとる。

天正元年正月十一日、菅沼《すがぬま》新八郎（定盈）三州野田《のだ》の城《しろ》にたてごもるとき、甲州《かふしう》より是をせむ。忠正、大權現の命をうけたまハり、城中《じやうちう》の加勢《かせい》におもむきて是をまもる。

同三年五月、大權現、信長《のぶなが》と同しく士卒《しそつ》を引ゐて武田勝頼《たけたかつより》と三州長篠《ながしの》にて合戰のとき、忠正士卒《しそつ》を下知《げぢ》しておほく武田が兵《へい》をうちとる。信長《のぶなが》、忠正が軍功《ぐんこう》を感《かん》ぜらる。

同五年七月廿日、卒去《しゆつきよ》。三十四歳。法名《ほうみやう》道《だう》春《しゆん》。

●忠吉《たゞよし》

与次郎

忠正死後《たゞまさしご》、忠吉家督《たゞよしかとく》をつぐ。

天正《てんしやう》九年三月、遠州高天神《ゑんしうたかてんじん》の城《しろ》をせめたまふとき、忠吉したがひ奉る。大權現（家康）かの城没落《ぼつらく》の後、同國諏訪《すは》の原《はら》におゐて出城《でしろ》をきつき、忠吉に守《まも》らしむ。大權現の仰によりて、敵《てき》の曲輪《くるわ》一所《しよ》をせめとる。龜《かめ》の甲《かふ》曲輪《くるわ》と名つぐ（つく）。大權現是を感《かん》じたまひ、三州の東條《とうでう》と櫻井《さくらゐ》の論地《ろんち》四百石御加增《かぞう》として忠吉拜領す。そのゝち又尾州科野《しなの》にて二千石の地を給ハる。

同十年六月廿四日、卒去《しゆつきよ》。二十四歳。法名道隣《だうりん》。

家廣《いへひろ》

内膳正

忠吉卒去《しゆつきよ》の後、家督《かとく》をつぐ。

天正十年、大権現（家康）甲州《かふしう》御入國《にふこく》の時、軍役《ぐんやく》を勤《つと》む。

同十二年、尾州小牧陣《こまきちん》のとき、森庄藏《もりしやうざう》（長可）羽黑《はくろ》にあり。酒井左衛門尉（忠次）三州勢《せい》三千餘騎《よき》を引ゐて是をせむ。家廣《いへひろ》が兵《へい》、森《もり》庄藏が士卒《しそつ》井戸《ゐと》次兵衛以下《いげ》の敵《てき》あまたうちとる。

（脱アルカ）大権現の供奉す。

同年（十八年カ）、武州松山《ぶしうまつやま》の城《しろ》をたまへり、一万石を領《りやう》す。

同十九年、奥州陣に大権現御出馬《しゆつば》のとき、家《いへ》廣《ひろ》供奉し、七月より十月にいたるまて、中新《なかにつ》（陸前）田の城《しろ》の番《はん》を勤《つと》む。

慶長六年六月十四日、卒去《しゆつきよ》。二十五歳。法名《ほふみやう》道曜《だうよう》。

信吉《のぶよし》○

伊豆守

信一《のぶかつ》（松平）が養子《やうし》となりて、藤井《ふぢゐ》の家《いへ》をつぐ。母《はゝ》ハ大（家康）権現の御妹《いもうと》なり。（異父妹多劫姫、久松俊勝女）家廣《いへひろ》ハ信吉《のぶよし》が異父同母《いふとうぼ》の兄《あに》なり。

忠頼《たゝより》

左馬允　従五位下　母《はゝ》ハ信吉《のぶよし》に同し。

家廣病《やまひ》あるゆへ、忠頼家督《たゝよりかとく》をつぐ。

慶長五年七月、奥州陣《あうしうちん》のとき、大権現（家康）御出馬《しゆつば》、忠頼供奉《たゝよりぐぶ》す。

同年九月、濃州關原《てうしうせきがハら》御陣《ごちん》に大権現江戸より

忠重《たゝしげ》

御進發《しんはつ》のとき、忠頼《たゝより》供奉いたし、三州岡崎《をかざき》にいたる。大權現の命《めい》をうけたまハり岡崎の城をまもる。關ケ原《せきがハら》落居《らくきよ》以後《いご》尾州犬山《やま》の城の留《る》主番《すはん》を勤《つと》め、そのゝち（美濃）金山城《かなやましろ》に在番《ざいばん》す。本領《ほんりやう》松山《まつやま》（武藏）一万石の外《ほか》、金山におゐて一万五千石を拝領《はいりやう》す。

同六年二月、遠州濱松《はままつ》の城を給ハり、五万石の地ならびに御城米《しやうまい》五千石を領す。

同八年、大權現御上洛《しやうらく》のついでに濱松《はままつ》の城に渡御《とぎよ》ありしとき、（粟田口）吉光《よしみつ》の御脇指《わきざし》を拝領す。

同十年、（秀忠）台徳院殿御上洛の時、濱松の城に入《じゆ》御《きよ》あり。

同十二年、駿府《すんふ》御城《しろ》の普請《ふしん》を勤む。

同十四年九月廿九日、卒去《しゆつきよ》。二十八歳。法名《ほふみやう》淨喜《じやうき》。

大膳大夫　従五位下

母ハ織田有樂《をたのうらく》（長益）むすめ。

慶長十五年、武州深谷《ふかや》の城を給ハり、八千石を領す。

大坂兩度の御陣のとき、江戸竹橋《たけばし》・櫻田口《さくらたぐち》の御門番を勤む。

元和四年、紅葉山《もみぢやま》御堀《ほり》の普請《ぶしん》を勤む。

同五年、御上洛のとき、江戸西の丸の御留守《るす》番《ばん》たり。

同六年、北《きた》の丸《まる》の御普請《ふしん》を勤む。

同八年十月、上総國佐貫《かづさのくにさぬき》の城を給ハり、一万五千石を領す。

同九年、御上洛のとき、佐貫《さぬき》の居城《きよしやう》にて在番《ざいはん》す。

寛永三年、御上洛のとき、房州《ばうしう》百首浦《ひやくしゆうら》船手《ふなて》の番《はん》を勤む。

同四年八月より翌年《よくねん》八月まて、大坂の城に在《ざい》番《はん》す。

同六年、西の丸石垣《いしかき》の御普請を勤む。

同年、鍛冶橋《かぢばし》の御堀《ほり》の普請を仰つけらる。

同九年十月より翌年三月まて、駿府《すんぷ》の城に在番。

同十年七月より八月にいたるまて、江戸竹橋《たけばし》の御門番を勤む。

同年八月、（家光）将軍家の鈞命《きんめい》により駿州田中《たなか》の城にうつり、二万五千石拝領す。其上鹿毛《かげ》の御馬《むま》をくださる。

同十一年、御上洛のついで田中の城に渡御《とぎよ》ありしとき、國次《くにつぐ》（來）の御脇指《わきざし》ならびに銀子二百枚拝領す。還御《くわんぎよ》のとき五千石の御加増をくださる。

同十二年八月、遠州懸川《かけかは》の城を給ハり、四万石を領す。

同十五年八月より翌年《よくねん》二月まて、駿府御城の御普請をつとむ。

同十六年二月十二日、卒去《しゆつきよ》。三十九歳。法名道喜《たうき》。

忠直《たゞなを》

淡路守　従五位下　母ハ上に同し。

慶長十七年七月、十一歳にて（家光）将軍家を拝し奉り、そのゝち近習《きんじゆ》の御奉公《ほうこう》を勤む。

元和六年十二月、従五位下《じゆごゐげ》に叙す。

寛永十六年七月、御書院番《しよゐんばん》の組頭《くみかしら》を仰付らる。

忠氏《たゞうぢ》

三七郎
寛永十七年三月、（家光）将軍家を拝謁《はいえつ》す。

忠成《たゞなり》

宮内

忠勝《たゝかつ》

長七郎

松平（久松）隠岐守定勝《おきのかみさだかつ》が養子《やうし》となる。

宗長《むねなが》

因幡守　従五位下

忠好《たゞよし》

左京進

忠利《たゞとし》

織部正

寛永二年七月、台徳院殿（秀忠）を拝し奉る。

同三年四月、御近習《ごきんじふ》の奉公《ほうこう》を勤む。

同年十二月、御切米《きりまい》五百俵《へう》を給ハる。

同八年十一月、千石の采地《さいち》を領す。

同九年六月、将軍家（家光）の鈞命《きんめい》によりて御書院番《しよゐんばん》を勤む。

同十年、二百石の御加増《かぞう》を拝領す。

女子

母ハ木下《きのした》右衛門大夫延俊《のぶとし》がむすめ。

織田上野介信勝《をたのかうつけのすけのぶかつ》が妻《め》。

忠政《たゞまさ》

万助

寛永十六年三月、懸川《かけがは》（遠江）をあらため信州飯山《いひやま》の城を給ハりて、四万石を領地〔知〕す。

同年七月九日、六歳にして将軍家（家光）を拝謁《はいえつ》し奉る。

同年九月より十月にいたるまで、江戸御本丸ののけ土の御普請《ふしん》を勤む。

同十七年四月、日光御社参《ごしやさん》のとき、江戸大橋御門番を勤む。

同年八月より翌《よく》年《ねん》十一月にいたるまで、大橋の御門番を勤む。

同十八年十一月より翌年五月にいたるまで、田《た》安《やす》の御門《もん》番《ばん》を勤め、それより大橋《おほはし》の御門番をつとむ。

万助忠《たゝ》政《まさ》家紋《いへのもん》　葵《あふひ》、別紋《べつもん》九曜《くよう》

信一《のぶかつ》

初《はじめ》ハ藤井《ふぢゐ》勘四郎。伊豆守　従五位下《じゆごゐげ》　従四位下《じゆしゐげ》
永禄《ゑいろく》三年、三州苅屋《かりや》八町におゐて尾州同心の兵《つハもの》と合戦のとき、味方《みかた》すでに敗北《はいぼく》せんとせしとき、信一《のぶかつ》手勢《てぜい》を以て敵《てき》をひしりぞけ、味方《みかた》勝利《せうり》を得たり。

同四年、駿州《すんしう》糟屋《かすや》善兵衞、三州長沢《ながさは》の城にたてごもる。是により東照大権現（家康）、信一《のぶかつ》に命《めい》じて中山《なかやま》（三河）の城をまもらしめておさへとす。長沢《ながさハ》が兵《つハもの》出《しゆつ》張《ちやう》して度《ど》々相《あひ》たゝかふ。信一晝夜《ちうや》のさかひもなく粉骨《ふんこつ》をつくす。そのゝち大権現御出馬《ごしゆつば》のとき、信一諸人《しよにん》に先《さき》たちて城中にせめいり、敵あまたうちとりてつゐに城をおとす。

石ケ瀬《いしがせ》（尾張）二度の合戦《かせん》に信一手をくだひてたゝかひを決《けつ》す。

同六年、三州にて一向宗蜂起《かうしうほうき》のとき野寺《のでら》（三河）のおさへとして相むかふところに、野寺の敵《てき》つよくしてたゝかひを決《けつ》すといへども、彼宗《かのしう》の門徒方《もんとはう》々より一揆《き》をおこしをそひきたるゆへ、信一《のぶかつ》はせむかひて敵をひしりぞけ勝利《せうり》を得たり。その外《ほか》土呂《とろ》（三河）・針崎《はりさき》（同上）にて大権現の御前におゐてすみやかに敵を追《をふ》。敵鉄炮《てきてつはう》にて信一《のぶかつ》が左《ひだり》の股《もゝ》をうつにより、立どころにたふれふす。敵是を見て大《おほき》によばゝつて誇言《くわごん》す。信一《のぶかつ》おきあがりてすゝみはせて、鉄炮《てつはう》をはなつものを惡口《あつこう》するをききて、そ

の敵《てき》引しりぞく。大權現、信一が勇力《ゆうりよく》ありてよく返答《へんたう》せし事を感《かん》じたまふ。

同十年〔十一年〕、信長《のぶなが》（織田）、義昭《よしあきら》（足利）を二度世《よ》に立《た》てんがため江《ごう》州《しう》征伐《せいばつ》のとき、加勢《かせい》を大權現にこふにより、信一に命《めい》じて江州におもむかしむ。信一いまだ信長に謁《ゑつ》せざるに、信長《のぶなが》、佐《さ》久《く》間《ま》右衛門尉信盛《のぶもり》を使《つかひ》として、一方《はう》の先陣《せんちん》たるへきのよしをつぐ。是により信一《のぶかつ》諸將《しよしやう》に先だちて箕作《みつくり》（近江）の城をせめ、城《じやう》外《ぐわい》をうちやぶる。諸將も亦同じくすゝんてせめいり二丸をやぶるとき、死《し》し疵《きず》づくものおほくして士卒《しそつ》すゝみ得ず。信一《のぶかつ》是を見ていそぎ手せいにてすみやかに是をうつ。夜にいりて秀吉《ひでよし》（豊臣）の兵《つはもの》も又本城《ほんじやう》にせめいる。此とき信一大音聲《だいをんじやう》をあげていひけるハ、三州松平勘四郎信一一番に當《たう》城にせめいる、とよばゝる聲《こゑ》を諸人《しよにん》きく。城《じやう》主《しゆ》建部《たけべ》源八郎ひそかに城をいでのがれさる。箕《み》作《つくり》没落《ほつらく》す。是により佐々木《さゝき》（六角義賢）承禎《ぜうてい》観音寺山《くわんをんじやま》を捨《すて》て甲賀《かふか》にハしる。翌日《よくじつ》信一、信長にまみゆ。信長のいハく、今度《こんど》の軍功《ぐんこう》誠《まこと》に比類《ひるい》なし、と大《おほき》に感《かん》じて着《ちやく》する所の桐《きり》の紋《もん》の皮羽織《かハはおり》をたまふ。信長、義昭《よしあきら》を將軍《しやうぐん》に居《すへ》上洛《しやうらく》のとき、信一供奉す。信一いとまをこふ時に、持筒《もちつゝ》の鉄《てつ》炮《はう》一挺《ちやう》を給ハりて三州に歸り、大權現に謁《ゑつ》し奉る。軍中《ぐんちう》の事ならびに信長《のぶなが》のふるまひをとはせたまふ。信一《のぶかつ》くハしく軍事《ぐんじ》をのべ、皮羽織《かははおり》・鉄《てつ》炮《はう》をたまハる事を言上《ごんじやう》しけれは、大權現はなハだ御感《ぎよかん》あり。

同十一年、尾藤《びとう》・竹田《たけた》・村山《むらやま》修理《しゆり》等《ら》、今川氏《いまがはうち》の催《さい》促《そく》に應《をう》じて國中《こくちう》の一揆《き》をもよほし、遠州堀河《ほりかハ》の城にたてこもるとき、大權現初めて遠州に入たまふ故《ゆへ》、士卒《しそつ》に命じてこの城を一時《とき》にせめおとし賊徒《ぞくと》を悉《ことく》く誅《ちう》すべしとの仰により、榊原《さかきバら》小平太康政《やすまさ》先がけとして屛《へい》につき疵《きず》をかうふる。信一いさみすゝんで城にのる。士卒《しそつ》つゞいてせめ

松　平（清和源氏義家流）

いり城郭《じやうくわく》をうちやぶり、城中《じやうちう》の兵《つハもの》をこと〳〵く誅《ちう》す。

元龜《げんき》元年六月廿八日、姉川合戰《あねがハかせん》（近江）のとき、信長《のぶなが》ハ淺井《あさゐ》（長政）にむかひ、大權現ハ朝倉《あさくら》（義景）にあたりたまふ。信長《のぶなが》の先手すでに敗北《はいぼく》す。大權現の先陣《せんぢん》いさみすゝんで、信一馬《むま》をはせてたゝかひを決《けつ》し、甲《かぶと》首《くび》二級《きふ》をうちとるゆへ、味方《みかた》いよ〳〵かつに乘《のつ》て軍《いくさ》をすゝめければ、朝倉《あさくら》つゐに敗北《はいぼく》す。

天正三年、長篠《ながしの》（三河）合戰の時、信一士卒《しそつ》をはげまして戰功《せんこう》あり。

同十二年、尾州《びしう》小牧陣《こまきぢん》のとき、信一《のぶかつ》、大權現にしたがひ奉りて戰忠《せんちう》をつくす。

同十八年、小田原陣《をだはらぢん》（相摸）に供奉《ぐぶ》す。

慶長五年、大權現・台徳院殿（秀忠）奥州景勝《かげかつ》（上杉）征伐《せいばつ》のため御進發《しんばつ》のとき、信一宇都宮《うつのみや》（下野）におゐて台徳院殿に謁《あつ》し奉る。しかるに上方《ミかた》（マヽ）蜂起《ほうき》のよし聞《きこえ》ければ、兩君《りやうくん》まつ御上洛《ごしやうらく》ありて是をたいらげ給ハんとて、

大權現、佐竹義宣《さたけよしのぶ》が敵對《てきたい》のこゝろあるを以て、御旗本《はたもと》におゐてその精兵《せいびやう》をえらびて、信一《のぶかつ》に布川《ふかは》（下總）の城《しろ》を守《まも》らしめて、佐竹がおさへとす。信一言《ごん》上《しやう》しけるハ、我《われ》御一代《いちだい》のあひだ戰場《せんちやう》にのぞミたまふごとに一度も御供《とも》をかくことなし。このたび戰場《せんちやう》にむかハざる事ハ本意《ほんい》にあらずといへども、鈞命《きんめい》そむきがたきのあひだ、此口のおさへにおゐてハかたく是をまもるべきのよし領掌《りやうじやう》す。

同六年、常陸國《ひたちのくに》土浦《つちうら》の城《しろ》を給ハり、御加增《かぞう》ありて三万五千石を領す。

同年、從五位下に叙《じよ》し、伊豆守に任《にん》ず。

同七年四月、佐竹國《さたけのくに》（義宣）をのぞかるゝにより、常州《じやう》江戸崎《さき》の城番《じやうばん》を勤《つと》む。

同年七月、信吉是にかハりて在番《ざいばん》ゆへ、信一は同國水戸《みと》の城番を勤《つと》めて、翌年《よくねん》正月にいたる。

同九年、從四位下《じゆしゐげ》に叙《じよ》す。

寛永元年七月十六日、卒去《しゆつきよ》。法名道雄《だういう》。

信吉《のぶよし》

伊豆守　従五位下　安房守《あはのかミ》

実《じつ》ハ松平与次郎忠吉《たゞよし》が子なり。

慶長七年四月、常陸《ひたち》府中《ふちう》の城番《じやうばん》を勤《つと》め、同七月にいたりて六郷《ろくがう》兵庫《ひやうご》(政乗)に渡《わた》して、又父《ちゝ》信一《のぶかつ》にかハりて十二月まで江戸崎《さき》(常陸)の城番《じやうばん》を勤む。大権現(家康)、信吉が所々の城番を勤《つと》むる事をいたハりたまひて、別《べつ》に五千石の所領《しよりやう》を下さる。

同九年、従五位下に叙《じよ》し、安房守《あはのかみ》に任ず。

同十年、台徳院(秀忠)院(衍)殿御上洛《ごじやうらく》ありて将軍宣下《せんげ》の御《ご》參内《さんだい》のとき、信吉騎馬《きば》にて左《さ》方行列《はうぎやうれつ》の上首《じやうしゆ》となる。

同十八年、鈞命《きんめい》により松平甲斐守(忠良)にかハりて伏《ふし》見《ミ》の城番《じやうはん》を勤む。

同十九年、大坂乱《らん》のとき、信吉伏見にありて井伊掃部頭(直孝)・松平隠岐守(久松定勝)・板倉伊賀守(勝重)・渡邊山城(茂)守と相はかりてもの見をつかハし、大坂の密事《みつじ》をきゝて江戸・駿河《するが》に註進《ちうしん》す。大権現・台徳院殿御進發《ごしんぱつ》ありて、十月、信吉に命《めい》じて小出大和(吉英)守にかハりて岸和田《きしのわだ》(和泉)の城《しろ》をまもらしむ。十一月、奉書《ほうしよ》をたまハりて岸和田の城を北条《ほうでう》出羽守(氏重)にわたし、信吉ハ平野《ひらの》(摂津)に趣《おもむ》(赴)くべしとの仰をうけたまハり、平野にいたる。このとき京極丹後守(高知)・同若狭守(忠高)今里《いまざと》(山城)に陣《ぢん》す。このところ大坂にちかきゆへ附城《つけしろ》をきついて信吉本丸に居《きよ》し、新庄越前守(直定)ハ二丸をまもりて、翌年《よくねん》正月にいたる。台徳院殿伏見へ御歸城《ごきじやう》のとき、信吉供奉いたし、そのゝち又伏見の城番を勤む。

元和元年四月、城番を一色《いつしき》宮内少輔(義直)・菅谷《すがのや》左衞(範貞)門尉に渡《わた》して大坂に出陣《しゆつぢん》すべきの仰ありければ、同廿八日、伏見より飯盛《いひもり》(河内)にいたりて野陣《のぢん》をはる。

五月七日、大坂合戦《かせん》のとき、信吉《のぶよし》先手にありて戰場《せんぢやう》にはせむかひ、諸卒《しよそつ》を下知《げぢ》して忠功《ちうこう》をぬきんづ。藤堂和泉守高虎《とうだういづみのかみたかとら》これを見て大權現に言上す。そのゝち茶磨山《ちやうす》（大坂）におゐて拜謁《はいゑつ》す。仰にいはく、かねておぼしめさるゝ所と高虎《たかとら》が申むね相たがはず、とて御感《ぎよかん》なゝめならず。

同年五月、大坂より伏見にかへりて又御番を勤む。

同年八月、伏見の城番を成田《なりだ》左馬助にわたして江戸に歸る。

同三年、常州《じやうしう》土浦《つちうら》の城をあらため上野《かうづけ》高崎《たかさき》の城にうつりて、一万石の御加増《かぞう》を拜領す。

同五年、高崎《たかさき》の城をあらため丹波《たんば》笹山《さゝやま》の城にうつる。領地本《りやうちもと》（知）のごとし。

同六年八月朔日、卒《しゆつ》す。法名《ほふみやう》宗澤《そうたく》。

忠國《たゞくに》

山城守　従五位下

慶長十二年、初めて大權現（家康）・台德院殿（秀忠）を拜し奉る。

同十四年十二月廿二日、台德院殿の御前にて元服《げんぶく》し、御諱《いみな》の忠《たゞ》の字《じ》を給はり、御判《はん》ならびに包永《かねなが》の御腰物《こしのもの》を拜領し、山城守と号《がう》す。

同十九年正月、従五位下に叙《じよ》す。

元和元年五月七日、大坂合戰《かせん》のとき、父《ちゝ》と同じく先陣にありて軍功《くんこう》をはげまし、甲首《かぶとくび》一級《きふ》をとりて台德院殿の御覽《きよらん》にそなへければ、はなはだ御感《かん》あり。

同七年六月十八日、東福門院《とうふくもんゐん》（秀忠女和子）御入内《ごじゆだい》の時、供奉に列《れつ》し、騎馬《きば》にて右方行列《うはうぎやうれつ》の上首《じやうしゆ》となる。

同年、父信吉《ちゝのぶよし》が遺跡《いせき》を拜領す。

同八年二月廿六日、有馬玄蕃頭（豊氏）に代《かハり》て丹波福地山《たんばふくちやま》の城番を勤め、八月にいたりて城番を岡部内（長盛）膳正に渡《わた》す。

同九年八月廿七日、将軍家（家光）征夷大将軍《せいいだいしやうぐん》に任《にん》ぜられ、御參内《さんだい》の時、忠國騎馬《たゞくにきば》にて供奉いたし、左《さ》方行列《はうぎやうれつ》の上首《じやうしゆ》となる。

寛永三年九月六日、二條《でう》の城に行幸《ぎやうがう》（後水尾天皇）の時、将軍家御むかひとして御参内の供奉に列《れつ》し、右方行《うはうぎやう》列《れつ》の上首《じやうしゆ》となる。

忠晴《たゞはる》

伊賀守　従五位下《じゆごゐげ》

慶長十二年、初めて大権現（家康）を拝謁《はいゑつ》し奉る。

同十四年十二月廿二日、台徳院殿（秀忠）の御前にて元服《げんぷく》の時、御諱《いみな》の忠《たゞ》の字《じ》を給ハり、御判《はん》ならびに行光《ゆきみつ》の御脇指《わきさし》を頂戴《ちやうだい》す。

同十八年、台徳院殿の命により御膳番《ぜんばん》となる。

大坂兩度の御陣に供奉して、御前に近侍《きんじ》す。

元和元年正月廿七日、従五位下《じゆごゐげ》に叙《じよ》し、伊賀守に任《にん》ず。

寛永九年四月七日、将軍家（家光）の仰によりて御書《しよ》院番《ゐんばん》の頭《かしら》となる。


同年、采地《さいち》の御加増《かぞう》を拝領す。

同十一月十五日、鈞命によりて御奏者番《そうしやはん》を勤《つと》む。

同十一年、将軍家御上洛の供奉。

同十二年十一月十日、大御番の頭となる。

同十三年十月より翌年《よくねん》十月にいたるまて、駿《すん》府《ぷ》の城番を勤む。

同十六年四月より翌年四月に至《いたる》まて、二條の御城に在番《ざいばん》す。

同十九年七月廿六日、江戸を發《はつ》して八月十二日大坂にいたり、城番を勤《つとむ》る事十九日ありて、同月廿九日、召《めし》に應《をう》じて江戸におもむき、九月十二日、駿州田中の城を給ハりて二万五千石を領す。

忠俊《たゞとし》

刑部少輔

松　平（清和源氏義家流）

寛永十三年八月十五日、初めて將軍家（家光）を拜し奉る。

信久《のぶひさ》

勘四郎

寛永十一年、六歳にして初めて將軍家にまみゆ。

山城守忠國《たゞくに》家紋《いへのもん》ハ葵《あふひ》たりといへども、御當家《たうけ》をはゞかるにより、鳩酸草《かたばみ》を以《もつ》て是にかへ、又桐《きり》を用《もちゆる》事ハ信長《のぶなが》（織田）より信一《のぶかつ》に給ハる皮羽織《かははおり》の紋《もん》なり。

（表紙題簽）

寛永諸家譜　清和源氏甲九册之内
義家流之内新田流

（扉裏）
「松平　附小栗・本目・小沢」

寛永諸家系圖傳

清和源氏　甲五

義家流《よしいへりう》

松平

信忠庶流《のぶたゞそりう》

（符號・系線等朱、下同ジ）

●信忠《のぶたゞ》

松　平（清和源氏義家流）

●清康《きよやす》○

●信孝《のぶたか》

藏人《くらんど》

天文《てんぶん》十七年四月十五日、三州菅生川《すがふがハ》におゐて矢《や》にあたりて死《し》す。

法名《ほうミやう》啓岳道雲《けいがくだううん》。

重忠《しげたゞ》

九郎右衞門　三州に生《うま》る。

東照大權現（家康）につかへたてまつる。

天正十八年、大權現關東御入國《くハんとうごにうこく》の時、仰《おほせ》によりて大御番《おほごはん》の頭《かしら》となる。

慶長《きやうちやう》六年十二月二日、死《しす》。六十二歳。法名道徹《だうてつ》。

松　平（清和源氏義家流）

忠清《たゞきよ》

与十郎　生國同前。台徳院殿（秀忠）御幼少《ようせう》の時、遠州《ゑんしう》濱松《はままつ》にてつかへたてまつる。慶長《きやうちやう》五年、大御番の頭《かしら》となる。同六年十二月二十二日、死《し》す。三十二歳。法名長青《ちやうせい》。

忠利《たゞとし》

九郎右衛門　生國同前。十六歳より大権現（家康）を拝《さい》〔は〕したてまつり、十八歳にして台徳院殿（秀忠）につかふ。慶長五年、眞田（昌幸、信濃上田城）陣に供奉。

重利《しげとし》

与十郎

寛永十一年三月十一日、将軍家（家光）を拝《はい》したてまつる。

忠利家紋《たゞとしいへのもん》　沢瀉《おもだか》

松平支《し》流《りう》

長澤《ながさは》流《りう》

今案《いまあん》ずるに、長沢《ながさは》の出所《しゆつしよ》いまだつまびらかならず。或ハ信光《のぶみつ》（松平）主の子《こ》源《げん》七郎長沢《ながさは》に住《ぢう》すといふ。又案《あん》ずるに、信光主の弟《をとゝ》に備中守《ひつちうのかミ》久親《ひさちか》といへるあり。もし源七郎を後《のち》に備中守と号《がう》するか。或ハいはく、信光主にあまたの子あるときハ、久親も又信光主の子か。長沢《ながさは》の嫡流《ちやくりう》すでに断絶《だんぜつ》して庶流《そりう》わづかに存《ぞん》するゆへ、系圖《けいづ》分明《ふんミやう》ならず。しバらく是《これ》をこゝにのす。久親《ひさちか》事はすでに第《たい》一巻《くハん》に見えたり。

●某《それがし》
松平源《げん》七郎　備中守《びつちうのかミ》　生國《しやうこく》三州。
長沢《ながさは》の祖《そ》。

某
源七郎　上野介《かうつけのすけ》　生國同前《どうぜん》。法名《ほうミやう》眼宗《げんそう》。

某
源七郎　上野介　生國同前。法名玉心《ぎよくしん》。

某
右馬允《むまのぜう》　生國同前。
松平源七郎につかふ。

親常《ちかつね》
清《せい》四郎　生國《しやうこく》同前《どうぜん》。法名《ほうミやう》浄感《じやうかん》。

親宅《ちかいへ》
清藏《せいざう》　生國同前。法名念誓《ねんせい》。
（家康）東照大權現につかへたてまつりて、三州長沢《ながさハ》におゐて御代官《おんだいくハん》をうけたまハる。

親正《ちかまさ》

清左衛門　生國三河。台徳院殿《（秀忠）》・将軍家《（家光）》につかへたてまつりて、遠州《ゑんしう》にて御代官をうけたまハる。

正信《まさのぶ》

戸《と》一郎　生國《しやうこく》同前《とうせん》。寛永《くハんゑい》十年、将軍家《（家光）》を拝《はい》したてまつる。同十二年、鈞命《きんめい》により大御番《おほごばん》をつとむ。

某《それがし》

源《げん》七郎　上野介《かうづけのすけ》　法名《ほうミやう》浄源《じやうげん》。

某

源七郎　上野介　三州《さんしう》長沢《ながさハ》に住《ぢう》す。法名浄珠《じやうしゆ》。

某

源七郎　上野介　法名源齋《げんさい》。

某《それがし》

源《げん》七郎

故《ゆへ》ありて家《いへ》をつぐことを得《え》ず。これによりて大権現《（家康）》の御賢息《ごけんそく》（七子）松千代丸《まつちよまろ》、仰《おほせ》により長沢《ながさハ》の家をつぐ。松千代丸早世《さうせい》のゝち、忠輝主《たゞてるぬし》（家康六子）又長沢の家督《かとく》をつぎたまふ。

近清《ちかきよ》

庄《しやう》右衛門尉　法名《ほうミやう》浄慶《じやうけい》。

清直《きよなを》

庄右衛門　はじめて四丁子《よつちやうじ》の紋《もん》をもちゆ。

松平源七郎につかへ、源七郎死去《しきよ》のゝち、松平松千代丸(家康七子)ならびに上総介《かづさのすけ》忠輝主《たゞてるぬし》(家康六子)につかふ。元和《げんわ》二年、忠輝主御改易《かいゑき》のゝち、めし出されて台徳院殿(秀忠)につかへたてまつる。

清須《きよもち》

作《さく》十郎

勝直《かつなを》

新平《しんへい》

元和《けんわ》九年、十六歳《さい》にてつかへたてまつる。寛永《くハんゑい》十六年、鈞命《きんめい》によりて御かちのかしらとなる。

清須家紋《きよもちいへのもん》　四丁子《よつちやうじ》

正信家紋《まさのぶいへのもん》　丸内《まるのうちに》竹葉《たけのは》

松平

●信重《のぶしげ》

孫《まご》三郎　信光主《のぶみつぬし》(松平)の子息《しそく》松平源《げん》七郎参州《さんしう》長沢《ながさハ》に住《ぢう》す。信重ハその後胤《こういん》なり。天文《てんぶん》の乱《らん》に、信重、廣《ひろ》忠卿《たゞのきやう》(家康父)に屬《ぞく》して軍忠《くんちう》あるゆへ、其功《そのこう》を賞《しやう》じて知行《ちぎやう》をたまハる。御書《ごしよ》これあり。

今度《こんど》世上《せじやう》就《ついて》二申《まうし》事《ことに》一、別而《べつして》無《なき》二御《ご》等閑《とうかん》一趣《おもむき》、本望《ほんまうに》候。此式《これしき》雖《いへども》二少所《せうしよに》一(マヽ)候、東《ひがし》端之《ばたの》郷之《がうの》内《うち》長福寺《ちやうふくじ》領《りやう》進《しん》置《しをき》候。於《おゐて》二末代《まつだい》一不《ざる》レ可《べから》レ有《ある》二相違《さうい》一者《もの》也。仍《よつて》如《ことし》レ件《くだんの》。

天文《てんぶん》十五

三月十日　岡三　廣忠御判

長沢孫三郎殿

信次《のぶつぐ》

松平（清和源氏義家流）

八兵衛　生國《しやうこく》參河《ミかハ》。

信宗《のぶむね》
甚《じん》兵衛　生國同前。

信直《のぶなを》
甚兵衛　生國同前。

信勝《のぶかつ》
孫《まご》三郎　生國越後《ゑちご》。

家紋《いへのもん》　篠丸《さゝのまる》

松平

●某《それがし》
孫《まご》三郎　生國《しやうこく》參河《ミかハ》。
東照大權現（家康）につかへ奉る。

長次《ながつぐ》
右京《うきやう》　生國同前《どうぜん》。
大權現（家康）につかへ奉る。
寛永《くハんゑい》五年二月十六日、死《し》す。法名《ほうミやう》淨庵《じやうあん》。

長吉《ながよし》
七藏《さう》　生國《しやうこくどうせん》同前。
大權現（家康）・台徳院殿（秀忠）・將軍家（家光）につかへ奉る。

長正《ながまさ》

十左衛門　生國武州《ぶしう》。
實《じつ》ハ田《た》中彦次《なかひこじ》郎後に五郎右衛門と号す。義忠《よしたゞ》か子《こ》なり。　外祖《ぐハいそ》
父《ふ》右京長吉《うきやうながよし》〔次カ〕やしなひて子とす。
元和《げんわ》三年十一月十九日、将軍家（家光）につかへ奉る。

貞長《さだなが》

次郎右衛門　生國參河《ミかハ》。
将軍家（家光）につかへ奉りて、御小姓《こしやう》ぐみの御番《ごばん》をつとむ。

家紋《いへのもん》　一《ひとつ》鷹羽《たかのは》

松平

●某《それがし》

藤《とう》三郎　生國《しやうこく》參河《ミかハ》。法名《ほうミやう》淨光《じやうくハう》。
廣忠《ひろたゞ》（家康父）卿《のきやう》につかふ。

某

藤三郎　生國同前《どうぜん》。法名淨貞《じやうてい》。
東照大權現（家康）につかへ奉り、そのゝち台德院殿（秀忠）につかふ。

重忠《しげたゞ》

藤《とう》三郎　生國《しやうこく》同前《どうぜん》。
台德院殿（秀忠）につかへ奉る。

重俊《しげとし》

松　平（清和源氏義家流）

藤三郎　生國相摸《さがミ》。

（家光）将軍家につかへ奉る。

●清吉《きよよし》

越後守《ゑちごのかミ》　其先《そのさき》参州《さんしう》人なり。

清忠《きよたゞ》

左近《さこん》

清政《きよまさ》

与《よ》右衛門

（家康）東照大権現につかへたてまつる。

慶長《きやうちやう》八年十月、死《し》す。九十六歳。道誉《だうよ》清玉《せいぎよく》と号す。

政重《まさしげ》

六右衛門　生國《しやうこく》遠州《ゑんしう》。

(家康)大権現につかへたてまつる。大坂御陣《おほざかごぢん》の時《とき》、阿《あ》部備中守《べのびつちうのかみ》(正次)くみに属《ぞく》して首級《しゆきう》を得《え》たり。

重勝《しげかつ》

市郎左衛門　生國參河《ミかハ》。
(秀忠)台徳院殿につかへたてまつりて、大御番《おほごばん》をつとむ。
家紋《いへのもん》　丸内一星《まるのうちにひとつぼし》

松平

●某《それがし》

四郎右衛門尉　其先參州淺生《そのさきさんしうあさう》人なり。
(家康)東照大権現につかへたてまつる。

政次《まさつぐ》

小太夫《こだいふ》　生國參河《しやうこくミかハ》。
(家康)大権現・(秀忠)台徳院殿・(家光)将軍家につかへたてまつる。
寛永《くハんゑい》三年、死《しす》。五十九歳《さい》。

政重《まさしげ》

新《しん》九郎　生國參州《しやうこくさんしう》。
(秀忠)台徳院殿・(家光)将軍家につかへたてまつる。
寛永十一年、御入洛《こじゆらく》の時供奉《ときぐぶ》をつとめ、京都《きやうと》にて死《し》す。四十二歳。

某《それがし》

村串《むらくし》三郎兵衛

外祖父《ぐハひそふ》村串与三左衛門遺跡《いせき》をつぐ。これにより村串と号《がう》す。

(秀忠)台徳院殿につかへたてまつる。

元和《げんわ》元年十二月、死《し》す。

政長《まさなが》

左兵衛

(家光)将軍家につかへたてまつりて、御書院番《おんしよゐんばん》をつとむ。

政勝《まさかつ》

新《しん》九郎　生國《しやうこく》武藏《むさし》。

(家光)将軍家につかへたてまつりて、九百石の地《ち》を領《りやう》ず。

家紋《いへのもん》　丸内《まるのうちに》一文字《いちもんじ》

小栗《をぐり》

●某《それがし》

松平市郎　生國參州《さんしう》。

某

又市《またいち》　仁右衛門　生國同前《どうぜん》。
松平氏《うぢ》をあらため、母《はゝ》の氏によりて小栗と号《がう》す。
天正《てんしやう》三年九月十六日、死去《しきよ》。六十四歳。法名《はうみやう》
宗善《そうぜん》。

忠政《たゞまさ》

又市　生國同前。
（家康）東照大權現につかへ奉りて、御使番《つかひはん》をつとむ。
其後大御番《おほごばん》の頭《かしら》となり、又御鉄炮《てつはう》がしらとなる。
元龜《げんき》元年、（近江）姉川合戰《あねがハかつせん》のとき、十六歳にて軍功《ぐんこう》あ
り。
同三年、（遠江）味方原合戰《みかたがハらかつせん》のとき、大權現の御馬《むま》のき
ハをはなれず供奉《ぐぶ》す。
天正《てんしやう》三年、（三河）長篠合戰《ながしのかつせん》のとき、鎧武者《よろひむしや》をきりて
其首《くび》を得《え》たり。
大權現（駿河）田中《たなか》の城《しろ》をせめたまふとき、酒井《さかゐ》（重勝）与九
郎・内藤甚《ないとうじん》五左衛門・熊谷《くまがへ》小次郎并忠政《たゞまさ》等夜半《やはん》
におよびて相ともに城《しろ》の池《いけ》のほとりにいたり、
敵《てき》の兵《つハもの》を草むらにふせをきたるを見出《みいだ》して、夜
のあけがたに城中《しやうちう》へ右の兵引《へいひき》入る時、忠政《たゞまさ》等三
度相たゝかふ。しかれども軍法《ぐんほう》をそむくよし御《ご》
勘氣《かんき》をかうふる。これにより（遠江、的場崎マデ同ジ）高天神合戰《たかてんじんかつせん》三年の
あひだ忠政浪人《らうにん》となり、横須賀《よこすか》に居《きよ》して數度《すど》の
鑓《やり》をあハす。的場崎《まとばさき》をせむるのとき、一番に鑓《やり》
をあハせ、すべて三度の名をあらハす。忠政つ
ねに五輪《ごりん》をもつてさしものとする故に、城中よ
り忠政かけ引を稱美《せうび》する聲《こゑ》あり。落城《らくじやう》の時生《いけ》

捕《とり》を得《え》たり。大須賀《おほすか》五郎左衛門康高《やすたか》、忠政か功《こう》を大權現へ言上《ごんじやう》しければ、すなハちめし出さる。

天正《てんしやう》十二年、長久手《ながくて》（尾張）合戰《かつせん》のとき、忠政、池田《いけた》の某《それがし》黒《くろ》ほろをかけたる武者《むしや》と相たゝかつて其首《くび》を得《え》たり。忠政も又疵《きず》をかうふる。

慶長《きやうちやう》五年、關ケ原《せきがはら》（美濃）合戰《がつせん》のとき、忠政《たゝまさ》馬上《ばしやう》より鑓《やり》にて嶋津《しまづ》（義弘）が家人《けにん》騎馬《きば》の兵《へい》をつきころして其首《くび》を得《え》たり。

大坂御陣《おほさかごぢん》のとき、鈞命《きんめい》をうけて先手《さきて》へ物見《ものミ》につかハさる。

元和二年九月十八日、六十二歳にて病死《びやうし》。法名《ほうミやう》源室宗本《げんしつそうほん》。

吉次《よしつぐ》

甚丞《じんのぜう》　生國遠州《しやうこくゑんしう》。

慶長《きやうちやう》十四年四月三日、三十三歳にて死す。

法名宗壽《そうじゆ》。

吉忠《よしたゝ》

八十郎　生國武州《ふしう》。

政信《まさのぶ》

又市

十四歳のとき、台徳院殿（秀忠）を拜《はい》し奉る。

慶長五年、眞田陣《さなたぢん》（昌幸、信濃上田城）の時、台徳院殿の供奉《ぐぶ》す。

大坂御陣《おほさかごぢん》に供奉し、落城《らくじやう》のとき二丸にすゝみいつて軍功《くんこう》を勵《はげま》す。時に太田善大夫《おほたぜんたいふ》（吉正）・中山勘解由《なかやまかけゆ》（照守）・山田《やまだ》十大夫（重利）等《ら》一所《しよ》にあり。

信由《のぶよし》

仁右衛門　生國駿河。

大權現（家康）へ御小姓《こしやう》にてつかへ奉る。そのゝち御《ご》膳番《せんばん》を仰付らる。

慶長十九年、大坂御陣《おほさかごぢん》に供奉す。其とき大權現、佐久間将監《さくましやうげん》(實勝)と信由兩人をめされ、伊達政宗《だてまさむね》陣中《ぢんちう》の旗《はた》を巻《ま》くべし、との鈞命《きんめい》を承《うけたまハつ》て、彼《かの》陣所《ぢんしよ》へおもむきて上意《じやうい》のむねをつぐ。元和《げんわ》元年、大坂御陣《おほざかごぢん》の時、信由《のぶよし》ハ天王寺《てんわうじ》口東の方にむかふ。其時いまだ一戰をはしめさる以前味方《ミかた》大に崩《くづ》るといへども、大高新助《しんすけ》ならひに政信《まさのぶ》・信由《のぶよし》・小堀遠江守《こぼりとをたうミのかミ》(政一)が家來《けらい》の者四人ともに其場《は》をひかずしてもちかたむ時〔る脱カ〕、小《こ》堀遠江守《ほりとをたうミのかミ》家人、新介《しんすけ》ならひ〔に脱カ〕政信・信由三人にむかひて、重《かさね》ての證據《せうこ》にたてと言葉《ことば》をあへす。其時政信ハ五文子《ごもんじ》の指物《さしもの》をさし、信由ハ白地《しろぢ》にあかき五りんのさしものをさす。大高新助ハ紀州《きしう》にありて頼宣卿《よりのぶきやう》(家康十子)につかふ。後に源右衛門と号《がう》す。

信政《のぶまさ》
猪《ゐ》兵衛

信友《のぶとも》
又兵衛

忠次《たゞつぐ》
半右衛門

忠勝《たゞかつ》
主税助《ちからのすけ》

信勝《のぶかつ》
庄《しやう》次郎　生國武藏。

信房《ふさ》
勘《かん》八郎　生國同前。
寛永《くハんゑい》六年、将軍家(家光)を拝《はい》し奉る。
同十四年、御小姓組《こしやうくミ》の御番《ごばん》をつとむ。

家紋《いへのもん》　立波《たつなみ》

本目《ほんめ》

參州《さんしう》賀茂郡《かもこほり》下《しも》の屋敷《やしき》ぬし。大給《おぎう》の末子《ばつし》なり。

●義長《よしなが》

松平隼人《はやと》　生國《しやうこく》參州《さんしう》。

天正《てんしやう》十八年八月十八日、六十七歳にて死す。

法名《ほうみやう》常盛《じやうせい》。

義正《よしまさ》

松平權《ごん》十郎　生國《しやうこく》同前《どうぜん》。

大權現（家康）を拜《はい》し奉る。若年《じやくねん》の時松平周防守《すはう》（松井康親）に屬《ぞく》し、其後牢《らう》人となりて伊豆國《いつのくに》に三ケ年住《ちう》す。時に石川日向守（家成）を以て小田原《をだはら》（相摸）御陣に召《めし》いたされ、箱根《はこね》（同上）山《さん》の道の案内《あんない》者となりて、山中にて高名《かうみやう》あり。

大權現の仰《おほせ》により本目《ほんめ》を稱号《せうがう》とす。

寛永《くハんえい》八年十一月十八日、七十三歳にて死す。

法名《ほうミやう》常眞《しやうしん》。

正重《まさしげ》

権《ごん》十郎　生國上総《かつさ》。
大権現《（家康）》・台徳院殿《（秀忠）》を拝《はい》し奉る。
寛永六年三月十四日、三十九歳にて死す。法名源桃《げんたう》。

正次《まさつぐ》

権《ごん》十郎　生國《しやうこく》武州《ぶしう》。
寛永《くハんゑい》七年正月十五日、将軍家《（家光）》を拝《はい》し奉り、正重《まさしげ》が家督《かとく》をつぐ。
同十三年より御番《ごばん》を相つとむ。

正義《まさよし》

権左衛門　生國同前《どうぜん》。
祖父《そぶ》義正《よしまさ》が養子《やうし》となる。

寛永《くハんゑい》七年、将軍家《（家光）》を拝し奉る。
同十一年正月十三日、台命《たいめい》によりて義正《よしまさ》か家督《かとく》をつぐ。
同十五年より御番《ごはん》をつとむ。
家《いへ》の紋《もん》　桐塔《きりのたう》

小澤《をざハ》

初《はじめ》ハ松平、後《のち》に小沢《をざハ》とあらたむ。代々御番（當）家《ごたうけ》の御先祖《せんそ》につかふ。

●重吉《しげよし》

松平次郎右衛門　生國《しやうこく》參州《さんしう》野見《のみ》。

重吉《しげよし》ハ松平光親《みつちか》の孫《そん》なり。重吉以前《いせん》ハ系圖《けいづ》つまびらかに松平の譜中《ふちう》に見えたり。

天正《てんしやう》八年八月二十七日、參州野見におゐて死。

法名《ほうミやう》浄久《じやうきう》。

某《それがし》

十平《じうへい》

忠重《たゞしげ》

小沢瀬兵衛《をざハせ》　生國《しやうこく》同前《どうぜん》。

永井右近大夫《なかゐうこんのたゆふ》（直勝）が兄長田久右衛門《あにおさた》（尚勝）妹《いもと》むことなりて家督《かとく》をつぎ、長田《おさた》と稱《せう》す。後《のち》に大權現（家康）の仰《おほせ》によりて小沢とあらたむ。

天正《てんしやう》十二年、長久手《ながくて》（尾張）御陣《ごちん》の供奉《くぶ》して高名をあらはす。

慶長《きやうちやう》五年、關原《せきかはら》（美濃）御陣《ごちん》。

同十九年、大坂《おほさか》御陣《ごちん》に台徳院（秀忠）殿の供奉《ぐぶ》。

寛永《くハんゑい》八年三月二十四日、六十七歳《さい》にて死。法《ほう》名《ミやう》専英《せんゑい》。

忠秋《たゞあき》

牛《うし》右衛門　生國《しやうこく》駿州《すんしう》。

慶長《きやうちやう》十年、台徳院（秀忠）殿へめし出さる。

大坂《おほさか》兩度の御陣《ごちん》に御供いたし、高名《かうミやう》あり。

重秋《しげあき》

小刑部《こぎやうぶ》　生國武州《ぶしう》。

寛永九年より将軍家（家光）につかへ奉る。

家《いへ》の紋《もん》　蘘荷《ミやうが》の丸《まる》

（表紙題簽）

寛永諸家譜　清和源氏甲九冊之内
義家流之内新田流

（扉裏）

「松平因幡守
豊前守
隠岐守」

寛永諸家系圖傳

甲六

松平因幡守《いなばのかみ》・豊前守《ぶぜんのかみ》・隠岐守《おきのかみ》三流

家傳《かでん》にいはく、昔《むかし》菅家《かんけ》の氏族《しぞく》久松丸《ひさまつまる》、尾州《びしう》に牢籠《らうろう》して智多郡《ちたのこほり》に住《ぢう》するにより、其子孫《そのしそん》久松《ひさまつ》を以て氏《うち》

とす。其後胤《こういん》彈正左衛門尉《だんじやうざへもんのぜう》道定《みちさだ》、智多郡《ちたこほり》阿古居《あこゐ》（尾張）の庄《しやう》を領《りやう》ず。左京進《さきやうのしん》定氏《さだうち》に至《いたつ》て女子《によし》有《あつ》て男子《なんし》なし。是《これ》によつて一色兵部少輔《しきひやうぶのせう》滿貞《みつさだ》が次男《じなん》詮定《あきさた》を養《やしなつ》て、女子にあハせて家《いへ》をつがしむ。滿貞《みつさだ》ハ一色大夫《いつしきだいぶ》法師公深五世《せ》の孫なり。永錄《えいろく》〔祿〕三年東照大權現（家康）、佐渡《さど》守俊勝《かみとしかつ》が阿古居《あこゐ》の館《たち》に渡御《とぎよ》の時《とき》、初《はじめ》て松平氏を康《やす》元《もと》・俊勝《としかつ》・定勝《さだかつら》等にたまハつて、異父弟《いふてい》たりといへども同姓《どうしやう》に准《じゆん》ぜらる。

凡《およそ》松平氏をたまふ者ハ、おの〳〵其本氏《そのほんし》の部《ぶ》に入て御一族《ぞく》の中にまじへずといへども、此三流《りう》ハ、大權現御同母《とうぼ》のしたしゝあるをもつて、種《たね》ハ異《こと》なりといへども御同姓《どうしやう》に准《じゆん》ぜられて、称号《せうがう》をたまふところなり。他家にたまふとハ相《あい》かハるのよし申さるゝによつて、しばらく是をこゝにのす。但、久松《ひさまつ》民部《みんぶ》定重《さたしげ》が子孫《しそん》ハ、菅原氏《すがはらうち》の部《ぶ》にあり。

●道定《みちさだ》

（符號・系線等朱、下同ジ）

久松《ひさまつ》弾正左衛門尉《だんじやうざへもんのぜう》　尾州《びしう》阿古居《あこゐ》の庄《しやう》を領《りやう》ず。

定則《さだのり》
新《しん》左衛門尉

道勝《みちかつ》
太郎兵衛尉

正勝《まさかつ》
大膳太夫《ぜんのだいぶ》
正勝もとより佛《ほとけ》を信《しん》ずる心ざしいとふかし。叡《えい》山《ざん》の末寺《まつじ》濃州《でうしう》下宮《しもみや》勧學院《くハんがくゐん》の僧《そう》をまねきよせて、阿古居《あこゐ》(尾張)に一寺《じ》を建立《こんりう》し長安寺と号《がう》して、家運《かうん》の鎮護《ちんご》をいのる。又観音《くハんをん》・地蔵《ぢざう》の像《ざう》を安置《あんち》して、靈驗《れいげん》のあらたなる事をしめす。是によつて阿古居の庄《しやう》の人民《みんら》等今に至《いた》るまで崇敬《そうきやう》す。

定繼《さだつぐ》
太郎左衛門尉

定氏《さだうぢ》
左京進《さきやうのしん》

詮定《あきさだ》
二郎左衛門尉
実ハ一色兵部少輔《しきひやうぶのせふ》満貞《みつさだ》が子《こ》なり。定氏《さだうぢ》女子《によし》有て男子《なんし》なきゆへ、詮定を養子《やうし》とし、其むすめをあはせて家督《かとく》をつがしむ。

範勝《のりかつ》
源《げん》兵衛尉《ぜう》　民部太輔《みんぶのたいふ》　能書《のうじよ》の名《な》あり。

定光《さだみつ》
左京《さきやう》大夫　豊前守《ぶぜんのかみ》

定益《さだます》
肥前守《ひぜんのかみ》

松平元久松（清和源氏義家流）

定益、大野《おほの》佐治《さち》と隣《となり》をなすといへとも、不和《ふわ》の事ありて、日夜《にちや》いどみたゝかふ事やむときなし。事の急《きう》なるにのぞんでハ烏兎山《うとやま》に登《のぼ》りて鐘《かね》をならし貝《かい》をふけバ、すなハち苅屋《かりや》藤《とう》右衛門大夫・小川《をがハ》四郎右衛門尉はせ來《きたつ》て是をすくふ。又苅屋・小川に事有《ことある》時ハ、（尾張）阿古居《あこゐ》よりむかつてちからをあハす。苅屋・小川兩《りやう》人ハ定益《さだます》が外舅《ぐハいきう》なり。

定義《さだよし》　弥《や》次郎　牛丞《うしのぜう》

定俊《とし》　次郎左衛門尉　肥前守《ひぜんのかみ》

俊勝《としかつ》　弥九郎　佐渡守《さどのかみ》　はじめハ長家《ながいへ》、のちに俊勝とあらたむ。

祖父《そふ》定益《さだます》と大野《おほの》佐治《さち》とつねにいどみ戰《たゝかつ》て、俊勝が時《とき》に至《いた》るまで猶《なを》やます。天文十五年の秋《あき》、（家康父）廣《ひろ》忠卿《たゝのきやう》しきりに御あつかひありし故、はじめて和睦《くハぼく》す。此時廣忠卿《ひろたゞのきやう》より書をたまへりて、よろこびを申たまふ。其後廣忠卿《ひろたゞのきやう》の仰《おほせ》によつて、俊勝《としかつ》が長子《ちやうし》弥《や》九郎定員《さだかず》に佐治《さち》がむすめをめあハす。

廣忠卿《きやう》逝去《せいきよ》の後《のち》、其室家《しつか》（家康母水野氏、於大）二たび俊勝に嫁《か》して、康元《やすもと》・勝俊《かつとし》・定勝《さだかつ》をうむ。すなハち是（家康）大權現の御母堂《ぼだう》なり。

永祿《ゑいろく》三年三月、大權現御年十九にして（尾張）大高《おほたか》の城《しろ》をすくハんとて、（同上）智多郡《ちたこほり》に渡御《とぎよ》し給ふとて、（同上）阿《あ》古《こ》居《ゐ》の館《たち》に入らせ給ふ時《とき》に、母公《ぼこう》ならびに継父《けいふ》俊勝《としかつ》に御對面《たいめん》有て、一たびハかなしひ一たびハよろこびたまふ。同母《どうぼ》の弟《をとゝ》三郎太郎（康元）・源《げん》三郎（勝俊）・長福《ちやうふく》（定勝）三人、御座《さ》の右に候《こう》す。大權現是を賞愛《しやうあい》し給ひて、我兄弟《わがきやうだい》すくなし、今《いま》より後《のち》よろしく同姓《どうしやう》の兄弟に准《じゆん》じたまふべし。仍《よつ》て松平氏《うぢ》をたまふ。又仰《おほせ》けるハ、參州《さんしう》平均《へいきん》の時《とき》、これを招《まねひ》て創業《さうげう》のたすけとせん。母公のいはく、中について長福ハことしうまれて襁褓《きやうほう》の中《うち》より相《あい》まゝゆる事、その幸《さいはい》はなハだふかし。其時俊勝《としかつ》一献《こん》をたてまつり、長刀《なぎなた》・螺貝《ほらがい》兩種《りやうしゆ》の奇物《きもつ》を進上《しんじやう》す。又かたじけなくも平野《ひらの》久藏《きうざう》・竹内《たけのうち》久六が事を尋《たづね》とハせ給《たま》ひて、かれらが旧功《きうこう》の事をのべたまふ。是より先《さき》、大權現熱田《あつた》(尾張)・那古屋《なごや》(同上)に御座の時、阿《あ》古居《こゐ》より一日路《ち》の程《ほど》をつねに往還《わうくハん》して御安否《あんひ》をとひ奉り、衣類《いるい》・菓肴《くハかう》を送《をく》るとて、此兩人《りやう》を以て使《つかい》とす。駿府《すんふ》御座《こざ》の時も又然《しか》り。是《これ》によつて今《いま》此御懇詞《こんし》あり。

大權現東《ひがし》參河《みかハ》に御進發《しんはつ》。俊勝《としかつ》其軍勢《ぐんせい》ならびに苅《かり》屋《や》(三河)の勢《せい》を引《ひき》ゐて、先陣《せんちん》にすゝんで山中醫王山《いわうざん》(三河)の取出《とりで》をせむる時、俊勝《としかつ》先がけとなる。敵兵《てきへい》城《しろ》の塀《へい》の上《うへ》より鑓《やり》にて俊勝《としかつ》が鎧《よろひ》の肩裏《かたうら》をつく。俊勝其鑓をきり折《おつ》て、是をひつさげて下知《げぢ》しけるハ、城すでにやぶれぬ、はやく火《ひ》をはなつべし、といふ。是によつて城たちまちおつ。

同五年、服部氏《はつとりうぢ》の謀策《ぼうさく》によつて、鵜殿《うどの》某《それがし》(長照)がまもる所《ところ》の西郡《にしごほり》(三河)の城をせめ落《おと》す時《とき》に、西郡の城《しやう》を俊勝《としかつ》にたまふといへども、俊勝常《つね》に岡崎《おかざき》(三河)の城《しろ》にあつて御留守《るす》の警固《けいご》たるゆへ、其子三郎太郎に西郡の城を領《りやう》ぜしむ。又尾州《びしう》阿古居《あこゐ》の庄《しやう》ハ長庶《ちやうそ》子《し》定員《さだかず》是を領す。定員ハ俊勝かわき腹《ばら》の子《こ》なり。尾州の同勢《どうぜい》と成て、佐久間《さくま》右衞門尉《ぜう》(信盛)と同しく大《おほ》坂天王寺《ざかてんわうじ》の陣《ぢん》にあり。其比《そのころ》苅屋《かりや》の城主《じやうしゆ》水野《みづの》下野《しもつけの》(信元)守飛驒國《かみひだのくに》ならびに濃州岩室《でうしういはむろ》の城《しろ》に内通《ないつう》あるのよし讒言《ざんげん》により、信長《のぶなが》(織田)の命《めい》によつて生害《しやうがい》せらるゝ時、定員《かず》も緣坐《ゑんざ》におよぶ。

● 康元《やすもと》

松平三郎太郎　因幡守《いなばのかみ》　従五位下《じゆゐげ》　大権現（家康）同母《どうぼ》の弟《をとゝ》なり。永禄《ゑいろく》三年、大権現の仰《おほせ》によつて久松《ひさまつ》をあらためて、松平の称号《せうがう》をもちゆ。其後仰《おほせ》によつて、金《かね》田《た》靫負《ゆきへ》（宗房）・高木《たかぎ》小左衛門（正次）・坂部《さかべ》弥《や》内《ない》（勝之）・平野《ひらの》弥《や》角《かく》・吉田《よしだ》久兵衛等《ら》を康元に属《ぞく》せし〔ら〕る。元亀《げんき》三年、三方原合戦《みかたがはらかつせん》（遠江）の時《とき》、康元《やすもと》十六歳にて軍《ぐん》功《こう》あり。家臣《かしん》金田靫負討死《うちじに》。其外《そのほか》士《し》卒《そつ》死しきずづくものおほし。

天正年中《てんしやうねんちう》、尾州床奈部《びしうとこなべ》の城をせむる時《とき》、康元《やすもと》鈞命《きんめい》をかうふつて兵を引ゐて発向《はつかう》す。戸田《とた》三郎（忠次）右衛門尉《ぜう》・清《し》水権助《みつごんのすけ》等《ら》康元にくはゝつて、日あらずしてせめおとす。大権現、康元が戦場《せんぢやう》におもむく毎《ごと》に軍功《ぐんこう》ある事を感《かん》じたまひて、下総国《しもふさのくに》関宿《せきやど》にて二万石をたまふ。

同十九年、奥州九部《あうしうくのへ》陣《ぢん》の時《とき》、康元兵士《ひやうじ》百五十騎《き》・歩《ほ》卒《そつ》一千余《よ》人を引《ひき》ゐて下野国小《しもつけのくにを》山《やま》にいたる。大権現其軍兵《ぐんぴやう》の多《た》勢《せい》なるを見たまひて御感《ぎよかん》有て、康元ならびに本多《ほんだ》平《へい》八郎忠勝《たゞかつ》・井《ゐ》伊兵部少輔《いのひやうぶのせふ》直《なを》政《まさ》相ともに大権現の先陣《せんぢん》に列《れつ》す。御帰《き》陣《ぢん》の後《のち》、（下総）関宿《せきやど》の隣郷《りんがう》におゐて二万石の御加増をたまはつて、都《つ》合《がう》四万石を領《りやう》す。

慶長五年、関原《せきがはら》（美濃）御陣の時、康元江戸《ゑど》御城の留守《るす》をうけたまはる。

同八年八月十四日、卒す。五十二歳。傑傳宗英《けつでんそうゑい》と号《がう》す。

●

- 女子　岡部《おかべ》内膳《ないぜん》長盛《ながもり》が妻《め》。
- 女子　菅沼《すがぬま》新《しん》八郎（定仍）が妻。
- 忠良《たゞよし》

甲斐守《かいのかみ》　従五位下《しゆごゐげ》

慶長《きやうちやう》五年、(美濃)關原《せきがハら》御陣《ちん》の時《とき》、御旗本《はたもと》に近侍《きんじ》す。

同八年、家督《かとく》をつぐ。

同十九年の冬《ふゆ》、大坂《おほざか》御陣《ちん》の時《とき》、忠良《たゝよし》供奉《ぐぶ》。

元和元年、大坂《おほざか》再乱《さいらん》の時、手《て》づから敵《てき》を切《きつ》て其首《くび》をとる。家人《けにん》あるひハ討死《うちじ》、あるひハ疵《きず》をかうふる。此度《このたび》忠良軍功《ぐんこう》あるによつて、(下總)關《せき》宿《やど》をあらためて濃州《でうしう》大垣《おほがき》にうつりて、一万石の御加増《かぞう》をたまハる。又仰《おほせ》にいはく、他日《たじつ》猶《なを》食邑《しよくゆう》を汝にくハへたまハん。忠良鈞命《きんめい》のかたじけなきことを拝《はい》して、都合《つがう》五万石《ごく》を領《りやう》ず。

寛永《くハんゑい》元年五月十八日、卒《しゆつ》す。四十三歳。江安《かうあん》宗吸《そうぎう》と号《がう》す。

女子《によし》

大須賀《おほすか》出羽守《ではのかみ》忠政《たゞまさ》が妻《め》。(榊原)松平式部太輔《しきぶのたいふ》忠次《たゞつぐ》が母《はゝ》。

女子

(家康)大權現の御養女《やしなひむすめ》。福嶋《ふくしま》(正之)刑部《ぎやうぶ》が妻《め》。

女子

(家康)大權現の御養女《やしなひむすめ》。田中《たなか》(忠政)筑後守《ちくごのかみ》が妻《め》。

女子

(秀忠)台徳院殿の御養女。中村《なかむら》(一忠)一學《かく》が妻。

忠利《たゞとし》

采女正《うねめのかみ》　下総國《しもふさのくに》關宿《せきやど》に生《うま》る。

元和九年、御入洛《じゆらく》の時《とき》、濃州《でうしう》大垣《おほがき》にて(秀忠)台徳院殿に謁《ゑつ》し奉り、御服《ごふく》五領《りやう》をたまふ。

寛永《くハんゑい》元年、父《ちゝ》忠良《たゞよし》死去《しきよ》の時《とき》、弟《をとゝ》憲良《のりよし》嫡妻《てきせい》の子たるによつて、台徳院殿の鈞命《きんめい》をかうふり家督《かとく》をつぎ、大垣《おほがき》より信州《しんしう》小諸《こもろ》にうつるとき、忠利五千石をわかち給《たま》ハつて、はじめて將軍家（家光）を拝《はい》し奉《たてまつ》る。
同六年、江戸西丸《にしのまる》石垣《いしかき》御普請《ふしん》の役《やく》をつとむ。
同十一年、將軍家御入洛《じゅらく》の時、江戸富士見《ふじみ》の御門番《もんばん》をつとむ。
同十二年、江戸惣《そう》御堀《ほり》の御普請《ふしん》をつとむ。
同十六年、又江戸西丸《にしのまる》石垣《いしかき》の御普請《ふしん》をつとむ。

女子
台徳院殿（秀忠）の御養女《やしなひむすめ》。黒田右衛門佐《くろだゑもんのすけ》忠之《たゞゆき》が室《しつ》。

女子
松平出羽守《ではのかみ》直政《なをまさ》が室。

女子
佐久間《さくま》蔵人《くらうど》（勝友）が妻《め》。

憲良《のりよし》
五郎　因幡守《いなばのかみ》　従五位下《じゅごゐげ》
母ハ《は》酒井《さかゐ》左衛門尉（家次）がむすめ。
寛永《くハんゑい》元年、家督《かとく》をつぐ。
同年の秋《あき》、濃州《でうしう》大垣《おほがき》をあらため信刕《しんしう》小諸《こもろ》にうつる。

勝俊《かつとし》
源《げん》三郎
幼年《ようねん》にして大権現（家康）を拝《はい》したてまつり、松平氏《うぢ》をたまハる。十二歳の時、仰《おほせ》によつて人質《じち》として甲州《かうしう》に居《を》る事五六年の後、大権現の奇謀《きばう》によつてひそかに甲州をのがれさる。この事を御感《かん》あつて、一文字《もんじ》の御腰物《こしのもの》・當麻《たいま》の御脇指《わきさし》をたまハる。
天正十一年正月、駿州《すんしう》久能《くの》の城《しろ》を勝俊《かつとし》にたまハつて仰《おほせ》けるハ、勝俊わかき時より忠勤《ちうきん》おこたる事なし、其功《そのこう》兄弟《きやうだい》に過《すぎ》たり、云々。

同十四年四月二日、病死《びやうし》。法名澄清《てうせい》。

勝政《かつまさ》

豊前守《ぶぜんのかミ》　従五位下《じゆごゐげ》
実《じつ》ハ水野《ミづの》藤《とう》次郎(忠分)が子《こ》なり。勝俊是をやしなつて嗣《つぎ》とす。藤次郎は勝俊が外舅《ぐハいきう》なり。水野《ミづの》の系圖《けいづ》ハ其氏族《しぞく》よりこれを出すゆへこゝに略《りやく》す。

文祿《ぶんろく》元年二月、(家康)大權現の仰《おほせ》によつて采地《さいち》千五百石を領《りやう》す。

同年、朝鮮陣《てうせんぢん》にしたがひ奉りて、肥州名護屋《ひしうなごや》にいたる。

慶長《きやうちやう》五年、(美濃)關原陣《せきがハらぢん》の供奉《ぐぶ》をつとむ。

同七年十月、采地《さいち》千石をくハへたまふ。

同八年三月、従五位下に叙《じよ》し、豊前守《ぶぜんのかミ》に任《にん》す。

大坂両度《おほさかりやうど》の御陣《ちん》に供奉。

元和二年八月、(秀忠)台徳院殿采地二千五百石をくハへたまふ。

同五年八月、鈞命《きんめい》によつて大坂の城番《じやう》をつとむ。

寛永《くハんゑい》九年十一月、駿州《すんしう》の御城《しろ》に在番《ざいばん》す。翌《よく》年《ねん》めされて江戸《ゑど》に歸《かへ》り、六月、三千石の御加《か》増《ぞう》をたまハつて、都合《つがう》八千石を領《りやう》す。其上大御番の頭《かしら》と成《なつ》て、馬上《ばじやう》十人・歩卒《ほそつ》五十人を預《あづか》る。

同十一年六月十日、卒《しゆつ》す。松月院《せうげつゐん》。道罷休室《だうひきうしつ》と号《がう》す。

勝義《かつよし》

源《げん》三郎　豊前守《ぶぜんのかミ》　従五位下《じゆごゐげ》
寛永九年十二月、従五位下に叙《じよ》し、豊前守に任す。
同十一年十一月、父勝政《ちゝかつまさ》が遺跡《いせき》をたまふ。

女子

宮城《みやぎ》主膳《しゆぜん》豊嗣《とよつぐ》が妻《め》。

勝則《かつのり》

源《げん》三郎

寛永十一年、御上洛還御《くハんぎよ》の時、八月、駿府《すんふ》の御城《しろ》におゐて将軍家（家光）を拝し奉る。土井《とゐ》大炊頭《おほいのかミ》（利勝）・松平伊豆守《いづのかミ》（信綱）奏者《そうしや》たり。時に勝則《かつのり》十三歳。

勝忠《かつたゞ》

兵部《ひやうぶ》

寛永十一年、駿府《すんふ》におゐて兄勝則《あにかつのり》と同時《とき》に、将軍家（家光）を拝《はい》し奉る。時に十二歳。

定勝《さだかつ》

幼名《おさなゝ》長福《ちやうふく》。三郎四郎　隠岐守《おきのかミ》

天正十年、信長（織田）逝去《せいきよ》の時、豊臣秀吉《とよとミひてよし》、明智《あけち》（光秀）をほろほし、柴田勝家《しばたかついへ》が畿内《きない》に威《い》をふるふをうちたいらげて、大権現（家康）とまじハりをしたしくして其親族《しんぞく》をやしなハん事をこふて、此むねを遠州《ゑんしう》濱松《はままつ》に達《たつ》す。時に家臣等《かしんら》相《あひ》はかりて、定勝《さだかつ》をつかハさるべきよし申により、すでに出立《いでたゝ》ん事をもよほす時、母公《ぼこう》（家康母於大、傳通院）のいはく、兄《あに》源《げん》三郎（勝俊）甲州《かうしう》に質《しち》として乱《らん》をさけてのがれ帰《かへ》る時、山中《さんちう》雪《ゆき》ふかくして足《あし》の指《ゆび》をおとさんとす、我《われ》是をおもふに悲歎《ひたん》あまりあり、しかのゝならず、大権現常《つね》に征伐《せいばつ》のため他國《たこく》にまします時ハ、我三郎四郎を以て力とす、是《これを》をつかハす事かなふべからず、とかたく辞《じ》したまふゆへ、其はかりことつゐにやむ。是によつて定勝《さだかつ》しバらく御不快《ふくハひ》をうるといへとも、後《のち》つゐに恩顧《をんこ》をかうふる。

慶長《きやうちやう》六年、遠州《ゑんしう》懸川《かけかハ》の城をたまハつて、三万石領《りやう》す。

同年、従五位下《じゆごゐ》に叙《じよ》し、隠岐守《おきのかミ》に任《にん》ず。

同十年、大権現京都《きやうと》より還御《くハんぎよ》の路次《ろし》懸川《かけがハ》の城《しろ》に渡御《とぎよ》の時、定勝《さだかつ》に仰《おほせ》けるハ、汝男子《なんちなんし》おほし、おの〳〵すでに成人《せいじん》せり、國家《こつか》のまもりとなるへし、云々。嶋津《しまづ》陸奥守《むつのかみ》家久《いへひさ》我と親族《しんぞく》たらん事をこふ、嫡男《ちやくなん》河内守《かハちのかみ》定行《さだゆき》と婚姻《こんいん》をむすぶべし、又淺《あさ》野《の》彈正《だんじやうの》少弼《せうひつ》長政《ながまさ》も縁者《えんじや》たらんことをのぞむ、越中守《えつちうのかみ》定綱《さだつな》と婚姻《こんいん》をさだむべし、云々。

同十二年、台徳院（秀忠）殿の命《めい》によつて伏見《ふしみ》の城代《じやうだい》に補《ふ》せられ、五万石の地《ち》をたまふ。懸川《かけがハ》の領地《りやうち》三万石ハ定行《さだゆき》にたまふ。定勝《さだかつ》すなはち江戸を發《はつ》して駿府《すんふ》にいたり、台徳院殿の命をのぶ。時に大権現の仰《おほせ》に、伏見《ふしみ》ハ天下の要地《ようち》なり、御座《ざ》をかるべしといへとも、おぼしめすむねあるによつて當地《とうち》に御座をうつさる、此故《ゆへ》に伏見《ふしみ》警衛《けいゑい》のため譜代《ふだい》勇功《ゆうこう》の士《し》數《す》輩《はい》をめしをかれ、兵具《ひやうぐ》・兵《ひやう》粮《らう》をたくハへつましむる所《ところ》なり、もし事のあるとき、なんぢかたく城《じやう》をまもりておこたる事なかれ、又懸川ハ御休息のところたるにより、河《かハ》内守《ちのかみ》ならびに一家《け》の妻子《さいし》をかせ給ふ、云々。

同十三年、大権現御入洛《じゆらく》の時、定勝《さだかつ》が領地《りやうち》をあらため、伏見《ふしみ》の近邊《きんへん》にて材木《ざいもく》・柴《しば》・薪《たきゞ》に便《たよ》りある所《ところ》一万石、江州《がうしう》志賀《しが》・高嶋《たかしま》二郡《ぐん》の内《うち》にて自由《じゆう》の地《ち》四万石《まんごく》、又はじめて新地《しんち》へうつるの時、たくハへのために城米《じやうまい》二万石をたまふ。若《もし》事のあるときハ士卒《しそつ》の扶助《ふじよ》たるべきのむねなり。

元和三年、台徳院〔殿脱カ〕の仰《おほせ》によつて勢州《せいしう》桑名《くハな》の城《しろ》にうつり、十一万石を領《りやう》ず。

同六年、長嶋《ながしま》（伊勢）の城をくハへたまふ。

同九年八月、台徳院殿の鈞命《きんめい》によつて從《じゆ》四位下《ゐげ》に叙《じよ》し、少將《せうしやう》に任ず。

寛永《くハんえい》元年三月十四日、桑名《くハな》にて病死《びやうし》。六十五歳。法名《ほうみやう》圓徹《ゑんてつ》。崇源寺《そうげんじ》と号《がう》す。

定友《さだとも》

松　平元久松（清和源氏義家流）

遠江守《とをたふみのかみ》　早世《さうせい》。

定行《さだゆき》

河内守《かハちのかみ》　隠岐守《おきのかミ》

慶長《きやうちやう》六年、大権現（家康）御鷹野《たかの》のために關東《くハんとう》御下向《げかう》、還御《くハんぎよ》の路次《ろし》懸川《かけがハ》（遠江）の城《しろ》に渡御《とぎよ》のとき、定行十五歳にてはじめて拜《はい》したてまつる。仰《おほせ》にいはく、汝《なんぢ》やうやく成人《せいじん》す、來年《らいねん》母公《ぼこう》（家康母水野氏、傳通院）御太方《たいはう》（大、下同ジ）京都《きやうと》の神社《じんしや》・佛閣《ぶつかく》に詣《けい》せんとのたまふ、なんぢ其時《そのとき》是《これ》にしたがつて上洛《しやうらく》し、伏見《ふしミ》に來て近習《きんじう》の奉公《ほうこう》をつとむべし、云々。

同七年、御太方御上洛の時、定行《さたゆき》是にしたがつて伏見にいたりけれバ、すなハちとゞめ給ひて伏見に候《こう》す。

同年、從五位下《じゆごゐげ》に叙《じよ》し、河内守《かハちのかミ》に任《にん》ぜられて、官位料《くハんゐれう》をたまふ。

同八年、馬《むま》のかひ料として、江州《がうしう》蒲生郡《かまふごほり》にて日《ひ》野《の》・音羽《をとハ》の二郷《がう》をたまふ。

同十年、伏見におゐて長曾我部《ちやうそがべ》土佐守《とさのかミ》元親《もとちか》が旧《きう》宅《たく》をたまふ。今年《ことし》大権現の命によつて嶋津《しまづ》陸奥《むつの》守《かミ》家久《いへひさ》がむすめをめさ（とカ）る。仰《おほせ》にいはく、嶋津ハ累世《るいせ》の大家《か》なり、さだめて婚礼《こんれい》の儀式《ぎしき》おもかるべし。是《これ》によつて一位局《ゐのつぼね》（家康妾飯田氏、阿茶局）ならびに官女《くハんぢよ》十餘輩《よはい》に仰《おほせ》て、婚礼《こんれい》の儀式《ぎしき》をとりおこなハしむ。又村越《むらこし》茂介《もすけ》（直吉）・日下部《くさかべ》（定好）兵右衛門尉に仰て婚礼の諸事《しよじ》をとゝのへしむ、云々。

同年、台徳院（秀忠）殿征夷《せいい》大將軍《しやうぐん》に任《にん》ぜられ給《たま》ふ時、大権現御參內《さんだい》、定行《さだゆき》騎馬《きば》にて供奉《ぐぶ》す。

同十二年、父定勝《ちゝさだかつ》伏見《ふしミ》の城代《じやうだい》に補《ふ》せらるるとき、仰《おほせ》によつて懸川《かけがハ》の城《しろ》を定行《さだゆき》にたまハつて、三万石を領《りやう》ず。

同年、大権現の命《めい》によつて江戸《えと》に來て、台徳院殿を拜し奉る時に、御前へめして御食をたまハる。仙石越前守《せんごくゑちぜんのかミ》（秀久）相伴《しやうばん》たり。其上御盃《さかづき》をたまハり、御腰物ならびに御馬を拝領《はいりやう》す。同年の冬《ふゆ》、大権現遠江國《とをたふみのくに》中泉《なかいづみ》に御鷹野《たかの》の路次《ろし》懸河《かけがハ》の城《しろ》に渡御《とぎよ》の時、銀子《ぎんす》・綿等《わたとう》を拝《はい》領す。定行《さだゆき》も又御腰《こしの》物《もの》を献《けん》ず。是より以後《いご》御鷹野あることに數度《すど》懸川に渡御の時、拝《はい》領・進物《しんもつ》以前《いぜん》のごとし。

台徳院殿御入洛ならひに田原(三河)御狩の時、四度懸川に渡御《とぎよ》。毎度《まいど》銀子《ぎんす》・御服《ごふく》・御腰物《こしのもの》を給《たまふ》。定行《さだゆき》も毎度《まいど》御腰物《こしのもの》を献《けん》ず。

同十九年、大坂陣《ちん》の時、先陣《せんちん》たるべきの鈞命《きんめい》をかうふり、御旗本《はたもと》の勢《せい》より十餘《よ》日以前に伏見《ふしみ》にいたり、父《ちゝ》定勝《さだかつ》が勢《せい》にくハゝつて、伏見ならびに淀《よど》(山城)の城《しろ》を警衞《けいゑい》して、其後大坂《おほざか》に到《いたつ》て住吉《すみよし》に陣《ぢん》をはる。

元和《げんわ》元年、大坂再乱《さいらん》の時《とき》、鈞命《きんめい》によつて父《ちゝ》定勝《さだかつ》ハ京都《きやうと》二条《でう》の城《しろ》を警衞《けいゑい》し、定行《さだゆき》ハ伏見《ふしみ》の城《しろ》をまもる。

同三年、台徳院殿御上洛《しやうらく》の時供奉《ぐぶ》。父《ちゝ》定勝《さだかつ》を伏《ふし》見《ミ》の御城《しろ》へめして、勢州《せいしう》桑名《くハな》の城《しろ》をたまハり、十一万石《ごく》を領《りやう》ず。定行《さたゆき》家督《かとく》たるによつて、定《さだ》勝と同じく桑名《くハな》にいたるべきのむね仰《おほせ》によつて、桑名にゆきて住居《ちうきよ》す。

同六年、女御入内《にようごじゆだい》(秀忠女和子、東福門院)の時、定行騎馬《きば》にて供奉《ぐぶ》す。

同九年、將軍(家光)家御上洛御參内《さんだい》の時、騎馬にて供奉。

寛永元年、父《ちゝ》定勝卒去《しゆつきよ》。定行仰《おほせ》によつて家督《かとく》をつぐ。

同三年、御上洛《しやうらく》の路次《ろし》桑名《くハな》の城《しろ》に渡御《とぎよ》の時、銀子《ぎんす》・御服等《ごふくとう》をたまふ。定行も又御腰物《こしのもの》・綿等《わたとう》を献《けん》じて、すなハち供奉にて京都《きやうと》にいたる。台徳院殿の命《めい》によつて從四位下《じゆゐげ》に叙《じよ》し、隠岐守《おきのかみ》とあらため号《がう》す。此度《このたび》二条《でう》の城《しろ》に行幸《ぎやうがう》。將軍家御むかひ(迎)として御參内《さんだい》の時、騎馬《きは》にて供奉《ぐぶ》す。

同十一年、御上洛《しやうらく》の時《とき》、二条《でう》の城《しろ》の乾方《いぬいのはう》の田《た》中《なか》にて百間《けん》四方の地《ち》をたまハり、假屋《かりや》をたてゝ城《じやうぐハい》外の警衛《けいゑい》となる。此時《このとき》将軍家の命《めい》によつて侍従《じじう》に任《にん》ぜらる。還御《くハんぎよ》の時、桑名《くハな》の城《しろ》に渡御《とぎよ》。拝領《はいりやう》・進物例《しんもつれい》のことし。

同十二年、桑名をあらためて豫州《よしう》松山《まつやま》の城《しろ》をたまハり、十五万石《ごく》を領《りやう》ず。

●定綱《さだつな》

小名《おさなな》三郎四郎。越中守《ゑつちうのかミ》

慶長《きやうちやう》元年、定綱三男《なん》たるによつて、荒川氏《あらかハうぢ》の養子《やうし》となる。時に五歳《さい》。

同四年、荒川次郎九郎伏見《ふしミ》の城在番《しろざいばん》の内《うち》に病《びやう》死《し》。荒川の一族《ぞく》定綱を以て家督《かとく》とせんとほつして、上聞《しやうぶん》に達《たつ》す。其後御大方《たいはう》（家康母水野氏、傳通院）と御對談《たいだん》の次《つい》で定綱かうハさ（噂）有しに、大權現（家康）仰けるハ、定勝《かつ》が子《こ》にして何《なん》ぞ他人《た》の遺跡《いせき》をのぞまんや、成人《せいじん》の後別《のちへつ》に領地《りやうち》をあたふへし、云々。

同六年、父定勝《ちゝさだかつ》遠州《ゑんしう》懸川《かけがハ》の城《しろ》をたまふ。翌年《よく》十月中旬《ちうじゆん》、大權現關東《くハんとう》御下向《げかう》の路次《ろし》懸河《かけがハ》の城《しろ》に渡御《とぎよ》の時《とき》、定綱《さだつな》はじめて拝謁《はいゑつ》し奉る。すなハち御前へめして、其年數《ねんすう》をとハせ給ふ。十一歳《さい》のよしこたへ申す。仰《おほせ》にいはく、少年《せうねん》のかたち尤奇《もつともき》なり、江戸《ゑど》におもむき台徳院（秀忠）殿につかふべし、上意《い》をそへらるべし、云々。是によつて十一月江戸におもむかんとせし時《とき》、父母《ふぼ》のいはく、只今寒風《たゞいまかんふう》はなハだし、來春《らいしゆん》を待《まつ》べし、と制《せい》す。定綱幼《よう》なりといへどもかたじけなき上意をかうふる、何《なん》ぞ來年《らいねん》をまたん、とて、すなハち江戸にいたつて、本多佐渡守《ほんださどのかミ》正信《まさのぶ》を以て上聞《ぶん》に達《たつ》し、西丸《にしのまる》に伺候《しこう》して一位《ゐの》（家康妾飯田氏、阿茶局）局《つぼね》をたのミ、大權現に謁《ゑつ》し奉りけれバ、其すみやかに來《きた》る事を感《かん》じたまひて、すなハち本《ほん》丸《まる》より來《きた》るものハなしやと御尋《たづね》ありしとき、青山《あをやま》七右衛門（成重）伺候《しこう》のよしきこしめし、すなハち青山に命《めい》ぜられけるハ、隠岐守《おきのかミ》（定勝）が三男《なん》台徳院殿につかへしめて我寄子《わがよりこ》とすへし、其器量《きりやう》によつてめしつかハるへし、とて同朋《どうぼう》善阿弥《ぜんあミ》を七右衛門にそへ給へバ、すなハち御本丸《ほんまる》にのぼり、大久保《おくぼ》相摸守《さがミのかミ》忠隣《たゞちか》奏者《そうしや》にて、台徳院殿を拝《はい》したてまつる。

同九年正月、大権現に謁《あつ》し奉る時《とき》、本多《ほんだ》佐渡《さどの》守《かミ》に仰《おほせ》けるハ、三郎四郎ハおぼしめさるゝむね有て台徳院殿につかへしむ、以後《いこ》の事ハ其器量によるへし、先小地《まつせうち》をたまふとて、下総《しもふさの》國山川《くにやまがハ》の内《うち》にて五千石を領《りやう》ず。

同十年三月、台徳院殿御上洛將軍宣下《しやうぐんせんげ》の時《とき》、定綱《さだつな》伏見《ふしミ》にて従五位下《じゆごゐげ》に叙《じよ》し、越中守《ゑつちうのかミ》に任《にん》ぜらる。

同年十二月、大権現の命によつて淺野《あさの》彈正《だんじやう》少弼《せうひつ》長政《ながまさ》がむすめをめとる。

同十四年、下総國山川の城《しろ》をたまハり、一万《まん》五千石《ごく》を領《りやう》ず。

同十六年、相州《さうしう》小田原《をだはら》の城《しろ》をこぼつ時《とき》、定綱一組《くミ》のかしらとなる。

同十七年、江戸《ゑど》御城堀《しろほり》の地形《ちぎやう》普請《ふしん》の時《とき》、十組《くミ》の人數《にんじゆ》を以て是《これ》をつとむ。定綱《さだつな》一組の頭《かしら》となる。

同十九年、大坂陣《ちん》の時、仰《おほせ》によつて組頭《くミがしら》となつて、御旗本《はたもと》昵近《ちつきん》の士《し》三千餘輩《よはい》、ならひに家《か》臣郎従數《しんらうじうす》百騎《き》を引ゐて供奉《ぐぶ》す。

元和元年、大坂再乱《おほざかさいらん》の時も又組中《くミちう》の士卒《しそつ》を引《ひき》ゐて發向《はつかう》す。此時黄金《わうごん》・銀子《ぎんす》をあまた拝領《はいりやう》す。

五月七日早旦《さうたん》、諸勢《しよせい》こと〳〵く大坂表《おもて》につく。東《ひがし》ハ岡山《おかやま》（攝津）にいたり、南《ミなミ》ハ大坂壇《だん》にいたつて、軍勢《ぐんぜい》充満《じうまん》せし故《ゆへ》、御旗本《はたもと》にいたつて命《めい》をうけがたし。定綱《さたつな》組中《くミちう》の士卒《しそつ》にいひけるハ、御旗《はた》のむかふ所《ところ》を見て左《ひだり》の御先《さき》にすゝんで、人數《にんじゆ》を三行《かう》に立《たて》て推《おす》（マヽ）べし、弓《ゆミ》・鉄炮《てつはう》をよこたへて左右《さゆう》の勢《せい》をさまたぐべからす、一列《れつ》に並居《なミゐ》て御下《げ》知《ち》を待《まつ》べし、といつて使《つかひ》一人をつかハして道《みち》をもとめしむ。又士《し》卒《そつ》にしめしけるハ、先《せん》陣《ぢん》の色《いろ》めくを見てすなハち天《てん》王《わう》寺《じ》前《まへ》の大路《おほち》を推《おす》べし、赤塚《あかつか》の前《まへ》の谷《たに》に田地《でんち》有てすみやかにすゝみがたし、おの〳〵此むねを存《ぞん》ぜらるへし、云々。午《むま》の刻《こく》にいたつて天《てん》王《わう》寺《じ》口《ぐち》の時〔関〕の聲《こゑ》はなハだ急《きう》なるによつて、組《くみ》中《ちう》の士《し》卒《そつ》をもよほして件《くだん》の道《みち》をへて人数《にんじゆ》をおすに、すこしもさハる事なくしてすゞやかに城下《じやうか》にいたる。定綱《さだつな》敵兵《てきへい》にあハん事を欲《ほつ》して城中《じやうちう》に入、放火《はうくハ》の中《なか》にはせめぐつて一士《し》にあふ。鑓《やり》にて是《これ》をとゝめてすなハち其首《くび》をとる。其時城中より火《ひ》をはなつて敵兵敗北《はいほく》の躰《てい》を見て、はやく此むねを言上《ごんじやう》す。其次《そのつい》でを以て彼首《かのくび》を此使《つかひ》につけて献《けん》ず。其後《そのゝち》又一士を討《うち》とる。組中《くみちう》の士卒《しそつ》も又城中《じやう》へせめ入て、おの〳〵勇力《ゆうりき》をふるつて首《くび》十六をとる。定綱が郎従《らうじう》も首二十七を得たり。同七日の晩《ばん》、岡山《おかやま》におゐて首実検《じつけん》の時、定綱が組中ならびに家人《けにん》軍功《ぐんこう》をはげますのむね鈞命《きんめい》をかうふる。同日の夜、城中こと〳〵く焼《やけ》ほろぶ。秀頼《ひてより》（豊臣）ならびに母《はゝ》土《と》藏《ざう》（豊臣秀吉妾淺井氏、淀殿）の内《うち》に籠居《ろうきよ》す。時《とき》に定綱等四人の組頭《くみがしら》鈞命をかうふつて、八日の早旦《さうたん》より櫻門《さくらのもん》・極樂橋《ごくらくばし》を警衛《けいゑい》す。時に藏《くら》の内より火をはなつて、秀頼《ひでより》ならびに母《はゝ》焼死《やけし》して、つゐに族滅《ぞくめつ》す。定綱等六月十六日にいたるまで警衛のため彼地にあり。

同二年、下總國《しもふさのくに》川内下津間《しもつま》の庄《しやう》三万石をたまふ。

同四年、遠州《ゑんしう》懸川《かけがハ》の城《じやう》をたまハつて、佐夜原《さよばら》（遠江）の庄《しやう》・曾我《そが》（同上）の庄を領《りやう》ず。

同六年、御入洛《じゆらく》の供奉。還御《くハんぎよ》の路次《ろし》懸河《かけがハ》の城に渡御《とぎよ》の時、御腰物《こしのもの》ならびに銀子・御服《ごふく》等をたまふ。定綱《さたつな》も又御腰物を献《けん》ず。

同九年、御入洛の供奉。懸川の城に御一宿《しゆく》の時、拝領《はいりやう》・進物《しんもつ》以前のことし。

同年、京都におゐて定綱に命《めい》じて仰《おほせ》けるハ、伏見《ふしみ》の城すてにわらせ（割）給ふうへハ、京都《きやうと》警衛《けいゑい》の地淀《よど》（山城）の城にしくハなし、汝古城《なんちふるしろ》をあらため、あらたに城を築《きづひ》て警《けい》衛すへし、云々。是によつてこと〳〵く伏見の殿閣《でんかく》・天守《てんしゆ》をたまハつて、是を經營《けいゑい》す。奉行《ぶぎやう》三人に仰《おほせ》て不日《ふじつ》に是をいとなむ。時に領地《りやうち》三万五千石《ごく》を定綱《さたつな》にたまふ。

寛《くハん》永《ゑい》元年、淀《よど》の城御藏《くら》の八木《ぼく》、心にしたがつてもちゆべきのむね鈞命《きんめい》を蒙《かうふ》る。

同二年、淀《よど》の城をきつく料物《れうもつ》として、銀子《ぎんす》千貫目《ぐハんめ》をたまふ。

同三年、御入洛《しゆらく》。行幸《きやうがう》の事あり。八月上旬《じやうじゆん》、台徳院殿淀《よど》の城《しろ》に渡御《とぎよ》あつて、城中《しやうちう》を御覽《らん》の後《のち》、定綱《さだつな》をめして仰《おほせ》けるハ、城郭《じやうくハく》はやく成就《じやうじゆ》、殿内《でんない》・郭外《くハくぐはい》のかまへ尤《もつとも》上意《じやうい》にかなふ、御滞留《たいりう》中將軍家（家光）の御旅館《りよくハん》たるへし、云々。此時御腰物《こしのもの》ならびに御帷子《かたひら》・黄金《わうごん》等《とう》を拝領《はいりやう》す。定綱も又御腰《こし》物・綿《わた》等《とう》を進献《しんけん》す。八月中旬《ちうじゆん》、將軍家淀《よど》の城に渡御の時、御腰物・御帷子・黄金等を拝領す。定綱も又御腰物・綿《わた》等《とう》を進献《しんけん》す。八月中旬《ちうじゆん》より九月中旬にいたるまて、御座《ざ》ををかせ給ふ。九月下旬、還御《くハんぎよ》の時《とき》、銀子《ぎんす》二百貫《くハん》目《め》をたまふ。定綱《さだつな》台駕《たいか》を送《をく》り奉て、江州水口《がうしうみなくち》にいたる。かたじけなき鈞命《きんめい》をかうふつて、御馬を拝領《はいりやう》す。

同十年、淀《よど》の城《しろ》をあらため濃州《でうしう》大垣《おほがき》の城をたまハつて、六万石《まんごく》を領《りやう》ず。

同十一年、御入洛《じゆらく》の路次《ろし》大垣の城に渡御《とぎよ》の時、左文字《さもじ》の御脇指《わきさし》ならびに銀子五百枚《まい》を拝領《はいりやう》す。定綱《さたつな》も御腰物《こしのもの》ならびに綿《わた》を献《けん》ず。此時《このとき》先年《せんねん》の洪水《こうずい》に領地《りやうち》を損《そん》ずるのよし上聞《しやうぶん》に達《たつ》す。是によつて金子《きんす》五千兩を給《たま》ハつて、定綱《さたつな》供奉《ぐぶ》をつとめて入洛《じゆらく》す。二条《でう》御城《しろ》ひつじさるの方の田中におゐて百間《けん》四方の地《ち》をたまハつて、假屋《かりや》をたて城外《じやうぐハい》の警衛《けいゑい》となる。

同年、從《じゆ》四位下に叙《じよ》せらる。

同十二年、大垣《おほがき》の城《しろ》をあらため、勢州桑名《せいしうくハな》の城《しろ》をたまハつて、十一万石《こく》を領《りやう》ず。

定國《さだくに》

信濃守《しなのゝかみ》　早世《さうせい》。

定房《さだふさ》

美作守《みまさかのかみ》

慶長《きやうちやう》十六年、大權現（家康）御鷹野《たかの》の次《つい》で懸川《かけかハ》（遠江）の城《しろ》に渡御《とぎよ》の時《とき》、定房《さだふさ》八歳《さい》にて一位局《ゐのつぼね》（家康妾飯田氏、阿茶局）を以てはじめて拜謁《はいゑつ》し奉《たてまつ》る。御前ちかくめして籠《ろう》鳥《ちやう》をたまふ。

同十九年、大坂陣《ぢん》の時、台徳院（秀忠）殿懸川《かけがハ》の城《しろ》に渡御《とぎよ》。定房《さだふさ》はじめて拜謁し奉る。御服《ごふく》あまた拜領《はいりやう》す。

元和《けんわ》三年・同六年、御入洛《じゆらく》の時、定房《さだふさ》供奉《ぐぶ》をつとむ。

同七年、台徳院殿の命《めい》によつて從《じゆ》五位《ゐ》下《げ》に叙《じよ》し、美作守《みまさかのかみ》に任《にん》ず。

同九年、御入洛《じゆらく》の供奉《ぐぶ》。

寛《くハん》永二年、長嶋《ながしま》（伊勢）の城《しろ》をたまハつて、七千石《ごく》を領《りやう》ず。

同三年、御入洛。二条《でう》の城へ行幸《ぎやうがう》の時、定《さだ》房《ふさ》中宮行啓《ちうぐうぎやうけい》（秀忠女和子、東福門院）の供奉《ぐぶ》をつとむ。

同四年、洪水《こうずい》にて領地《りやうち》を損《そん》ずるの旨《むね》台聴《たいちやう》に達《たつ》して、検使《けんし》を下されて、銀子《ぎんす》二百貫目《くハんめ》をたまふ。

同七年、大坂御城の御番《ばん》をつとむ。

同十一年、御入洛《じゆらく》の供奉《ぐぶ》。

同年、洪水《こうずい》又領地《りやうち》を損《そん》ずるのむね上聞に達しけれは、すなハち奉行《ぶぎやう》に仰《おほせ》て、所用《しよよう》にし

たがつて堤《つゝみ》をきづくへしとて、其料物《れうもつ》をた
まふ。
同十二年、豫州今治《よしういまばり》の城《しろ》をたまハつて、三
万石《こく》を領《りやう》ず。
同十七年、生駒壹岐守《いこまいきのかみ》(高俊)か所領《しよりやう》讃岐《さぬき》一國《こく》を没《もつ》
収《しゆ》せらるゝ時、定房《さだふさ》等鈞命《きんめい》をかうふつて讃《さん》
州高松《しうたかまつ》の城《しろ》に在番《ざいばん》をつとむ。

万吉《まんきち》

長松《ちやうまつ》

定政《さだまさ》

能登守《のとのかみ》

元和六年、江戸《えと》にいたつて、はじめて台徳院(秀忠)
殿に謁《えつ》し奉る。
寛永《くハんゑい》三年、かさねて參勤《さんきん》して、それより江戸
に伺候《しこう》す。
同十年二月、鈞命《きんめい》(家光)によつてつかへたてまつる。
同年十二月、從五位下《じゆごゐげ》に叙《じよ》し、能登守《のとのかみ》に任《にん》ず。
同十一年二月、勢州三重郡《せいしうみへこほり》にて五千石《ごく》の地《ち》を
たまふ。
同年六月、鈞命《きんめい》によつて御小姓組《こしやうぐみ》の頭《かしら》となる。
同年、御入洛《じゆらく》の供奉《ぐぶ》。
同十二年、長嶋《ながしま》(伊勢)の城《しろ》をたまハつて、七千石《こく》を
領《りやう》ず。
同年、洪水《こうずい》、領地《りやうち》を損《そん》ず。
同十三年、堤《つゝみ》をきつく料物《れうもつ》として、銀子《ぎんす》二百
貫目《くハんめ》をたまハる。

女子《によし》

服部石見守《はつとりいはミのかみ》(正就)が妻《め》。

女子

松平土佐守《とさのかみ》（山内）忠義《たゝよし》が妻《め》。

女子

中川《なかかハ》内膳正《ないぜんのかみ》久盛《ひさもり》が妻《め》。

女子

酒井《さかゐ》阿波守《あハのかみ》忠行《たゝゆき》が妻《め》。

女子

阿部《あべ》對馬守《つしまのかみ》重次《しげつぐ》か妻。

女子

松平備後守《びんごのかみ》（池田恆元）が妻。

定次《さだつぐ》

豊後守《ぶんごのかみ》　早世《きうせい》。

亀松《かめまつ》

寛永《くハんゑい》十八年八月、はじめて将軍家（家光）を拝《はい》したてまつる。

女子

女子

定頼《さだより》

刑部太輔《ぎやうぶのたいふ》　河内守《かハちのかみ》

元和三年、台徳院殿（秀忠）御入洛《じゆらく》の路次《ろし》懸川《かけがハ》（遠江）の城《しろ》に渡《と》御《ぎよ》の時《とき》、定頼《さたより》十一歳《さい》にて始《はじめ》て拝謁《はいゑつ》し奉りて、御腰物《こしもの》を拝領《はいりやう》す。

同九年、御入洛の路次桑名《くハな》（伊勢）の城《しろ》に渡御の時、台徳院殿・将軍家（家光）を拝《はい》したてまつりて、御腰物を拝領す。

寛永二年、はじめて江戸にいたつて、台徳院殿・

将軍家を拝《はい》し奉る。寛永三年、御入洛の供奉《ぐぶ》。台徳院殿の命《めい》によつて従《じゆ》五《こ》位《ゐ》下《げ》に叙《じよ》せらる。時に仰《おほせ》をかうふつて、父《ちゝ》定行《さだゆき》名《な》を隠《お》岐《き》守《かみ》とあらたむる時、定頼も河内《かハちの》守《かみ》とあらたむ。二条《でう》の城《しろ》に行幸《ぎやうがう》の時、将軍家御むかひとして御參内《さんだい》。定頼騎《き》馬《ば》にて扈《こ》従《せう》す。

女子

酒井《さかゐ》備後守《びんごのかみ》忠朝《たゞとも》が妻。

千松《せんまつ》

虎千代《とらちよ》

女子

女子

松平 元久松（清和源氏義家流）

女子

家紋《いへのもん》　梅輪《むめばち》内

（表紙題簽）

寛永諸家譜　清和源氏甲九册之内
義家流之内新田流

（扉裏）
「酒井」

寛永諸家系圖傳

清和源氏　甲七

義家流《よしいへりう》

酒井《さかゐ》

●廣親《ひろちか》（符號・系線等朱、下同ジ）

与四郎　雅樂頭《うたのかミ》

三州酒井の郷《がう》に住《ちう》す。明徳《めいとく》三年八月十二日、卒《しゆつ》す。法名《ほうミやう》善甫《ぜんほ》。源受院《げんじゆゐん》と号《がう》す。

家忠《いへたゞ》

与四郎

永享《ゑいきやう》十年六月二十四日、卒《しゆつ》す。法名賢融《げんゆう》。宗安院《そうあんゐん》と号す。

信親《のぶちか》

与四郎

文明《ぶんめい》九年七月三日、卒《しゆつ》す。法名淨光《じやうくハう》。長覺院《ちやうかくゐん》と号す。

家次《いへつぐ》

与四郎

永正《ゑいしやう》十六年八月十六日、卒す。法名源正《げんしやう》。乗衎《ぜうかん》院《ゐん》と号す。

清秀《きよひで》

与四郎

天文《てんぶん》二十年十月二十日、卒《しゆつ》す。法名《ほうみやう》玄秀《げんしう》。見樹《けんじゆ》院《ゐん》と号《がう》す。

●正親《まさちか》

与四郎　雅樂頭《うたのかみ》

天文四年、清康君《きよやすくん》（家康祖父）尾《び》州《しう》守山《もりやま》の陣《ぢん》にて御不慮《ふりよ》の事あり。時に廣忠卿《ひろたゞのきやう》（家康父）御幼少《ようせう》ゆへ、三州しづかならず。正親はかりことをめぐらして、廣忠卿《ひろたゝのきやう》をもり奉りて、二たび岡崎《をかざき》（三河）の城《しろ》に入せたまふ事を得たり。これより家老《からう》となつて、勤労《きんらう》おこたらず。廣忠卿逝去《せいきよ》の後《のち》、正親《まさちか》、東照大権現（家康）につかへ奉りて家老《からう》となり、數度《すど》戰功《せんこう》あるゆへ西尾《にしお》（三河）の城《しろ》をたまふ。

天正四年、正親病《やまひ》にかゝるとき、大權現、正親が宅《たく》に渡御《とぎよ》ありてとふらハせたまひ、なぐさめてのたまひけるハ、汝《なんぢ》おもふ事あらバ遺言《ゆいごん》すべし、そのむねをきこしめすべし、云々。正親《まさちか》御懇意《こんい》のかたじけなき事を謝《しや》し奉りて、与四郎・与七郎の二子《にし》をよび出して大權現に申けるハ、我《われ》いま他事《たじ》なし、唯《たゞ》此二子あり、ねがはくハ大君《たいくん》御あハれミありて、その才《さい》にしたがつてよろしく召《めし》つかひたまへ、と申ければ、大權現うなづかせたまふ。

同年六月六日、正親《まさちか》つゐに卒《しゆつ》す。法名《ほうみやう》全宗《ぜんそう》。源《げん》昌寺《しやうじ》と号す。

重忠《しげたゞ》

与四郎　河内守《かハちのかミ》　生國《しやうこく》三州《さんしう》。

（家康）大權現につかへ奉る。

天正十八年、關東《くハんとう》御入國《にうこく》の時、武州《ぶしう》川越《かハごえ》の城《しろ》を

（原本コノ系線ナシ、便宜補フ）

酒　井（清和源氏義家流）

たまハつて、采地《さいち》一万石を領《りやう》ず。

慶長《きやうちやう》二年、天壽院殿《てんじゆゐんどの》（秀忠女千姫）御誕生《ごたんじやう》のとき、重忠蟇目《しげたゞひきめ》の役《やく》を勤《つと》む。

同六年、上野《かうつけ》厩橋《まやばし》の城《しろ》をたまハつて、三万三千石を領す。

元和三年七月二十一日、卒《しゆつ》す。年《とし》六十九。法名源英傑叟《げんえいけつそう》。龍海院《れうかいゐん》と号《がう》す。

●忠利《たゞとし》

与七郎　備後守《びんごのかミ》　生國《しやうこく》同前。

大權現（家康）につかへたてまつる。

天正十八年、大權現關東《くハんとう》御入國《にうこく》の時、忠利《たゞとし》三州よりしたがひ奉りて武州《ふしう》にいたり、川越《かハごえ》にて采地《さいち》三千石をたまふ。

慶長六年三月三日、大坂にて仰をうけたまハつて駿州田中《すんしうたなか》の城《しろ》をたまハり、一万石を領《りやう》じて、嫡男忠勝《ちやくなんたゞかつ》と同じく大權現につかへたてまつる。

同十一年、大權現御座《ござ》を駿府《すんふ》の城《しろ》にうつさる。

同年、忠利従五位下《たゞとしじゆごゐげ》に叙《じよ》す。

同十四年、大權現、台德院殿（秀忠）に仰けるハ、今《いま》より後御出馬《しゆつば》の時、江戸の常留守《じやうるす》たるべきものは備後守なり、そのこゝろをもつて召《めし》つかハるべし、云々。是に依て九月、田中をあらためて又川越にうつり、二万石を領す。

元和二年七月、武州の内所《しよ》々にて七千餘石の采地《さいち》をくハへたまふ。

同年、台德院殿の仰に依て將軍家（家光）につかへ奉り、輔佐《ほさ》の臣《しん》となる。

同五年十月、武州の内にて一万石の御加増《かぞう》ありて、三万七千餘石を領《りやう》ず。

寛永四年十一月十四日、卒去《しゆつきよ》。歳《とし》六十九。道《だう》号泰雲《がうたいうん》。法名《ほうミやう》建康《けんかう》。建康寺《けんかうじ》と号す。

忠世《たゞよ》

万千代　兵衛大夫《ひやうへのたいふ》　雅樂頭《うたのかみ》
大權現（家康）につかへたてまつる。

天正《てんしやう》十六年、従五位下《じゆごゐげ》に叙《じよ》す。

同十八年、仰に依《よつ》て台徳院殿（秀忠）につかへ奉りて、家老《からう》となる。

同年、關東《くハんとう》御入國《にうごく》の時、武州川越《ぶしうかハごえ》におゐて別《べち》に五千石の采地を給ふ。

慶長六年、上野那波《かうづけなば》にて一万石餘を拜領《はいりやう》す。

同九年、将軍家（家光）御誕生《たんじやう》の時、忠世《たゞよ》御篦刀《へら》の役《やく》を勤む。

同十年、江州栗太郡《かうしうくりもとのこほり》・日野郡《ひののごほり》・野洲《やす》郡の内にて五千石の御加増《かぞう》をたまハりて、在京《ざいきやう》の料《れう》物《もつ》とす。

同年、台徳院殿御上洛《しやうらく》。将軍宣下《せんげ》御參内《さんだい》のとき、忠世騎馬《たゞよきば》にて供奉す。


同十四年二月、上野善養寺《かうづけぜんやうじ》にて五千石をくハへたまふ。

同十九年の冬《ふゆ》、大坂御陣の時、供奉《ぐぶ》を勤む。

元和元年の夏《なつ》、大坂再乱《さいらん》の時も又供奉す。

同二年、大權現御不例《ふれい》により、台徳院殿江戸より駿府《すんぷ》に渡御《とぎよ》の時、したがひたてまつる。

此時大權現酸漿《ほうづき》の茶入《ちやいれ》を忠世にたまふ。

同年八月、上野大胡《おほご》・伊勢崎《いせざき》にて二万二千石をくハへたまふ。

同三年七月、父重忠卒《ちゝしげたゞしゆつ》するにより、仰をかうふつてその遺跡《いせき》三万三千石を領し、厩橋《まやばし》（上野）の城《しろ》をあハせたまふ。あげもちゐらるゝ事日々にすゝんで、政務《せいむ》をあづかりきく。公家《くげ》・武家《ぶけ》の事を沙汰《さた》し、異國《いこく》・他邦《たほう》の事を相《あひ》はかる。是に依て朝鮮《てうせん》の信使來朝《しんすらいてう》の時、毎度《まいど》彼國《かのくに》の礼曹《れいさう》書簡《しよかん》ならびに土產《とさん》をよせ、忠世も又返簡《へんかん》・音《いん》物《ぶつ》をおくる。

同五年、台徳院殿御上洛《しやうらく》、忠世《たゞよ》供奉。

同年十月、上野里見《さとみ》にて一万石をくハへたまふ。

同六年、女御《によご》（秀忠女和子、東福門院）御入内《じゆだい》の時、忠世、土井《とゐ》大炊頭利勝《としかつ》と同じく供奉《ぐぶ》。時に進物《しんもつ》をさゝぐ。禁中《きんちう》より御太刀《たち》をたまふ。女御《によご》・女院《によゐん》（近衛前久女前子、中和門院）よりも又たまものあり。

同八年十二月、上野《かうづけ》藤岡《ふぢおか》・玉村《たまむら》・武州《ぶしう》榛沢《はんざハ》にて二万六千石をくハへたまハつて、前後《ぜんご》都合《つがう》十二万石を領す。

同九年、両御所（秀忠・家光）御上洛《しやうらく》、忠世《たゞよ》供奉《ぐぶ》。此たび将軍宣下《せんげ》の事あつて御参内《さんだい》の時、忠世御劔《けん》の役《やく》をつとめ、騎馬《きば》にて御車《くるま》のうしろにしたがひ奉る。此年《とし》の春《はる》、台徳院殿の仰に依て将軍家（家光）につかへたてまつる。

寛永三年、台徳院殿・将軍家御上洛の供奉。仰に依て従四位下《じゆしゐげ》に叙《じよ》せらる。此時二條の城に行幸《ぎやうかう》あり。忠世《たゞよ》、利勝《としかつ》と同じく諸事《しよじ》を奉行《ぶぎやう》す。別勅《べつちよく》をうけたまハつて、侍従《じじう》に任《にん》ずべきのむねあり。こゝにおゐて鈞命《きんめい》をかうふつて侍従《じじう》に任《にん》ず。是により進物《しんもつ》をさゝぐ。又禁中《きんちう》（明正天皇）・仙洞《せんとう》（後水尾上皇）より拝領物《はいりやうもの》是あり。

同七年、當今《たうぎん》（明正天皇）御即位《そくゐ》あり。忠世、将軍家の御使《つかひ》として上洛《しやうらく》の時、進物《しんもつ》を献《けん》ず。仙洞《せんとう》より御太刀《たち》・寮《れう》の御馬《むま》をたまふ。女院《によゐん》（秀忠女和子、東福門院）よりも又御薫《たき》物《もの》を拝領す。

同十三年三月十九日、卒《しゆつ》す。歳《とし》六十五。法名《ほうみやう》源眞《げんしん》。隆興院《りうこうゐん》と号《がう》す。

忠季《たゞすゑ》
志摩守

忠永《なが》
丹後守　従五位下《じゆごゐげ》

西尾《にしお》隠岐守（吉次）が養子《やうし》となる。

忠正《まさ》
下総守　従五位下　武州川越《かはごえ》に生る。
慶長十二年、台徳院殿（秀忠）につかへたてまつる。

忠恆《たゞつね》
与七郎

忠古《ふる》
三五郎　武州江戸に生る。
寛永十七年五月五日、初めて將軍家（家光）につかへ奉る。

●忠勝《たゞかつ》
讃岐守　三州《さんしう》西尾《にしお》の城《しろ》に生る。
天正十八年、父忠利《ちゝたゞとし》と同じく三州より武州川越にうつり居《きよ》す。

慶長五年、奥州《あうしう》に野心《やしん》の者《もの》あり。時に上方《かみがた》も又騒動《さうどう》するにより、大權現（家康）・台徳院殿（秀忠）の仰に依て三河守秀康主《ひでやすぬし》（家康次子 結城）を奥州《あうしう》のおさへとし、兩御所（家康・秀忠）同しく御出陣《ごしゆつぢん》。忠勝《たゞかつ》、忠利《たゞとし》と相《あひ》ともに台徳院殿にしたがひ奉りて上洛《しやうらく》す。天下御一統《いつとう》の後、大坂に伺候《しこう》す。時に忠勝《たゞかつ》十四歳。

同六年、忠利と同しく駿州田中《すんしうたなか》の城におもむく。

同十四年、忠利にともなひて江戸にきたる。

同年十一月、従五位下《じゆごゐげ》に叙《じよ》す。

同十九年十一月、下総國《しもふさのくに》の内にて知行《ちぎやう》三千石をたまふ。

元和六年四月二十四日、台徳院殿の仰に依《よつ》て將軍家（家光）時に竹千代君と申奉る。につかへ奉りて、西丸に伺《し》候《こう》す。

同八年、采地《さいち》七千石をくハへ給ハつて、深谷《ふかや》（武蔵）

の城《しろ》を領ず。

同九年、將軍家初《はじ》めて御上洛《ごしやうらく》。忠勝《たゞかつ》供奉。此たび征夷大將軍《せいいたいしやうぐん》に任《にん》じたまひて、天下御附屬《ふぞく》の事あり。

寛永元年八月、忠勝、將軍家の仰に依て上総・下総・武藏のうち所々にて二万石の所領をくハヘたまハり、都合《つがう》三万石を領す。

同年十一月、將軍家江戸御城本丸に御わたまし、台徳院殿西丸に御隠居《ゐんきよ》あり。

同三年三月、武州忍《おし》の領內《りやうない》にて二万石をくハへたまハつて、都合《つがう》五万石を領地〔知〕す。

同年七月十二日、將軍家江戸を出御《しゆつぎよ》有て、八月、御京着《きやうちやく》。九月、二條の城に行幸《ぎやうがう》あり。此たび忠勝供奉。

同四年、父忠利卒去《しゆつきよ》。忠勝《たゞかつ》仰に依て川越の城ならびにその遺跡《いせき》を給ハり、都合《つがう》八万石を領す。


同九年、台徳院殿薨御《こうぎよ》。

同年、武州の內にて二万石の御加增たまハりて、都合十万石を領す。

同年、侍従《じじう》に任《にん》し、従四位下《じゆしゐげ》に叙《じよ》す。常《つね》に營《ゑい》中《ちう》に候《こう》して公家《くげ》・武家《ぶけ》の政《まつりごと》を沙汰し、異國《いこく》・他邦《たはう》の事をあづかりきく。是に依て朝鮮《てうせん》の信《しん》使來朝《すらいてう》のたびごとに、彼國《かのくに》の礼曹書簡《れいさうしよかん》ならびに土産《とさん》をよす。忠勝《たゞかつ》も又返簡《へんかん》・音物《ゐんぶつ》ををくる。その上《うへ》忠勝《たゞかつ》官位《くハんゐ》ます〳〵すゝんで、恩恵《おんけい》日日にあつし。又四聖坊《ししやうばう》の肩衝《かたつき》を拝領《はいりやう》す。其餘《よ》の恩賜《おんし》あげてかぞふべからず。又數度《すど》忠勝が私《し》宅《たく》に台駕《たいか》をよせたまふ。まことに是過分《くハぶん》の恩《おん》榮《ゑい》なり。

同十一年六月、將軍家御上洛《しやうらく》。忠勝供奉。此たび參內《さんだい》・院參《ゐんざん》の時、天盃《てんはい》を頂戴《ちやうだい》し、其上守《もり》家《いへ》の御太刀《たち》をたまふ。又仙洞《せんとう》（後水尾上皇）・女院《によゐん》（秀忠女和子、東福門院）の御所《ごしよ》より御懇旨《こんし》あつて、度々拝領すくなからず。七月、二條の城にて鈞命をかうふり川越をあらためて、若狭《わかさ》一國ならびに越前の敦賀《つるが》一郡《ぐん》をたまふ。又若州・敦賀《つるが》より京都《きやうと》にいたつて路《ろ》次《し》のたよりとして、別に江州《がうしう》高嶋郡《たかしまごほり》にて七千餘石を領す。

同十二年十二月、下野佐野《さの》の内にて一万石をくハへたまふ。これ在《ざい》江戸の料《れう》也。

忠吉《たゞよし》

和泉守　生國三河。

寛永六年正月五日、従五位下《じゆごゐげ》に叙《じよ》す。多年《たねん》柳營《りうえい》に近侍《きんじ》して、恩遇《おんぐう》日日にあつし。采地《さいち》七千石をたまハつて、城中・城外御留守《るす》の事をつかさとり、其上江戸城外四方關所《せきしよ》をとほる女人、忠吉が判形《はんぎやう》をもてるものハ關《せき》所《しよ》の者《もの》是をとがめず、もしもたざる者ハみだりに通《とほ》る事を得す。是鈞命《きんめい》に依《よつ》てなり。

又仰に依て國主《こくしゆ》・郡主《ぐんしゆ》以下諸《しよ》侍《さふらひ》ならびに陪臣《ばいしん》等《ら》人質《じち》の奉行となり、御旗本《はたもと》衆《しゆ》八十餘《よ》騎《き》を忠吉が組下《くミした》につけられ、与力《よりき》十騎《き》ならびに歩卒《かち》同心《どうしん》五十人をあづけたまふ。

同十九年十二月二十七日、將軍家（家光）の仰に、來年《らいねん》正月より若君（家綱）の御方《かた》御賀儀《かぎ》あるたびごとに、忠吉御配膳《はいぜん》の役《やく》を勤《つと》むべきのむねをうけたまハる。

同二十年正月十一日、將軍家の御若君御髪《かミ》置《をき》の御賀儀《かぎ》あり。忠吉かねて去年より別に鈞命をうけたまハつて御白髪《しらが》をとゝのへ置て、今日是を進上《しんじやう》しければ、將軍家御氣色《きしよく》快然《くわいぜん》たり。是に依て若君御盃《さかづき》を忠吉にくだされ、長光《ながミつ》の御腰物《こしのもの》をたまふ。將軍家も又御盃を下され、西蓮《さいれん》の御腰物《こしのもの》をたまふ。忠吉命のかたじけなき事を拝して、來國光《らいくにミつ》の御腰物・來國俊《らいくにとし》の御脇指《わきざし》を若君の御方に

酒　井（清和源氏義家流）

進上《しんじやう》す。その外御祝儀《しうぎ》數種《すしゆ》、將軍家・若君両御所《ごしよ》へ献《けん》じ奉る。忠吉が妻女《さいぢよ》・長子《ちやうし》忠政《たゞまさ》も又御祝儀を献《けん》ず。ともに拝領物《はいりやうもの》あり。

忠政《たゞまさ》

長次郎　生國武藏《むさし》。

寛永十二年、將軍家（家光）を拝したてまつる。

忠經《つね》

牛助《うしのすけ》　生國同前。

寛永十七年、將軍家（家光）を拝し奉る。

女子

吉良《きら》若狹守《わかさのかみ》（義冬）が妻《め》。

女子

板倉《いたくら》阿波守《あはのかみ》（重郷）が妻《め》。

女子

女子

新庄《しんじやう》新三郎（直常）が妻《め》。

忠重《たゞしげ》

壹岐守《いきのかみ》

寛永五年三月、仰に依て御歩卒《かち》の頭《かしら》となる。

同七年七月、御書院番《しよゐんばん》の組頭《くみかしら》となる。

同九年四月八日、御書院番頭《ばんがしら》となる。

同年十一月八日、從五位下《じゆごゐげ》に叙《じよ》す。

同十年五月、三千石をくはへたまふ。

同十二年四月、与力《よりき》・同心《どうしん》をあづかる。

忠綱《たゞつな》

内記《ないき》

忠正
藤松《ふぢまつ》

忠久
左京亮《さきやうのすけ》
寛永七年十二月廿八日、従《じゆ》五《ご》位《ゐ》下《げ》に叙《じよ》す。
同十三年八月十五日、卒《しゆつ》す。年二十八。

忠次《たゞつぐ》
藏人
寛永八年十二月二十八日、従五位下に叙す。

忠朝《たゞとも》
備後守《びんごのかみ》
寛永八年十二月二十八日、従五位下に叙す。

忠經《たゞつね》
民部
寛永十七年八月十七日、卒《しゆつ》す。時に十九歳。法名達《たつ》観《くはん》恵《ゑ》通《つう》。

忠直《なを》
靫負佐《ゆきへのすけ》
寛永十八年八月、竹千代君（家綱）御誕生《たんじやう》の時《とき》、将軍家（家光）の仰に依《よつ》て竹千代君につかへたてまつる。

忠行《たゞゆき》
万千代　阿波守
幼年《よ（う）くねん》より台徳院殿（秀忠）につかへ奉る。
慶長十九年の冬、大坂御陣の時、父《ちゝ》忠世《たゞよ》常《つね》に御旗本《はたもと》に在《あつ》て左右《さゆう》をはなれず。是に依て忠行其士《し》卒《そつ》を引ゐて軍事《ぐんじ》を勤《つと》む。
元和元年正月廿七日、仰に依て従五位下に叙《じよ》す。

同年の夏、大坂再乱《さいらん》の時、供奉。

寛永二年九月二日、上野板鼻《いたはな》にて二万石の地を拝領す。

同十年六月二日、上野の内大戸《おほど》・三之倉《さんのくら》・赤堀《あかぼり》にて一万石をくハへたまふ。

同十一年、御上洛の供奉。従四位下《じゆしゐげ》に叙《じよ》し、七月、御参内《さんだい》の時、忠行騎馬《きば》にて先駈《ぜんく》す。

同十三年五月、忠世が家督《かとく》をついで、その遺跡《いせき》をたまハり、職役《しよくやく》を勤む。

同年十一月十七日、卒《しゆつ》す。歳三十八。法名玖伯《きうはく》。松岩院《せうがんゐん》と号す。

●

忠清《きよ》

与四郎　河内守
寛永十四年、忠清十四歳にて父《ちゝ》忠行《たゞゆき》が家督《かとく》をついて、その遺跡《いせき》をたまふ。
同十五年十二月十六日、従五位下に叙す。

同十六年九月廿一日、千代姫君《ちよひめぎみ》（家光女）、尾張宰相殿《おはりさいしやうどの》（徳川光友）へ御嫁娶《かじう》の時、忠清十六歳にて御貝桶《かいおけ》の役《やく》を勤む。

同十八年八月三日、竹千代君（家綱）御誕生《たんじやう》の時、忠清十八歳にて蟇目《ひきめ》の役《やく》を勤む。

同年九月朔日、従四位下に叙す。若年《じやくねん》たりといへども恩遇《おんぐう》父祖《ふそ》にことならず、常《つね》に職役《しよくやく》を勤《つと》む。其上位階《ゐかい》昇進《せうじん》まことに家門《かもん》のさかへといふべし。

同二十年七月十六日、侍従《じじう》に任《にん》ぜられ、命のかたじけなき事を拝す。十八日、朝鮮《てうせん》の信使《しんす》御礼の時、仰に依て竹千代君の奏者《そうしや》となる。

忠能《たゞよし》

万千代　日向守
采地《さいち》二万石をたまふ。
寛永十八年十二月晦日、従五位下に叙す。
同二十年七月廿三日、鈞命《きんめい》に依て竹千代君（家綱）につかへ奉る。向後《きやうかう》晴《はれ》の儀《ぎ》あるたびごとに披露《ひろう》を勤むべきのむね仰出すにより、二十五日、竹千代君二丸の新御所《しんごしょ》へ御移徙《わたまし》の御賀儀《かぎ》としておの〳〵列参出仕《れっさんしゅっし》の時、御奏者《そうしゃ》となる。

家紋《いへのもん》　劒鳩酸草《けんかたばみ》

酒　井（清和源氏義家流）

（表紙題簽）

寛永諸家譜　清和源氏甲九册之内
義家流之内新田流

（扉裏）

「酒井」

寛永諸家系圖傳

清和源氏　甲八

義《よし》家《いへ》流《りう》

新《につ》田《た》庶《そ》流《りう》

酒《さか》井《ゐ》

家《か》傳《でん》にいはく、新《につ》田《た》義《よし》重《しげ》の苗《べう》裔《えい》徳《とく》河《がハ》親《ちか》氏《うぢ》主《ぬし》、三州にきたり住して二子《にし》をうめり。其ひとりをハ泰親《やすちか》主《ぬし》といふ。そのひとりハ酒井《さかゐ》氏《うぢ》と称《せう》じて世々《よゝ》家老《からう》たり。其後子孫《しそん》繁昌《はんじやう》して家《いへ》の洪業《こうげふ》をひらく。

●某《それかし》（符號・系線等朱、下同ジ）
左衛門尉

某
左衛門尉　法名《ほうミやう》浄賢《じやうげん》。道号《だうがう》愚玉《ぐぎよく》。
天文《てんぶん》五年四月八日、卒《しゆつす》。

某
将監《しやうげん》
永禄《えいろく》八年、上野《うへの》（三河）の城《しろ》をさつて駿州《すんしう》にのかる。

女子《によし》
下小川《しもをがハ》豊前守《ぶぜんのかミ》妻《め》。

女子

渡里《わたり》久兵衛妻。

女子《によし》

山岡《やまをか》半左衛門妻。

忠次《たゞつぐ》

小平次《こへいじ》　小五郎　左衛門尉《ぜう》　左衛門督《かみ》　剃髪《ていはつ》して一智《いつち》と号《かう》す。

東照（家康）大權現につかへたてまつりて、しば〳〵軍功《ぐんこう》あり。忠次が室《しつ》ハ大權現の姨母《をば》（松平清康女）なり。是に依《よつ》てよろつの事をうけたまハりあづかる。

弘治《こうぢ》二年、尾州《ひしう》の兵宇《へいう》幾賀井《きがい》の城《しろ》をかこみてせむる時、大權現加勢《かせい》として忠次ならびに御譜《ごふ》代《だい》の勇士等《ゆうしら》をつかはして是をすくひ、城外《じやうぐハい》にゐて相たゝかひ、よせ手《て》あまたうたれて、柴田《しばた》勝家《かついへ》疵《きず》をかうふるにより、敵利《てきり》をうしなひて歸《かへ》る。大權現軍《ぐん》を出《いだ》したまふごとに、忠次先《さき》がけをうけたまハらすといふことなし。

永祿《ゑいろく》五年九月廿九日、八幡《やハた》（三河）・佐脇《さわき》（同上）の合戰《かせん》のとき、忠次《たゝつぐ》粉骨《ふんこつ》をつくして軍功《ぐんこう》あり。

同六年十月、一向宗蜂起《いつかうしうほうき》のとき、百ヶ日計數《す》十度《ど》の合戰に、忠次先がけとして毎度《まいど》軍忠《ぐんちう》あり。

同七年、三州吉田《よしだ》の城《しろ》をたまふ。

同年、東三河《ひがしみかハ》の郡士《ぐんじ》を忠次が旗下《はたした》につけたまふの御書《しよ》あり。

元龜元年《げんきぐハんねん》六月、織田信長《をたのぶなが》と朝倉《あさくら》（義景）・淺井《あざゐ》（長政）と江州姉川《ごうしうあねがハ》にての合戰《かせん》のとき、大權現五千の人數《にんじゆ》を引《ひき》ゐて信長の加勢として御發向《はつかう》の時、忠次先手《たゞつぐさきて》として朝倉を討《うち》て是をやぶる。

同三年十二月、武田信玄《たけたしんげん》（晴信）遠州味方原《ゑんしうみかたがハら》に出張《しゆつちやう》の時、大權現發向したまひ、御旗下《はたもと》の兵をもつて信玄の將山縣《しやうやまかた》（昌景）三郎兵衛をうちやぶりたまふとき、忠次ハ小《を》山田《やまだ》備中《びつちう》（昌則カ）をせめやふる。山縣《やまかた》・小《を》山田《やまだ》ひきしりぞくこと三町餘《ちやうあまり》。こゝに武田《たけた》四郎勝頼《かつより》・馬場《ばば》美濃守《みのゝかみ》（信房）旗《はた》をすゝめ、馬をはせて横鑓《よこやり》をいれ、信玄大軍《たいぐん》をもつてきそひ來《きた》るゆへ、大權現のいくさしりぞきたまふ。其夜《そのよ》大權現二たび相《あひ》たゝかハん事を議《ぎ》したまふとき、忠次と石川伯耆守《いしかハはうきのかみ》（數正）と相《あひ》はかりて、ものみをつかハして敵陣《てきぢん》をうかゞハしむ。信玄陣《しんげんぢん》に二所《ふたところ》のかゞりをたいて、きびしくそなへをたてけるを見てかへり、忠次につぐ。信玄が備堅固《そなへけんご》にしてやぶりがたきことを察《さつ》して、其むねを大權現に言上《ごんじやう》して夜《よ》うちのことをいさめければ、すなハちやめたまふ。

天正《てんしやう》二年九月、武田勝頼《たけたかつより》濱松《はままつ》をおそはんとて、遠州《ゑんしう》まて出張《しゆつちやう》し、天龍川《てんりうがハ》（遠江）の邊《ほとり》に陣《ぢん》す。大權現七千餘《よ》の士卒《しそつ》にて、小天龍《こてんりう》の邊《ほとり》に出《いで》たまふ。武田《たけた》が兵《つハもの》、天龍川の中《なか》の瀬《せ》をわたりてすゝみ來《きた》る。ときに忠次川《かハ》の下《しも》にひかへて、御旗本《はたもと》をさる事

二十餘町《よちやう》。大權現しばしば使《つかひ》をたまハりて忠次をめす。忠次御旗本《はたもと》にいたらんとして、則《すなハち》馬《むま》をはせてちかく河邊《かハべ》つたひにいたる。其躰《そのてい》、川をわたりて敵陣《てきぢん》にかけいらんとするににたり。武田が兵これを見て、しばらくひかへてすゝミきたらず。勝頼《かつより》兵《へい》をすゝめんとすれども、軍利《いくさり》あらじと見きりて、つゐに軍勢《ぐんぜい》を引つれてかへりしりぞく。忠次《たゞつぐ》河邊《かハべ》よりすぐに御旗本《はたもと》へいたり、大權現に謁《ゑつ》したてまつるとき、忠次が戰功《せんこう》いまにはじめず、殊更今日《ことさらけふ》の働《はたらき》、忠次《たゞつぐ》なくんば敵《てき》かならす川をわたすべし、忠次ハまことの良將《りやうしやう》なり、と感《かん》じたまふ。

甲州《かうしう》より三《さん》州鳳來寺《ほうらいじ》にとり出《で》をこしらへて、番《ばん》をすへてまもらしむ。忠次手勢《てぜい》を引ゐて其所《そのところ》にいたりて、角屋村《すみやむら》を放火《はうくハ》しければ、敵兵《てきへい》これをふせぎけるを、忠次うちやぶりて敵數多《てきあまた》きりとる。

同三年、武田勝頼《たけたかつより》二万《まん》の兵にて三州《さんしう》に出張《しゆつちやう》す。

大権現五千の士卒《しそつ》を以て吉田《よした》口《ぐち》（三河）に陣《ちん》をはりたまふ時、忠次申けるハ、敵《てき》ハ大軍《ぐん》なり、あたるべからず、しばらく士卒《しそつ》を吉田に引《ひき》しりぞけてふせがん。大権現これをゆるしたまふにより、忠次しんかりして御人数《にんじゆ》を吉田にいれしむ。武田がさきがけ山縣跡《やまがたあと》よりしたひ來《きたる》を、忠次《たゞつぐ》馬をかへして是をうちしりぞけ、いくさを全《まつたふ》して吉田《よしだ》の町《まち》にいる。翌日又《よくじつまた》戰事《たゝかふこと》三度《ど》のうち、忠次と山縣《やまがた》と二たびことばをあはせたゝかひを決《けつ》す。諸軍《しよぐん》いさゝすゝんですゝやかにこれをうつゆへ、武田《たけた》が勢野外《せいやぐわい》にさゝゆる事あたはずして軍《いくさ》を引てかへる。

同五月、武田勝頼軍《かつよりいくさ》を出《いだ》して、長篠《ながしの》（三河）の城《しろ》をかこむ。大権現、信長《のぶなが》と後《ご》づめのために出張《しゆつちやう》したまふ時、勝頼ゝづから瀧澤川《たきざハがハ》を越《こえ》て、向原《むかひバら》に陣《ちん》をはる事《こと》二十余町《よちやう》。備《そなへ》をたつる事十三段《だん》。大権現、忠次《たゞつぐ》・本多《ほんだ》豊後守《ぶんごのかみ》（廣孝）・同《おなじく》平《へい》八（忠勝）等《ら》に命《めい》じておほせ

けるハ、勝頼すゝみ來《きた》る事かねてはかりたまふ所におちたり、此軍《このいくさ》かならず大利《たいり》を得《え》たまハん、と。忠次申ていはく、なを計略《けいりやく》あるべきは此ときなり、今夜《こよひ》勝頼《かつより》が陣《ぢん》の後《うしろ》をさへぎりて鳶巣山《とびがすやま》（三河）に趣《おもむ》〔赴〕き、敵《てき》陣をせむるならバ、長篠《ながしの》城中《じやうちう》の兵ハ力《ちから》を得て、勝頼が士卒《しそつ》ハ氣《き》をうしなふべし。大権現きこしめされて、しからバ信長《のぶなが》に其むねをしめしあはせよ、とて、則《すなハち》忠次を信長《のぶなが》へつかハして、はかりことのおもむきを申ければ、信長大《おほき》にいかりて、忠次むかしハ智謀《ちぼう》ありときゝしに、いま汝何《なんぢなに》とておろかなるや、鳶巣《とびかす》をとりてなにの益《ゑき》かあらん、と。忠次《たゞつぐ》赤面《せきめん》してしりぞく。其後信長《のぶなが》、忠次を閑所《かんじよ》にちかづけてひそかにのたまひけるハ、鳶巣《とびがす》をとるハかりこと尤《もつとも》理にあたれり。しかれどもはかりこと他《た》にもるゝ時《とき》はかへつて敵《てき》のためにはからる、こゝを以《もつ》て最《さい》前ハいつはつていかりき、しからバたれをつか

ハしてこれをとらしめんや。忠次がいはく、我《われ》よく彼地《かのち》の案内《あんない》をしれり、檢使《けんし》をそへられバわれゆきてとるべし。信長これをよろこびたまひ、金森《かなもり》・佐藤《さとう》・青山《おをやま》・加藤《かとう》等《ら》をあひそへらる。忠次・家次《いへつぐ》父子《ふし》陣所《ちんしよ》に歸《かへ》らずして、すぐに鳶巣《とびがす》におもむく。大權現これをきこしめして、本多《ほんだ》豊後守《ぶんごのかみ》（廣孝）・松平周防守《まつだいらすはうのかみ》（松井康親）・牧野《まきの》新《しん》二郎（康成）・菅沼《すがぬま》新八郎（定盈）・本多《ほんだ》彦《ひこ》八郎（忠次）・西郷《さいがう》孫《まこ》九郎（家員）六《む》かしらの加勢《かせい》をつかハさる。其勢《そのせい》三千餘《よ》。奥平監物《おくだいらけんもつ》・名《な》藏喜《ぐらき》八郎を道《みち》の案内者《あんないしや》として、五月廿一日のあかつき、鳶巣《とびがす》山《やま》によぢのほりてこれをせむ。城主《じやうしゆ》和田《わだ》兵部少輔《ひやうぶのせふ》（業繁）城門《じやうもん》をひらひてふせぎたゝかふといへども、味方《ミかた》すゝやかにすゝんで和田《わだ》をうちとり、城《しろ》をやきハらふ。武田《たけた》勢《せい》これを見て氣をうしなひ威《い》をふるはず。信長《のぶなが》これを称美《せうび》して、忠次に薙刀《なぎなた》をたまふ。其後江戸におゐて、大權現、忠次が館《たち》に渡御《とぎよ》のとき、件《くだん》の薙刀を進上《しんじやう》す。

大權現遠州《ゑんしう》へ御馬《むま》を出《いだ》され二俣《ふたまた》（遠江、以下小山マデ同ジ）をせめたまふ時、諸軍勢《しよぐんぜい》をめし猿樂《さるがく》を御覽《らん》ず。又懸川《またかけがハ》におもむきたまひ、諏訪原《すハのはら》の城《しろ》をとりまき、六月より八月までかこみたまふ故、敵《てき》城をすてゝさりし時《とき》、大權現のおほせに、この勝《かつ》にのつて小山《こやま》をせめばかならず是をとらん。忠次《たゞつぐ》申さく、諏訪原《すハのはら》すでに没落《ぼつらく》の上《うへ》は、他所《たしよ》の城《しろ》にもこれをきゝつたへて御旗下《はたした》になびかん、ねがハくは軍《いくさ》を引《ひき》てしばらく人馬《にんば》をやすめたまへ、もし小山《こやま》をかこみて是《これ》をおとさずんハ、勝頼《かつより》かならず後詰《ごつめ》すべし、と申けるを、石川伯耆守《いしかハはうきのかみ》・松平周防守《まつだいらすはうのかみ》等《ら》すゝんでいはく、勝頼長篠《かつよりながしの》の敗軍《はいぐん》におそれて軍《いくさ》を出《いだ》す事あたハじ、此《この》ついへにのりて小山《こやま》をせむべし。大權現これをゆるしたまふ故《ゆへ》、忠次争論《さうろん》におよばず、つゐに小山をかこむ。勝頼《かつより》これを聞て、二万《まん》の兵《へい》を引ゐてきたり、大井《おほゐ》川《がハ》に陣《ちん》す。大權現かこみをといて引《ひき》さらんとしたまふ時、内藤《ないとう》四郎左衛門（正成）言上《ごんじやう》しけるは、山路《やまち》にそふて引《ひき》たまひしかるべからん、といふ。忠次・富永《とミなが》等《ら》すゝみ出て申けるハ、河原《かはら》にそふて敵《てき》にむかふ躰《てい》にもてなし、引たまひてしかるべし。大權現、忠次が申むねにつきたまふ。則《すなハち》忠次しんがりしていくさを全《まつたふ》してかへる。このとき大權現と信康《のふやす》（家康長子）主《ぬし》としつはらひ（尻拂）のあらそひあり。

同六年、武田《たけた》と北条《ほうでう》（氏政）と駿州《すんしう》黄瀬川《きせかハ》に對陣《たいぢん》せし時、大權現ついへにのつて是《これ》をうたんとしたまふ。忠次がいはく、武田《たけた》かたにこれをきかばかならずかへし來《きた》るべし、ふかく敵國《てきこく》にはたらかん事しかるべからず、兵を引《ひき》てかへりたまへ、といさめけれとも、大權現ゆるしたまハずして、つゐに駿州《すんしう》に御馬《むま》をむけらる。忠次が申さく、某《それがし》ハ此《この》たびの御供《とも》に列《れつ》すべからず、瀬戸《せと》（三河）に陣《ぢん》をはり還御《くハんぎよ》をまつべし。大權現はたして遠目《とをめ》（駿河）より兵をおさめてかへりたまふ時《とき》、忠次しんがりす。大權現、忠次におほせけるハ、汝《なんぢ》が申所《ところ》たなごゝろをさすがごとし、とてます〱称美《せうび》したまふ。

同十年、信長《のぶなが》甲州《かうしう》に入《いり》、武田《たけた》が氏族《しぞく》をほろぼして歸《かへり》のぼるとて、駿《すん》州蒲原《かんばら》より遠州《ゑんしう》濱松《はままつ》にいたるのとき、大權現途中《とちう》にて是をもてなし給ふ。信長《のぶなが》、忠次にかたられけるハ、此度徳川殿《とくがハどの》の經《けい》營《ゑい》そなハれり、山路《やまち》・舟橋《ふなばし》等《とう》にいたるまでこれを謝《しや》するにあまりあり、我いま威《い》を天下《てんか》にふることハ、本是《もとこれ》徳川殿《とくがハどの》の多年《たねん》武田《たけた》をおそハるゝの功《こう》なり、とのたまふ。それより信長濱松《はままつ》を出《いで》て吉田《よした》にいたる。忠次吉田の城代《じやうだい》たるゆへ、經《けい》營《ゑい》美《び》をつくせり。時《とき》に信長《のぶなが》より眞光《さねミつ》の太刀《たち》ならびに黄金《わうごん》二百兩《りやう》をたまふ。この太刀今忠勝《いまたゞかつ》所持《しよぢ》す。

同年、大權現江州《ごうしう》安土《あづち》におもむきて信長に謁《ゑつ》したまふ時、穴山梅雪《あなやまばいせつ》（信君）これにしたがふ。忠次等《ら》供《ぐ》奉《ぶ》す。信長、忠次等幷《ならび》に御家人《ごけにん》をもてなし、信長ゝづから肴《さかな》を引《ひき》たまふ。其のち信長上洛《しやうらく》。大権現ものぼりましませば、穴山《あなやま》同しくこれにしたがふ。それよりして大権現和泉《いつミ》の堺《さかひ》におもむきたまふ。六月二日、信長、明智《あけち》光秀《ミつひで》がために弑《しひ》せらる。大権現おとろきたまひ、いそき上洛《しやうらく》して明智をうたんやとおほせけるを、忠次が申けるハ、今《いま》供奉《ぐぶ》いたす所《ところ》の兵《へい》すくなし、伊賀路《いがぢ》をへて國《くに》にかへり、かさねて大軍《たいぐん》をおこし、是をせめたまふべし。大権現これにしたがひたまふ。忠次すでに歸路《きろ》におもむきたまふ路《ミち》に川あり。忠次小舟《こぶね》一艘《さう》をもとめ得《え》てのせたてまつり、忠次ハ小鴉《こがらす》といふ馬《むま》にのり川をわたる。供奉《ぐぶ》の人をゝな渡《わたし》得て、信樂《しがらき》（近江）の山中《さんちう》をへて伊勢《いせ》の白子《しろこ》にいで、舟《ふね》にのりて三《さん》州にいる。

同年六月下旬《げじゆん》、大権現甲州《かうしう》にいりたまひ、新府《しんふ》（甲斐）の城《しろ》におハしますとき、諏訪《すハ》（信濃）の祝部《はふり》その城を献《けん》ぜんといふにより、忠次に命《めい》じて諏訪に趣《おもむ》〔赴〕かし

む。忠次三千余《よ》の人數《にんじゆ》を引《ひき》ゐて諏訪にむかふ。しかるに祝部《はふり》數日《すじつ》城をさらずして、ひそかに小《を》田《だ》原《はら》（相摸）へ加勢をこふ。北条《ほうでう》氏政《うぢまさ》四万《まん》の兵を卒《そつ》〔率〕して諏訪をすくふ。忠次が士卒《しそつ》等《ら》いひけるハ、大兵《たいへい》あたるべからず、夜《よ》に入《いり》すゝやかに兵を引てさるべし。忠次がいはく、今夜《こよい》もし爰《こゝ》を引《ひき》さらバ、敵《てき》にをひうたれてこと〳〵く死《し》せん、今夜《こよひ》ハまづ小《こ》荷《に》駄《だ》をかへして、明日《ミやうにち》兵をひかば軍《いくさ》全《まつた》からん。衆卒《しうそつ》これにしたがふ。翌日《よくじつ》小《を》田《だ》原《はら》の兵果《はた》していたる。忠次《たゞつぐ》則《すなハち》ゝづから其陣屋《ちんや》をやきて引退《ひきしりぞ》く。敵《てき》おふて來《きた》るを、忠次難所《なんしよ》にまちかけて是をふせぎ、しるしをたてゝ足輕《あしかる》を出《いだ》し鉄炮《てつはう》をうちかくるゆへ、敵《てき》ためらひてすゝみ得ず。忠次しば〳〵馬《むま》をかへしてこれをうちしりぞく。七里《り》の間《あひだ》にてしるしをかへす事《こと》五六度《ど》、或《あるひ》ハ退《しりぞ》き、或ハすゝみ、或ハとゞまり、或ハかけちらして、終《つゐ》に軍《いくさ》を全《まつたふ》して歸る。世《よ》に是を繰引《くりびき》と

いふ。大権現、忠次が智略《ちりやく》を感《かん》じたまふ。

同七月、北条《ほうでう》が大軍《たいぐん》甲州《かうしう》若御子《わかミこ》に出張《しゆつちやう》し、新府《しんふ》と相《あひ》へだゝる事二十余町《よちやう》。十余《よ》日對陣《たいちん》す。其内《そのうち》に鳥居《とりゐ》（元忠）・三宅《ミやけら》（康貞）等、北条《ほうでう》左衛門佐《すけ》（佐野氏忠）と相《あひ》戰《たゝかつ》て是をやぶる。氏政《うちまさ》たいくつして見えければ、忠次馬《むま》・足輕《あしがる》をつかハして時《とき》々これをおびやかすゆへ、氏政たゝかふ事あたハずして和《わ》をこひ、兵を引てかへる。大権現甲州《かうしう》・信州《しんしう》の法度《はつと》を定《さだ》め、濱松《はままつ》にかへりたまふ。同月、信州十二郡《ぐん》を忠次にたまはるべきの御書《ごしよ》ありといへとも、故ありてはたさず。

同年冬《ふゆ》、大権現の御娘《むすめ》（督姫）を北条氏直《ほうでううぢなを》に嫁《か》せしめたまふ。すでに吉日《きちにち》をゑらび、大権現、氏政《うちまさ》と惣河原《そうかハら》にて參會《さんくハひ》したまひ、酒宴《しゆゑん》あるのとき、忠次たハふれに蜆《ゑび》すくひ川《がハ》をまふ。氏政悦《うちまさよろこび》のあまり一文字《もんじ》の腰物《こしのもの》と貞宗《さだむね》の脇指《わきざし》をさづく。

同十二年、織田信雄《をたのゝぶを》と豊臣秀吉《とよとみひでよし》と合戰《かせん》におよぶとき、大権現、信雄《のぶを》をすくハんがために軍《いくさ》を出《いだ》したまふとて、忠次《たゞつぐ》に命《めい》ぜられけるハ、國家《こつか》の安《あん》危《き》此《この》合戰《かせん》にあり、ひとへになんぢが計策《けいさく》によるべし。忠次あへて辭《じ》せずして申さく、某《それかし》老年《らうねん》におよぶといへども、かたじけなき命《めい》をかうふるうへ、他《た》にゆづるべきにあらず、忠次先手《さきて》にてむかふならば、百万《まん》の敵《てき》といふともおそるゝにたらず、はかりことをめぐらしてかならず勝《かつ》事を決《けつ》せん、と申す。

同年三月十七日、秀吉《ひでよし》の先手森《もり》庄藏《しやうざう》（長可）三千餘騎《よき》にて羽黒《はぐろ》（尾張）に陣《ちん》す。忠次、大権現に申けるハ、庄藏わづかに三千餘騎《よき》にて羽黒《はぐろ》にあり、かれハ三左衛門（森可成）が子《こ》にして、信長の時《とき》より其名《そのな》諸人《しよにん》にこえて、堅《かたき》をやぶりつよきをくだく、世こぞりて鬼《おに》庄藏と称《せう》す、今又先手《いままたさきて》にあり、後陣《ごぢん》のつゝかざるさきにかれをうちやぶらん。大権現これをゆるしたまふゆへ、忠次并《ならび》に諸將《しよしやう》羽黒《はぐろ》にむかふ。忠次諸卒《しよそつ》を下知《げぢ》して三方《ばう》よりこれをせむ。庄藏さゝゆる事あたハずして、濃州《でうしう》に引《ひき》かへる。首《くび》を得《う》る事三百餘級《よきう》。秀吉《ひでよし》十万《まん》の兵《へい》を引《ひき》ゐて小《を》（尾張、以下龍泉寺マデ同ジ）口《ぐち》・樂田《がくてん》・二重《ふたへ》堀《ぼり》に出張《しゆつちやう》し、青塚《おをつか》に陣《ぢん》す。其有《そのあり》さま小牧山《こまきやま》をせめんとするいきほひなり。味方《ミかた》これを見て、軍《いくさ》をいだして戰《たゝか》ハんとす。忠次あふひて日《ひ》を見て、我士卒《わがしそつ》につげていはく、清洲《きよす》にゆきて兵粮《ひやうらう》・ぬか・わらを運送《うんそう》すべし。又《また》大權現に申けるハ、今日《こんにち》御合戰《かせん》あるべからす、しバらく人馬《にんば》をやすめん。其故《そのゆへ》いかにととハせたまふとき、日すでに未《ひつじ》の刻《こく》をすぐ、大軍《ぐん》を引《ひき》ゐて敵國《てきこく》にいり暮《くれ》におよひてたゝかふ事ハ、明將《めいしやう》〔名〕のせざる所《ところ》なり、其上秀吉《ひでよし》武勇《ぶゆう》に長《ちやう》ぜり、あにしらずして是《これ》をなすべけんや、いま陣《ぢん》を野外《やぐハい》にはる事ハ取出《とりで》をかまへ堀《ほり》をほらんがため也、と申ければ、大權現のおぼしめすところも忠次が申むねにたがハず、とて感《かん》じたまふ。

同四月九日、大權現長久手《ながくて》御進發《しんはつ》ありて、秀吉《ひでよし》の先手池田勝入《いけだしやうにう》（恒興）・森《もり》庄藏を討《うち》ほろほす時に、石川《いしかハ》伯耆守《はうきのかみ》ならびに忠次等《ら》に命《めい》じて小牧山《こまきやま》をまもらしむ。忠次、伯耆守《はうきのかみ》にかたりけるハ、秀吉《ひでよし》長久手の敗軍《はいぐん》を聞《きゝ》て龍泉寺《りうせんじ》に出張す、是味方《これミかた》のこひねがふ所《ところ》なり、この時《とき》二重《ふたへ》堀《ほり》をおそひ火《ひ》を陣《ぢん》屋《や》にはなつならバ、敵《てき》かならず敗北《はいほく》せん、といひけれども、伯耆守《はうきのかみ》是にしたがハず。忠次軍勢《ぐんぜい》を出《いだ》さんとする時、兩《りやう》三度《ど》におよんで伯耆守に使《つかひ》をたつるといへども、伯耆守あへてすゝまず。忠次ちからなくしていかりをおさへてやむ。後《のち》に大權現これをきゝたまひて、忠次が忠謀《ちうぼう》をかんじたまふ。

大權現と秀吉と和睦《くハぼく》になり、御入洛《じゆらく》のとき、忠次供奉《ぐぶ》す。在京《ざいきやう》のうちに秀吉より宅地《たくち》をたまふ。櫻井《さくらゐ》の屋敷《やしき》と号《がう》す。其上江州《かうしう》のうちにて采地《さいち》千石《ごく》をたまはりて、在京《ざいきやう》のまかなひ料《れう》にあてたまふ。

慶長《きやうちやう》元年十月二十八日、京都櫻井《きやうとさくらゐ》の屋敷にて卒《しゆつ》す。時に七十歳《さい》。高月縁心《かうげつゑんしん》と号《がう》す。

某《それがし》

下総守《しもふさのかみ》　忠次と別腹《べつふく》。
始《はじめ》ハ出家《しゆつけ》。後《のち》に下総守と号《がう》す。

女子《によし》

西郷《さいがう》驒《だん》（弾）正《じやう》（清員カ）妻《かめ》。忠次と別腹《へつふく》。

家次《いへつぐ》

小五郎　宮内太輔《くないのたゆふ》　左衛門尉
（家康）大権現より御諱《いみな》の家《いへ》の字《じ》をくださる。長篠《ながしの》（三河）御合《か》戦《せん》のとき、父《ちゝ》忠次にしたがひ鳶巣《とびかす》（同上）山におもむきて軍功《ぐんこう》あり。

天正《てんしやう》十四年四月十四日、秀吉《ひでよし》（豊臣）の妹《いもうと》（朝日姫）を大権現に嫁《か》したまふ時、秀吉《ひでよし》より淺野《あさの》驒正《だんじやう》（弾）（長政）等《ら》をそへて三（遠）州濱松《しうはままつ》につかハす。家次等《いへつぐら》、大権現の命《めい》をうけたまハりてむかひ（迎）に出あひ、途中《とちう》にて其《その》こしをうけとる。

同十六年、家督《かとく》をついて、吉田《よしだ》（三河）の城《しろ》を領《りやう》ず。

同十七年、従五位下《じゆごゐげ》に叙《じよ》す。

同十九年九月、吉田《よしだ》をあらためて下総國碓井《しもふさのくにうすゐ》の城《しろ》をたまハり、三万石を領ず。

慶長五年、石田治部少輔《いしだぢふのせふ》（三成）上方《かみがた》にて謀反《むほん》のとき、（秀忠）台徳院殿信州眞田《しんしうさなだ》に發向《はつかう》し給ふとて、染屋馬場《そめやばゞ》臺《だい》にて敵陣《てきぢん》を御覧《らん》じ、諸卒《しよそつ》に命《めい》じて刈田《かりた》せしむるとき、眞田《さなだ》安房守《あはのかみ》（昌幸）がもの見の士卒來《しそつきた》る。家次《いへつぐ》これを討《うち》ちらし、たゞちにをひつけて追手《をふて》の門《もん》ぎハにいたり、城中《じやうちう》の兵と鑓《やり》をあはす。死《し》し疵《きず》づくものおほし。すでに城中《じやうちう》にいらんとする時に、御旗本《はたもと》より使者《ししや》きたりてつげけるハ、大将《たいしやう》の下《げ》知《ち》なくして城《しろ》をせむることなかれ、といふ。是により家次《いへつぐ》兵を引てかへる。
同九年、碓井《うすゐ》をあらため上野《かうづけ》の國高崎《たかさき》の城《しろ》をたまハり、五万石を領《りやう》す。
元和元年五月七日、大坂再乱《さいらん》のとき、天王寺邊《てんわうじへん》におゐて戰功《せんこう》あり。
同三年、高崎《たかさき》をあらため越後國《ゑちごのくに》高田《たかた》の城《しろ》にて十万石をたまはる。
同四年三月十五日、江戸におゐて病死。五十五歳。法名《ほうミやう》宗慶《そうけい》。

康俊《やすとし》
縫殿助《ぬいのすけ》　本多《ほんだ》（忠次）氏《うぢ》をつぐ。
（家康）大權現より御諱《いミな》の康《やす》の字《じ》を給る。

信之《のぶゆき》
左衛門佐　小笠原《をがさはら》（信嶺）氏《うぢ》をつぐ。

久恆《ひさつね》
松平《まつだいら》甚三郎
はじめ三州《さんしう》福鎌《ふくかま》におもむき、松平三郎次郎（親俊）か聟《むこ》となる。今ハ忠勝《たゝかつ》が家臣《かしん》。

忠知《たゝとも》
因幡守《いなばのかミ》

女子《によし》
松平外記《げき》伊昌《これまさ》が妻《め》。

女子
牧野《まきの》右馬允《むまのぜう》康成《やすなり》妻《がめ》。

忠勝《たゞかつ》
宮内太輔《くないのたいふ》
慶長十二年、大權現（家康）・台德院殿（秀忠）に拜謁《はいゑつ》す。

同十四年正月廿三日、従五位下《じゆごゐげ》に叙《じよ》し、宮内太《くないのたい》輔《ふ》に任《にん》ず。
大坂両度《りやうど》の御陣《ぢん》に供奉《ぐぶ》す。
元和五年三月、越後《ゑちご》高田《たかた》をあらため信州《しんしう》松城《まつしろ》（松代）にうつる。領地《りやうち》の員数《いんじゆ》本《もと》のごとし。
同八年八月、松城《まつしろ》（松代）をあらため出羽《では》の庄内《しやうない》を領《りやう》じ、十三万八千石を給ふ。
寛永三年九月、従四位下《じゆしゐげ》に叙《じよ》す。
同九年六月、加藤肥後守忠清《かとうひごのかみたゞきよ》罪《つみ》ありて庄内《しやうない》に配《はい》せられ、忠勝《たゞかつ》これをまもる。時に二千石の地をまして十四万石となる。

直次《なをつく》
右近《うこん》　従五位下《じゆごゐげ》
寛永《くわんゑい》七年三月十日、三十五歳にして死す。法名林清《りんせい》。

忠重《たゞしげ》
長門守《ながとのかみ》　四歳にして祖父《おほぢ》の養子《やうし》と成《なる》。
元和元年、伏見《ふしみ》にゐて大権現（家康）・台徳院殿（秀忠）を拝《はい》したてまつる。
同三年十二月、従五位下《じゆごゐげ》に叙《じよ》す。

勝吉《かつよし》
大膳《だいぜん》
元和二年、台徳院殿（秀忠）を拝《はい》したてまつる。

了次《さとつぐ》
玄蕃《げんば》
寛永十四年五月十一日、死《し》す。

某《それがし》
采女《うねめ》　忠勝《たゞかつ》が家臣《かしん》。
元和九年八月五日、十六歳にして死《し》す。

某《それがし》
民部《みんぶ》　忠勝が家臣《かしん》。
寛永七年五月廿五日、二十二歳にて病死《ひやうし》。

女子《によし》
松平甲斐守《かいのかみ》（忠良）妻。

女子
水谷伊勢守《みつのやいせのかみ》（勝隆）妻《め》。

女子
内藤帯刀《ないとうたてはき》（忠興）妻《め》。

女子
里見讃岐守《さとみさぬきのかみ》妻。

女子《によし》
嶋田十右衛門《しまた》（春世カ）妻。

女子
忠勝《たゞかつ》が家老高力但馬《からうかうりきたじま》が妻。

女子
松平飛驒守《ひだのかみ》（菅沼忠隆）妻。

忠當《たゞまさ》
攝津守《つのかみ》
寛永四年十一月十三日、将軍家（家光）を拝《はい》したてまつる。
同十二月二十九日、従五位下《じゆこゐげ》に叙《じよ》す。

忠俊《たゞとし》
左近《さこん》

家紋《いへのもん》　丸内《まるのうち》鳩酸草《かたばミ》

裏紋《うらのもん》　沢瀉《おもだか》

酒井《さかゐ》

勝忠《かつたゝ》

小平太　生國《しやうこく》三河《ミかハ》。法名《ほうミやう》宗清《そうせい》。

重元《しげもと》

七郎右衛門尉　生國同前。法名成安《しやうあん》。

東照大權現《（家康）》につかへたてまつりて、御出陣《しゆつぢん》のたびごとに供奉《ぐぶ》し、軍忠《ぐんちう》をつくす。

重勝《しげかつ》

与九郎　作右衛門尉　生國同前。

大權現《（家康）》につかへたてまつりて、軍忠《ぐんちう》あるにより御使番《つかひばん》となる。

天正《てんしやう》十二年、尾州《びしう》長久手《なかくて》御陣《ごぢん》のとき、御鑓奉行《やりぶぎやう》となりて發向《はつかう》し、いさみすゝんで軍功《ぐんこう》をはげます。

文禄《ぶんろく》元年、上総《かづさ》の國山邊郡《くにやまべのこほり》・武藏《むさし》の國比企郡《くにひきのこほり》におゐて領地《りやうち》二千石を給《たまハる》。そのゝち御旗奉行《はたぶぎやう》となる。

關ケ原《せきがはら》（美濃）御陣《ちん》の時、軍功《ぐんこう》あり。大權現これを感《かん》じたまひて、三州寺部《さんしうてらべ》の城《しろ》をあづかり、同國におゐて、与力《よりき》二十五騎の御切米《きりまい》として五千石の采《さい》地《ち》をたまハり、又武州勢田谷《ぶしうせたがや》（世田谷）におゐて、足輕《あしがる》七十人の御扶持《ふち》をたまハる。そのゝち伏見《ふしみ》御城《しろ》の御番《はん》をつとむ。其上御旗《はた》ならひに御馬《むま》しるしを給りて、御天守《てんしゆ》をあつけらる。仰《おほせ》にいはく、もし火急《くハきう》の事あらバ重勝《しげかつ》御旗《はた》・御馬《むま》じるしをあぐへし、しからバ五畿内《ごきない》の諸さふらひはせきたらん、其士卒《しそつ》をあつめて相ともに伏見《ふしみ》の城《しろ》をまもるべし、と。其後江州蒲生郡《がうしうかまふこほり》におゐて御加增《かぞう》千石の地をたまハる。

ある時、伏見《ふしみ》の御城《しろ》におゐて、諸國《しよこく》の大將《たいしやう》、大權現の御前《まへ》に列座《れつさ》して、各《おの〳〵》鑓《やり》の長短《ちやうたん》により勝負《せうぶ》ある事をいふ時、大權現の仰《おほせ》に、長短《ちやうたん》の善惡《ぜんあく》ハ數度《すど》鑓《やり》をあはせて功《こう》あるもの是をしるべし、とてすなハち重勝《しげかつ》をめしてたつねとはせたまふ時、こたへて申けるハ、鑓《やり》ハ長《なが》きを以《もつ》ておほく勝利《せうり》を得る事いにしへよりしかり。列座《れつざ》ミなこれを信《しん》ず。

慶長《きやうちやう》十八年五月、伏見《ふしみ》におゐて病死《びやうし》。六十五歳。法名《ほうみやう》成眞《じやうしん》。

重正《しげまさ》

与九郎　生國同前。

（秀忠）台德院殿につかへたてまつる。

慶長五年、上杉景勝《うへすぎかげかつ》謀叛《むほん》のとき、台德院殿にしたがひたてまつり、宇都宮《うつのみや》（下野）にいたりて、それより眞田《さなだ》（昌幸、信濃上田城）御陣《ちん》に供奉《ぐぶ》し、其後大坂《おほざか》にいたりて供奉す。

同八年十二月、江戸にて病死《びやうし》。二十七歳。法名良永《りやうゑい》。

吉勝《よしかつ》

佐大夫　五十六歳にて死す。法名橋山《けうざん》。

政勝《まさかつ》

佐兵衛　生國武藏《むさし》。

定勝《さだかつ》

半左衛門　生國同前。

勝貞《かつさだ》

与一郎　生國山城《やましろ》。

實《じつ》ハ酒井《さかゐ》半右衛門尉次則《つぎのり》が子《こ》なり。勝貞《かつさだ》幼少《ようせう》の時、次則病死《びやうし》する故、曾祖父《ぞうそふ》重勝《しげかつ》にやしなはる。

寛永七年十二月、はしめて台徳院殿（秀忠）を拝《はい》したてまつり、そのゝち将軍家（家光）へつかへたてまつり、御小姓《こしやう》ぐみの御番《ばん》をつとむ。

重之《しげゆき》

作右衛門尉　生國伊勢《いせ》。

母ハ菅沼織部正《すがぬまをりべのかみ》（定盈）がむすめなり。懐姙《くハいにん》の中《うち》に父重《しげ》正死去《まさしきよ》ゆへ、誕生《たんじやう》して祖父《そふ》重勝にやしなはれて、家督《かとく》となる。

慶長十五年、八歳にして三州《しう》吉良《きら》におゐてはじめて大権現（家康）を拝《はい》したてまつる。

同十八年、重勝《しげかつ》死去《しきよ》の後、重之《しげゆき》幼少《ようせう》たるにより、永井《なかゐ》右近《うこんの》大夫直勝《なをかつ》此よし言上《ごんじやう》す。これにより重勝か領地《りやうち》の内江州《がうしう》の千石ならびに与力《よりき》・足軽《あしがる》をめしあけられて、二千石をたまハる。

元和元年、十三歳にて台徳院殿（秀忠）を拝《はい》したてまつり、翌年《よくねん》より御小姓《こしやう》ぐみの御番《ばん》をつとめ、そのゝち御書院番《しよゐんばん》となる。

酒井（清和源氏義家流）

寛永十五年十二月、將軍（家光）家の命《めい》によりて、御書《しょ》院番《ゐんばん》の組頭《くみかしら》となる。
同十六年、布衣《ほい》をゆるさる。

重良《しげよし》

与九郎　生國武州《ぶしう》。
母《はゝ》ハ久世《くぜ》三左衛門尉廣宣《ひろのぶ》がむすめ。
寛永十年五月、十二歳にて將軍（家光）家を拜《はい》したてまつる。
同十五年十二月より、御書院番をつとむ。
同十七年十二月、御切米《きりまい》をたまはる。

重頼《しげより》

三次郎

女子《によし》

家紋《いへのもん》　劒鳩酸草《けんかたばみ》

酒井《さかゐ》

元重《もとしげ》

平兵衛　生國《しやうこく》三州《さんしう》。

水野《みづの》下野守《しもつけのかみ》信元《のふもと》につかふ。

元俊《もととし》

弥十郎　生國同前《どうぜん》。

水野《みづの》和泉守《いづみのかみ》忠重《たゞしげ》につかふ。

慶長十二年二月、死《しす》。

元次《もとつく》

弥次右衛門　生國同前。

慶長《きやうちやう》十七年より、東照大權現（家康）を拝《はい》したてまつる。

時に廿五歳。

同十九年、大坂御陣《ちん》に供奉《ぐぶ》す。其後台徳院殿（秀忠）・将軍家（家光）を拝《はい》したてまつり、天守《てんしゆ》の御番《ばん》をつとむ。

家紋《いへのもん》　劔鳩酸草《けんかたばミ》

酒井《さかゐ》

某《それがし》

作之《さくの》右衛門　其先《そのさき》尾州《びしう》人《の》なり。
穴山梅雪《あなやまはいせつ》（信君）につかふ。
天正《てんしやう》三年五月廿一日、長篠《ながしの》（三河）におゐて討死《うちじ》す。
毛林祥半《まうりんしやうはん》と号《がう》す。

吉次《よしつぐ》

作之右衛門　生國甲州《かうしう》穴山《あなやま》。
穴山梅雪《ばいせつ》（信君）が子《こ》勝千代《かつちよ》（信治）につかふ。勝千代死去《しきよ》の後、廿七歳にして父か好《よしみ》にて東照大権現（家康）へつかへたてまつる。其後台徳院殿（秀忠）を拝《はい》したてまつる。

吉久《よしひさ》

寛永二年、死《し》す。法名《ほうみやう》禅法順父《ぜんほうじゆんふ》。

七兵衛　生國《しやうこく》武州《ぶしう》。
台徳院殿（秀忠）を拝《はい》したてまつる。
寛永十年、将軍家（家光）へつかへたてまつり、小《こ》十人組《ぐみ》となる。
家紋《いへのもん》　剣鳩酸草《けんかたばミ》

（表紙題簽）

寛永諸家譜

〔清和〕□源氏甲九册之内
義家流之内新田流

（扉裏）

「山名　志賀
由良
大嶋
田中
鳥山」

寛永諸家系圖傳《くハんゑいしよけけいづでん》

清和源氏《せいわげんじ》　甲九

山名（清和源氏義家流）

義家流《よしいへりう》

新田庶流《につたそりう》

山名《やまな》

●義家《よしいへ》（符號・系線等朱、下同ジ）
八幡《まん》太郎　陸奥守《むつのかミ》　鎮守府将軍《ちんじゆふのしやうぐん》

義國《よしくに》
式部太夫《しきぶのたいふ》

義重《よししげ》
新田《につた》大炊助《おほいのすけ》

●義範《よしのり》
伊与守《いよのかミ》　伊豆守　山名《やまな》の元祖《ぐハんそ》。山名の冠者《くハんじや》と号《がう》す。

義行《よしゆき》
太郎

重國《しげくに》
承明門院《せうめいもんゐん》の藏人《くらうと》（後鳥羽天皇中宮、久我在子）

重村《しげむら》 — 重長《しげなが》
又義長《よしなが》と改《あらた》む。

義俊《よしとし》 — 政氏《まさうじ》
又義氏《よしうじ》と改む。

時氏《ときうじ》
伊豆守　左京大夫《さきやうのだいぶ》
坂東《ばんどう》より初《はじ》めて上洛《しやうらく》し、在京《ざいきやう》のうち子《こ》十六人あり。因幡《いなば》・伯耆《はうき》・丹波《たんば》・丹後《たんご》・美作《みまさか》五ケ《か》國《こく》の守《しゆ》護《ご》たり。
法名《ほうみやう》鎮國道靜《ちんごくだうじやう》。光孝寺《くハうかうじ》と号《がう》す。伯州《はくしう》にあり。

氏清《うぢきよ》
時氏《ときうじ》四男《なん》。陸奥守《むつのかミ》　継子《つぐこ》なし。
明徳《めいとく》二年、内野《うちの》（山城）合戦《かせん》におゐて討死《うちじ》。宗鑑寺《そうかんじ》と号《がう》す。

時義《ときよし》
時氏六男。伊与守　法名《ほうみやう》大等宗均《だいとうそうきん》。圓通寺《ゑんつうじ》と号《がう》す。但州鷹野《たんしうたかの》にあり。

時熙《ときひろ》
宮内少輔《くないのせふ》
鹿苑院《ろくおんいん》義満公《よしみつこう》（足利）より篠作《さゝづくり》の太刀《たち》を時熙《ときひろ》にたまふ。それよりこのかた篠《さゝ》を以てそへ紋《もん》とす。あるひハいはく、氏清謀反《うぢきよむほん》のとき、時熙《ときひろ》一族《ぞく》をはなれ、義満公《よしみつこう》に屬《ぞく》して軍功《ぐんこう》をはげます。旗《はた》の紋氏清《もんうぢきよ》と同じくしてそのしなわかちがたし。これによりて篠《さゝ》の葉《は》をもつて旗《はた》のせみ（蟬　本）もとにつくる。このゆへに終《つゐ》に旗《はた》のそへ紋《もん》になすとなり。氏清《うぢきよ》うち死して後《のち》、但州《たんしう》に入部《にうぶ》して代《だい》々但州《たんしう》に居《きよ》す。法名《ほうみやう》巨川《こせん》。大明寺《たいみやうじ》と号《がう》す。光月庵《くハうげつあん》に參《さん》ず。和《わ》州《しう》片岡《かたおか》の達磨寺《だるまじ》再興《さいこう》の碑文《ひのもん》に見えたり。

持豊《もちとよ》

右衛門督《かミ》
但馬《たじま》・因幡《いなば》・伯耆《はうき》・備前《びせん》・備後《びんご》・播磨《はりま》・美作《ミまさか》・石見《いわミ》八ヶ國《こく》の守護《しゆご》たり。
法名《ほうミやう》最高道峯《さいかうだうほう》。遠碧院《ゑんへきいん》と号《がう》す。南禅寺《なんぜんじ》にあり。

教豊《のりとよ》

伊与守　法名《ほうミやう》玄嶺《げんれい》。大智院《だいちいん》と号《がう》す。但州《たんしう》にあり。

政豊《まさとよ》

右衛門督《かミ》　宗源院《そうげんいん》と号《がう》す。

致豊《むねとよ》

弾正少弼《だんじやうのせうひつ》
但馬《たじま》・因幡《いなば》両國《りやうごく》の守護《しゆご》たり。

山　名（清和源氏義家流）

法名《ほうミやう》芳心宗傳《はうしんそうでん》。栖鳳院《せいほういん》と号《がう》す。

豊定《とよさだ》

九郎　因州《いんしう》の守護《しゆご》。壽仙院《じゆせんいん》と号《がう》す。

豊國《とよくに》

中務《なかづかさの》大輔《たいふ》　母《はゝ》ハ細川高國《ほそかハたかくに》が女《むすめ》なり。
代《だい》々相《あひ》つゐて因幡《いなば》の守護《しゆご》となり、鳥取《とつとり》の城《しろ》に居《きよ》す。時《とき》に豊國《とよくに》が家老《からう》どもあひともにそむいて、別《べつ》に主君《しゆくん》をたてゝ是につかふ。このゆへに豊國《とよくに》則《すなハち》秀吉《ひでよし》（豊臣）に屬《ぞく》して、鳥取《とつとり》の城《しろ》をせめおとす。しかれども豊國《とよくに》つゐに本國《ほんごく》を領《りやう》ぜす。そのゝち東（家康）照大権現につかへ奉る。
天正《てんしやう》十五年、筑紫《つくし》陣《ぢん》のとき、大権現但馬《たじま》の山《やま》名《な》堯熙《たかひろ》ならびに豊國《とよくに》に仰ていはく、山名の先祖《せんぞ》伊豫守《いよのかミ》義範《よしのり》ハ新田《にった》義重《よししげ》の子《こ》なり、しかるときハ元祖《ぐハんそ》我《われ》と同じ、我なんぞおろか（疎）にせん、との給ふ。豊國《とよくに》かたしけなき台命《たいめい》をかうふる。

慶長五年、關原陣《せきがはらぢん》（美濃）のとき、上杉《うへすぎ》紹常《ぜうじやう》・龜井《かめゐ》武藏《むさし》（茲矩）守《かみ》・八木《やぎ》（光政）庄左衛門・太田垣《おほたがき》監物《けんもつ》とともに供奉《ぐぶ》す。勝利《せうり》を得たまひてのち、仰にしたかひて但馬《たじま》の竹田《たけだ》に赴《おもむ》き、齋村《さいむら》（政廣）左兵衛が城を請とり國の事を支配《しはい》し、其後同國《どうこく》七味郡《しつみこほり》を給ハり、是を領知《りやうち》す。大坂御陣のとき、仰にいはく、本多《ほんだ》上野介《かうづけのすけ》（正純）ハ御前はなれざるものなり、しかれバ三浦《みうら》監物《けんもつ》（重成）と豊《とよ》國《くに》と上野介備《そなへ》にあるべきよし仰をかうふり、供《ぐ》奉《ぶ》す。

寛永三年十月七日、病死《びやうし》。七十九歳。法名《ほうみやう》禪《ぜん》高《かう》。東林院《とうりんいん》と号《がう》す。院《いん》ハ妙心寺《めうしんじ》にこれあり。

豊政《とよまさ》

平右衛門　生國《しやうこく》因幡《いなば》。

（家康）大權現・（秀忠）台徳院殿につかへたてまつる。

奥州陣《あうしうぢん》・關原陣《せきがはらぢん》（美濃）ならびに大坂兩御陣《おほざかりやうごぢん》にいづれもしたがひ奉る。

寛永七年六月廿八日、死去《しきよ》。六十歳。法名《ほうみやう》道《だう》榮《ゑい》。法雲院《ほううんいん》と号《がう》す。

豊義《とよよし》

太郎左衛門

豊長《とよなか》

八左衛門
紀州《きしう》大納言《たいなごん》頼宣卿《よりのぶきやう》（家康十子）幼少《ようせう》のときよりつかへて、番頭《ばんがしら》となる。

豊滿《ミつ》

圖書《づしよ》
寛永七年、（家光）將軍家を拜謁《はいゑつ》し奉る。

英首座《ゑいしゆそ》

妙《めう》心《しん》寺《じ》東《とう》林《りん》院《いん》

豐玄《とよはる》
次郎左衞門
寛永十六年、將軍家（家光）を拜したてまつる。
同十七年、御書院番《しよゐんばん》を勤《つと》む。

豐守《とよもり》
彦左衞門

義照《よしてる》
主殿頭《とのものかみ》　生國《しやうこく》武州《ぶしう》江戸《ゑど》。
寛永五年、將軍家（家光）につかへたてまつる。

義頼《よしより》
左京亮《さきやうのすけ》　生國武州《ぶしう》。
寛永十七年、將軍家（家光）を拜し奉る。

同十八年、御書院番《しよゐんばん》を勤《つと》む。
家紋《いへのもん》　桐《きり》
添紋《そへもん》　七葉根篠《しちようのねざゝ》

志賀《しが》

家傳《かでん》にいはく、山名《やまな》の庶流《そりう》なり。

義範《よしのり》十二代

●教豊《のりとよ》

山名伊豫守《いよのかミ》　但州《たんしう》に住《ぢう》す。
法名《ほうミやう》玄嶺《げんれい》。大智院《だいちいん》と号《がう》す。

政豊《まさとよ》

右衛門督《ゑもんのかミ》　宗源院《そうげんいん》と号《がう》す。

豊継《とよつぐ》

肥後《ひご》　山名《やまな》をあらためて海老名《ゑびな》を称號《せうがう》とす。

豊一《とよかつ》

源助　海老名号《ゑびなとがう》す。
筑紫陣《つくしぢん》の時《とき》、討死《うちじ》。

政近《まさちか》

肥後守《ひごのかミ》　南条《なんでう》と号す。
伯州羽衣石《はくしううゑし》の城《しろ》におゐて討死《うちじ》。法名《ほうミやう》道月《だうげつ》。

政継《まさつぐ》

源介　海老名《ゑびな》と号《がう》す。生國《しやうこく》但州《たんしう》。
永祿《ゑいろく》三年、政継《まさつぐ》十四歳にて山名中務大輔入道《なかつかさのたいふにうだう》
（豊國）禪高《せんかう》が許《もと》にあり。其後南条伯耆守元継《なんでうはうきのかミもとつぐ》に属《ぞく》す。
天正《てんしやう》二年、元継《もとつぐ》とよしみあるにより、政継《まさつぐ》に
伯耆國中《はうきこくちう》の政務《せいむ》を沙汰《さた》せしむ。時に政継《まさつぐ》廿八歳。
其後元継病死《もとつぐびやうし》す。二歳の男子《なんし》これあり。時に秀《ひで》（豊
臣）吉《よし》、元継《もとつぐ》が伯州《はくしう》の遺跡《いせき》を其兄《あに》左衛門尉元清《もときよ》にあ
づけらるゝ。元清驕《もときよおごり》をほしひまゝにせしかバ、
諸士《しよし》是をうれへ衆民《しゆミん》これをくるしむゆへ、元継《もとつぐ》
が家臣《かしん》三人訴状《そじやう》を秀吉にさゝく。秀吉、元清《もときよ》を加《か》
（清正）藤肥後守《とうひごのかミ》にあづけ給ふ。家臣等《かしんら》を諸國《しよこく》にあづけ

らる。政継《まさつぐ》ハ石田《いしだ》治部少輔三成《みつなり》是をあづかる。その比《ころ》秀吉《ひでよし》、臣《しん》に命《めい》じて諸國《しよこく》を巡検《じゆんけん》せしむるとき、三成《みつなり》薩州《さつしう》を巡検《じゆんけん》す。政継《まさつぐ》これが奉行《ぶぎやう》たり。

慶長《きやうちやう》三年八月、秀吉《ひでよし》逝去《せいきよ》により、政継《まさつぐ》剃髪《ていはつ》して良以《りやうい》と号《がう》し、因幡國《いなばのくに》に蟄居《ちつきよ》す。

同七年、召されて台徳院《（秀忠）》殿につかへたてまつる。

同年、上野國《かうづけのくに》緑野郡《みどりのこほり》のうちにて木部郷《きべのがう》・栗津《くりづの》郷《がう》をたまふ。

元和九年九月十日、病死《びやうし》。七十七歳。法名《ほうみやう》長《ちやう》安《あん》。

定繼《さだつぐ》

志賀《しが》半兵衛尉　生國《しやうこく》尾州《びしう》。

母《はゝ》ハ渡邊《わたなべ》周防守《すはうのかみ》が女《むすめ》。

定継《さだつぐ》元來《ぐわんらい》山名《やまな》氏《うち》たりといへども、母《はゝ》の氏《うち》によつて渡邊《わたなべ》と称《せう》す。しかるに御家人《けにん》の内に渡邊半兵衛と称《せう》するものあるにより、又祖母《そぼ》の氏用《うちをもちひ》て志賀《しが》とあらたむ。

慶長十五年、定継《さたつぐ》十五歳にして台徳院《（秀忠）》殿を拝してつかへ奉る。父《ちゝ》良以老年《りやういらうねん》たるに依《よつ》て、定継《さだつぐ》是にかはつて御役《やく》を勤《つと》む。

同年、父《ちゝ》が領地《りやうち》を定継《さだつぐ》にたまふ。

同十九年、大坂《おほざか》御陣《ぢん》に供奉《ぐぶ》。

元和元年、大坂再乱《さいらん》のとき、五月七日、天王寺《てんわうじ》口《ぐち》にて敵《てき》を討《うつ》て首《しゆ》汲《（マヽ）》を得たり。御入洛《じゆらく》ならびに日光《につくハう》御社参《しやさん》あるひハ御鷹野《たかの》等《とう》の供奉《ぐぶ》毎度《まいと》これを勤《つと》む。

女子

久野《くの》長左衛門宗次《むねつぐ》が妻《め》。

定勝《さたかつ》

半大夫

實《じつ》ハ久野《くの》長左衛門宗次《むねつぐ》が子なり。定継《さだつぐ》これをやしなひて子とす。

豊定《とよさだ》　寅《とら》右衛門

定重《さだしげ》　卯《う》右衛門

女子　家紋《いへのもん》　桐《きり》　或《あるひ》ハ七葉《よう》の根篠《ねざゝ》

由良《ゆら》

●義國《よしくに》

寛治《くハんぢ》三年八月三日、誕生《たんじやう》。

童名《わらハな》普賢丸《ふげんまろ》。足利《あしかゞ》武部大輔《しきぶのたいふ》

家傳《かでん》にいはく、康和《かうわ》三年正月七日、十三歳にして佐竹《さたけ》の(昌義)冠者《くハんじや》追罰《ついばつ》の大將《たいしやう》として、足利《あしかゞ》太郎大夫、藤原基綱《ふぢハらもとつな》が館《たち》にくたりて、基綱《もとつな》がむすめをめとりて是を最愛《さいあい》す。

義重《よししげ》

新田大炊助《にったおほいのすけ》　法名《ほうミやう》　淨西《じやうさい》。

母《はゝ》ハ藤原基綱《ふぢハらもとつな》がむすめ。

(源)頼朝卿《よりとものきやう》の書状兩通《しよじやうりやうつう》これあり。

義兼《よしかね》

新田《にった》藏人《くらんど》
（源）頼朝卿《よりとものきやう》の書状一通これあり。

義房《よしふさ》
新田《にった》太郎

政義《まさよし》
新田又太郎　又由良《ゆら》と号《がう》す。

基氏《もとうぢ》
新田《にった》六郎

朝氏《ともうぢ》
新田太郎

義貞《よしさだ》
正四位《じやうしゐ》　左衛門督《かミ》　左中將《さちうじやう》　播磨守《はりまのかミ》　上野介《かうづけのすけ》

由良（清和源氏義家流）

義助《よしすけ》
越後《ゑちご》・三河・遠江・相摸《さがミ》・武藏《むさし》等《とう》の守《しゆ》なり。
延元《ゑんげん》三年閏《うるふ》七月二日、越前國《ゑちぜんのくに》におゐて討死《うちじ》。
時に三十九歳。
脇屋《わきや》左衛門尉　右衛門佐　刑部卿《ぎやうぶきやう》

義治《よしはる》
式部大輔

義顕《よしあきら》
越後守　越前金崎《かねがさき》におゐて自害《じがい》。

義興《よしおき》
左兵衛佐

義宗《よしむね》

由良（清和源氏義家流）

武藏守　左少將《させうしやう》

●貞氏《さだうち》

家傳《かでん》にいはく、義貞《よしさだ》うち死《じ》のとき、六歳にして身《み》をかくし、遊行《ゆぎやう》六の寮《れう》の弟子《でし》となり、良阿弥《りやうあみ》と号《がう》す。其後還俗《げんぞく》し、家臣横瀬《かしんよこぜ》がむことなり、其家《いへ》をついて横瀬《よこせ》新六郎と号《がう》す。

貞治《さだはる》

横瀬《よこぜ》新六郎　信濃守　生國上野《かうづけ》。
新田金山《にったかなやま》（上野）の城に住《ぢう》す。法名《ほうみやう》　良齋《りやうさい》。

貞國《さだくに》

新六郎　信濃守　生國・住所《ぢうしよ》同前。法名《ほうみやう》　良順《りやうじゆん》。

國繁《くにしげ》

新六郎　信濃守　生國・住所同前。法名宗悦《そうゑつ》。

景繁《かげしげ》

新六郎　信濃守　生國・住所同前。法名宗忠《そうちう》。

國經《くにつね》

新六郎　信濃守　生國・住所同前。
武州須賀合戰《ぶしうすかかせん》のとき、討死《うちじ》。法名《ほうみやう》　宗功《そうこう》。

泰繁《やすしげ》

新六郎　雅樂頭《うたのかみ》　生國《しやうこく》・住所《ちうしよ》同前。法名宗虎《そうこ》。
父國經《ちゝくにつね》うち死《じ》のとき、万松院殿《ばんせうゐんとの》（足利義晴）より書《しよ》を給ハる。

成繁《なりしげ》

六郎　生國・住所同前。
光源院殿《くハうげんゐんとの》（足利義輝）のとき、書《しよ》を成繁《なりしげ》にたまハりて横瀬《よこぜ》をあらためて由良《ゆら》と号《がう》し、刑部大輔《ぎやうぶのたいふ》と称《せう》す。後に信濃守となる。

長尾《なかお》輝虎《てるとら》（上杉謙信）・佐竹義重《さたけよししげ》、羽生《はにふ》（下野）・黑川《くろかハ》（同上）・沼田《ぬまた》（上野）に出張《しゆつちやう》して北條氏政《ほうでううぢまさ》と合戰《かせん》のとき、成繁《なりしげ》かたく城《しろ》をまもるゆへに、輝虎兵《てるとらへい》を引てかへる。そのとき成繁《なりしげ》敵《てき》三百餘《よ》人を討取《うちとる》。氏政《うぢまさ》このおもむきを源義《みなもとのよし》氏《うぢ》（足利）古河《こかの》御所《ごしよ》。につけゝれば、義氏《よしうぢ》より感狀《かんじやう》五通《つう》を成繁《なりしげ》にさづく。

又輝虎《てるとら》と赤埴《あかはに》（下野）合戰《かせん》のとき、成繁父子《なりしげふし》軍功《ぐんこう》あり。

光源院殿《くハうげんゐんとの》、三好《ミよし》（義繼）に弑《しゐ》せられたまふ時、義昭《よしあきら》（足利）よりのつかひ關東《くハんとう》にきたり、成繁《なりしげ》に書をたまハりて、軍忠《ぐんちう》をつくすべきのむねをしめす。法名《ほうミやう》宗得《そうとく》。

國繁《くにしげ》

由良《ゆら》六郎　信濃守　生國同前。法名良太《りやうたい》。

天正《てんしやう》二年四月、輝虎《てるとら》（上杉謙信）桐生《きりふ》（上野）・金山《かなやま》（同上）に出るとき、國《くに》繁所《しげしよ》々の城《しろ》をかたくまもりふせぎたゝかふゆへに、輝虎兵《てるとらへい》を引さる。此とき氏政《うぢまさ》（北條）より感狀《かんじやう》を國《くに》繁《しげ》にをくる。

同十八年、小田原没落《をだはらほつらく》の後、秀吉《ひでよし》（豐臣）より常州《しやうしう》のうち牛久《うしく》の庄《しやう》（相摸）をたまハり、御朱印《しゆゐん》を國繁《くにしげ》が母《はゝ》にさづく。母《はゝ》よく城《しろ》をまもるがゆへなり。其後東照（家康）大權現・台德院殿（秀忠）につかへたてまつる。

顯長《あきなが》

足利長尾修理亮《あしかゞながおしゆりのすけ》が聟《むこ》となりて、其家《いへ》をつぐ。

貞繁《さだしげ》

新六郎　從五位下《じゆごゐげ》　出羽守　信濃守　法名《ほうミやう》良印《りやうゐん》。

大權現（家康）・台德院殿（秀忠）へつかへ奉る。

元和元年五月七日、大坂合戰《おほざかかせん》のとき、貞繁《さだしげ》が家人《けにん》等《ら》或《あるひ》ハ首《くひ》をとり、或《あるひ》ハ疵《きず》をかうふるものこれあり。

貞長《さだなが》

新六郎　市兵衞　生國常州《じやうしう》。法名《ほうミやう》良玄《りやうげん》。

大　嶋（清和源氏義家流）

台徳院殿《（秀忠）》・將軍家《（家光）》につかへたてまつる。

貞房《さだふさ》

新六郎　生國武藏《むさし》。

父《ちゝ》の遺跡《いせき》をついで知行《ちぎやう》千石を領《りやう》して、將軍家《（家光）》につかへたてまつる。

家紋《いへのもん》　桐《きり》

大嶋《おほしま》

●義繼《よしつぐ》

大嶋藏人《おほしまくらうづ》

新田《につた》大炊助《おほいのすけ》義重《よししげ》の孫《まご》、里見《さとみ》義俊《よしとし》が次男《じなん》。

氏繼《うぢつぐ》

三郎

義隆《よしたか》

左衛門

氏經《うぢつね》

左衛門

經隆《つねたか》

藏人《くらうづ》

經兼《つねかね》

民部丞

兼經《かねつね》

光兼《ミつかね》

藏人　　藏人

義兼《よしかね》　民部丞　　光繼《ミつつぐ》　藏人

義勝《よしかつ》　左衛門

某《それがし》　童名《わらハな》西翁丸《さいおうまろ》。生國《しやうこくい》伊豆《づ》。
家傳《かでん》にいはく、西翁丸幼雅《さいおうまろようち》〔稚〕にして倭歌《わか》をこのむのよし叡聞《ゑいぶん》に達《たつ》し、あるとき召《めさ》れて參內《さんだい》す。時に三の胡蝶飛來《こてふひきたつ》て禁庭《きんてい》の梅花《ばいくわ》にとゝまる。是何《これなに》ぞや、と勅問《ちよくもん》ありけれは、西翁丸《さいおうまろ》、蝶《てう》なり、と勅答《ちよくたう》申す。勅使《ちよくし》のいはく、三あるものハ其數《かず》半《はん》なるを、いかんとしてか重〔丁カ〕とは申そ、と難《なん》じけれハ、一つある鳥も千鳥《ちとり》といふなれハ

大嶋（清和源氏義家流）

三つあるとてもてふといはまし
と詠《ゑい》じければ、はなハだ叡感《ゑいかん》あつて、梅樹《はいじゆ》と三蝶《てう》を以て家紋《いへのもん》とすべきの勅諚《ちやくぢやう》（マヽ）により、日の丸《まる》をあらためて梅《むめ》と蝶《てう》とを以て紋とす。
今案《あん》ずるに、西翁丸參內勅問《さいおうまろさんだいちよくもん》の事、詳《つまびらか》ならすといへども、しばらく彼家傳《かのかでん》をのす。

光宗《ミつむね》　左近將監《さこんのしやうげん》　生國丹波《しやうこくたんバ》。
美濃國山縣《ミのゝくにやまかた》におゐて、一のとり出《で》をまもり、國《こく》郡《ぐん》の士卒《しそつ》と地《ち》をあらそつて戰死《せんし》す。

光義《ミつよし》　雲《うん》八　生國美濃《ミの》。
永正年中《ゑいしやうねんちう》、光義孤獨《ミつよしこどく》の身と成《なつ》て濃州《でうしう》にありしとき、國人《くにうど》と地をあらそひ、合戰《かせん》やむときなし。光義《ミつよし》十三歲にて敵一人を射《い》ころす。

大嶋（清和源氏義家流）

その比鉄炮《てつはう》はじめて本朝《ほんてう》にわたり、美濃《みのゝ》國にて敵兵《てきへい》これをはなつゆへ、味方《みかた》おほく辟易《へきゑき》す。一人の敵兵鉄炮《てつはう》を以て光義をうかゞふ。光義弓を以て相《あひ》むかひ、つゐに其敵を射《い》ころす。或とき敵兵樹陰《じゆいんに》かくれをる。光義其樹木《そのじゆもく》を射《い》つらぬき、敵の首《くび》にあたる。敵兵光義《ミつよし》が弓勢《ゆんぜい》を感《かん》じて、その樹《き》ならひに首《くび》を切《きつ》て、その矢《や》をぬかずして光義がもとにをくる。或《ある》ときの合戰《かせん》に、光義しきりに矢《や》を放《はな》ちければ、敵兵不慮《てきへいふりよ》に馳《はせ》きたる。その間わづかに鑓《やり》の長《たけ》をへだてゝ光義《ミつよし》をつかんとす。光義靫《うつぼ》の矢《や》をぬき出して、件《くだん》の敵《てき》を射《い》ころす。光義が射藝《しやげい》あまねく世にきこふ。あるとき駿府《すんふ》におゐて東照（家康）大權現たつねとハせたまふとき、此事《このこと》を言上《ごんしやう》す。長井《ながゐ》隼人《はやと》某《それがし》美濃國《みのゝくに》山縣村《やまがたむら》齋藤《さいとう》山城守《やましろのかミ》（道三）が居城《きよじやう》をせむるとき、城中《じやうちう》より根小屋《ねごや》に出《いで》て、町《まち》の木戸《きと》口《ぐち》にて是をふせぐ。光義《ミつよし》、隼人に屬《ぞく》して、木戸を

こえて敵兵《てきへい》を射《い》しりぞく。又長谷川《はせがハ》甚兵衛（重成）ハ鑓《やり》を取《とつ》て木戸《きと》をひらきせめ入《いる》により、敵《てき》つゐに城《じやう》中《ちう》へ引《ひき》さる。光義《ミつよし》首《くび》一級《きう》を得て、火《ひ》を町口《まちぐち》にはなつてしりぞく。同國《どうこく》朝氣堀《あさけぼり》におゐて齋藤《さいとう》山城守と長井《ながゐ》隼人と防戰《はうせん》のとき、光義《ミつよし》他所《たしよ》にあり。すでに兩軍兵《りやうぐんへい》をおさめて歸《かへ》る。光義が同友谷《どうゆうたにの》大膳首級《しゆきう》を得て歸《かへ》るとて、光義《ミつよし》にあふて、敵軍《てきぐん》すでに十四五町も隔《へだ》たるべし、といふを聞《きい》て、光義馬《むま》をはせて敵《てき》三騎《ぎ》を射《い》おとし首級《しゆきう》を得て歸《かへ》る。長井《ながゐ》隼人同國《どうこく》加治田村《かちたむら》佐藤《さとう》紀伊守《きのかミ》が城《しろ》をせむ。敵城中《てきじやうちう》より出《いで》て相《あひ》たゝかふ時、光義《ミつよし》鑓下《やりした》におゐて肥田《ひたの》玄蕃《げんばん》をうちとる。玄蕃《げんばん》ハ（美濃）米田《よねだ》の城主《じやうしゆ》たりといへども、此とき來て加治田《かちた》にあり。長井隼人浪人《らうにん》と成《なつ》て美濃國《みのゝくに》を去《さつ》て後《のち》、光義《ミつよし》、信長《のぶなが》（織田）に屬《ぞく》して弓大將《ゆミだいしやう》となる。元龜《げんき》元年、姉川《あねがハ》（近江）合戰《かせん》のとき、信長《のぶなが》の命《めい》に依《よつ》て光義先《さき》がけをして、敵數《てきす》人を射《い》ころす。信長これ

を感《かん》ず。

同二年、信長江《がう》州《しう》に出張《しゆつちやう》して退陣《たいぢん》の時、淺井《あざゐ》(長政)が軍士《ぐんじ》、味《み》方《かた》のうしろをうたんとす。信長《のぶなが》、柴田《しばた》修《しゆ》理《り》(勝家)に命《めい》じてしつはらひ(尻拂)せしむるとき、光義《みつよし》、信長《のぶなが》の下《げ》知《ち》によつて柴《しば》田《た》に相《あひ》くハゝり、兵《へい》をまつたふして歸《かへ》る。

天《てん》正《しやう》元年、越前《ゑちぜん》の軍士《ぐんじ》江《がう》州《しう》に出張《しゆつちやう》して、引しりぞかんとするとき、信長みづから馬をはせて敵《てき》のうしろをうつ。光義先《せん》陣《ちん》にすゝんで敵《てき》兵《へい》を射《い》おとす。信長《のぶなが》これを感《かん》ず。

同三年、長篠《ながしの》合《か》戰《せん》(三河)ならびに越前《ゑちぜん》の一揆《き》退《たい》治《ぢ》のとき、光義《みつよし》戰功《せんこう》あり。

同十年、信長《のぶなが》自《じ》殺《さつ》のとき、光義《みつよし》安土《あづち》(近江)の城《しろ》にありといへども、城中《じやうちう》の士《し》卒《そつ》騷《さう》動《どう》して城《しろ》をまもらざるゆへを以て、をの〳〵妻子《さいし》を引つれ他《た》國《こく》ににげさる。光義ならびに美《み》濃《の》國に領地《りやうち》のある輩《ともがら》ハ相《あひ》ともに本國《ほんごく》にはせくだる。路《ろ》次《し》にて一揆《き》蜂《ほう》起《き》す。光義《みつよし》弓《ゆみ》一張《ちやう》にて大勢《ぜい》を射《い》はらひ、つゝがなく本國《ほんごく》にかへる。

其後秀吉《ひでよし》(豊臣)に屬《ぞく》して弓大將《ゆみだいしやう》となる。或時《あるとき》秀次《ひでつぐ》(豊臣)の命《めい》をうけて矢《や》十筋《すぢ》を八坂《やさか》の塔《たう》の五重《ちう》の窓《まど》へ射《い》こむ。後人《こうじん》にその弓勢《ゆんぜい》をしらしめんがため、件《くだん》の矢《や》を塔内《たうない》におさむ。

慶長五年、上杉《うへすき》景勝《かげかつ》を退治《たいぢ》として、大權現下野《しもつけの》國《くに》小山《おやま》に御出陣《しゆつぢん》のとき、光義供奉《ぐぶ》す。石田《いしだ》三成《みつなり》上方《かみかた》にて謀反《むほん》のつげあるにより、妻子《さいし》を上方にをく諸士《しよし》歸國《きこく》すへきの命ありといへども、光義《みつよし》多年《たねん》大權現の恩遇《おんぐう》をうくるゆへ、妻子《さいし》をかへりゝずして供奉に列《れつ》すべきのよし言上《ごんしやう》して、關原《せきがはら》(美濃)におもむく。三成《みつなり》伏誅《ふくちう》の後《のち》、大坂《おほさか》におゐて眞壺《まつぼ》ならびに大鷹《たか》三もとを拜領《はいりやう》す。其後大權現仰けるハ、光義が妻子《さいし》をかへりゝずして小山《をやま》より關原に供《ぐ》奉《ぶ》せしその忠志《ちうし》を感《かん》じおほしめすのむねにて、豊後國《ぶんごのくに》臼杵《うすき》の城《しろ》に居《きよ》すべきのよし、本多《ほんだ》上野介(正純)

上意《じやうい》のおもむきをつたふ。光義《みつよし》申けるハ、ねがハくハ本領《ほんりやう》美濃國《みののくに》の關《せき》を給ハるべきのよし言上《ごんじやう》しけれハ、すなわち美濃の關《せき》ならびに攝津國《つのくに》のうちにて一万石の御加増《かぞう》をたまハり、都合《つがふ》一万八千餘《よ》石を領《りやう》じて、公役《くやく》等《とう》をゆるさる。そのゝち大權現の命《めい》に依《よつ》て南部信濃守（利直）が献《けん》ずる所《ところ》の御鷹《たか》弟兄《だいしやう》一聯《もと》をうけとる。

光義《みつよし》、大權現・台德院（秀忠）殿を拜謁《はいえつ》し奉らんがため、駿府《すんふ》・江戸にいたるのとき、牛嶋《うしじま》（武藏 下同ジ）・葛西《かさい》・府中《ふちう》等《とう》にて鷹場《たかば》をゆるさる。その外《ほか》御鷹場《たかば》の地《ち》にても御免《めん》をかうふりて、鷹《たか》をもてあそふ。あるとき濃州《でうしう》より茶入《ちやいれ》を大權現に献《けん》ず。後《のち》に又光義にかへし給ふ。台德院殿より數度《すど》大鷹《おほたか》の巣鷹《すたか》を拜《はい》領《りやう》す。御暇《いとま》を給ハりて歸國《きこく》のたびごとに、御馬《むま》ならびに金銀・呉服《ごふく》等《とう》を下さる。

駿府《すんふ》御城造畢《しろざうひつ》の後、光義駿府《すんふ》に參向《さんかう》のとき、大權現、光義を御城《しろ》に召《め》して仰けるハ、石垣《いしかき》・矢狹《やざ》間《ま》等《とう》をよく見て存《ぞん》じよる事あらハ言上《ごんじやう》すへし、云々。

御前に出るごとに、射藝《しやげい》ならびに光義がむかしの戰功《せんこう》をたづねたまふ。

慶長九年八月廿三日、死去《しきよ》。九十七歳。法名《ほうみやう》道林《だうりん》。

光成《みつなり》

次右衛門　一名ハ光安《みつやす》。生國濃州《でうしう》。

信長《のぶなが》（織田）・秀吉《ひでよし》（豊臣）につかへて、數度《すど》の軍功《ぐんこう》あり。關原《せきがはら》（美濃）陣《ぢん》のとき、大權現（家康）にしたがひ奉りて供奉《ぐぶ》す。

慶長十三年十一月十六日、死去《しきよ》。五十歳。法名了伯《りやうはく》。

光親《みつちか》

弥三郎　一名ハ光長《みつなが》。生國同前。

秀吉（豊臣）につかふ。

父《ちゝ》光成《ミつなり》と同時《どうじ》に大権現(家康)につかへたてまつる。

光成死去《しきよ》の後、遺跡《いせき》をつぐ。

大坂兩度《おほざかりやうど》の御陣《ちん》、一族《ぞく》と同じく枚方《ひらかた》(河内)に在番《さいばん》す。

寛永六年六月六日、死去。四十八歳。

光俊《ミつとし》
八郎兵衛尉

光勝《ミつかつ》
茂左衛門尉

光好《よし》
主馬《しめ》

義豐《よしとよ》
久吉　初名《はじめな》ハ光豐《ミつとよ》。生國《しやうこく》武藏《むさし》。

父《ちゝ》光親《ミつちか》死去《しきよ》の後、義豐《よしとよ》遺跡《いせき》を續《つい》で、将軍家(家光)につかへたてまつる。

寛《くハん》永《ゑい》十四年十月十七日、死去。十四歳。法名《ほうミやう》日性《にちしやう》。

光政《ミつまさ》
茂兵衛　生國濃州《でうしう》。

光政《ミつまさ》弱年《じやくねん》のとき、栗山氏《くりやまうぢ》をついて美濃國《ミのゝくに》賀茂郡《かもこほり》に住《ぢう》す。同國《とうこく》の住人《ぢうにん》武市《たけいち》太郎左衛門・同右京《うきやう》八百餘《よ》人を引ゐて光政が居城《きよじやう》をせむるとき、光政敵數《てきすにん》人を射《い》たふして、城《しろ》を出ていどみ戰《たゝかつ》て勝利《せうり》を得たり。

同國《とうこく》の住人《ぢうにん》齋藤《さいとう》新五郎、森武藏《もりむさし》(長可)と防戰《はうせん》のとき、光政、新五郎に属《ぞく》して出張《しゆつちやう》す。敵兵硯淵《てきへいすゝりぶち》の橋《はし》にきそひ來《きた》る。光政弓《ミつまさゆミ》一張《ちやう》にてこれをふせぐ。

織田信長《をたのゝぶなが》攝州伊丹《せつしういたミ》の城《しろ》をせむるとき、光政《ミつまさ》、齋藤《さいとう》に属《ぞく》し、光政が同友原《とうゆうハら》金右衛門と一番に城中《じやうちう》へ乘入《のりいる》。光政首級《しゆきう》を得たり。濃州堂洞《でうしうだうばら》におゐて齋《さい》藤玄蕃《とうけんば》と森武藏《もりむさし》と合戰《かせん》のとき、光政、玄蕃《けんば》が組《くミ》にありて、敵兵《てきへい》杉柄《すぎゑ》新助と鑓《やり》をあハす。越後《ゑちご》景勝《かけかつ》（上杉）、佐々《さつさ》陸奥守《むつのかミ》（成政）と合戰《かせん》のとき、信長《のぶなが》、陸奥守が加勢《かせい》として齋藤《さいとう》新五郎をつかハさる。景勝《かけかつ》が先陣《せんぢん》川田《かハだ》（河、下同ジ）豊前守《ぶせんのかミ》（長親）、大軍《たいぐん》を引ゐて新五郎が陣所《ちんしよ》猿倉野《さるくらの》越後の内。をせむ。新五郎小勢《こぜい》にて大敵《たいてき》にむかふとき、光政《ミつまさ》、新五郎に屬《ぞく》し、原《はら》金右衛門と同じく一番に鑓《やり》をあハせて、首級《しゆきう》を得たり。其後又齋藤《さいとう》と川田《かハだ》と合戰《かせん》の時、光政敵《てき》と太刀《たち》打《うち》して其首《くび》をとる。

信長生害《のぶながしやうがい》のとき、織田《をたの》三七信孝《のぶたか》・丹羽長秀《にわながひで》、大坂の城におゐて織田《をたの》七兵衛（信澄）をうつのとき、光政、長秀《なかひで》に屬《ぞく》して首級《しゆきう》を得たり。秀吉《ひでよし》（豊臣）、柴田《しばた》（勝家）と合戰《かせん》のとき、光政《ミつまさ》、丹羽長秀《にはのながひで》に屬《ぞく》し、志津嶽《しづかたけ》（近江）のふもとにて光政《ミつまさ》ならびに古江《ふるえ》小次郎・安養寺《あんやうじ》猪之助三人一組《くミ》のうちにて一番に鑓《やり》をあハす。

其後秀吉《ひでよし》の幕下《はつか》に近侍《きんじ》す。

秀吉薩摩陣《さつまぢん》のとき、鈴木《すゝき》孫三郎秀吉《ひでよし》家臣《かしん》。一揆《き》の兵《へい》にかこまれて、事《こと》すでに急《きう》なりしに、光政卽時《そくじ》に一揆《き》を追拂《をひはらつ》て孫三郎をたすく。

秀吉薩州《さつしう》より歸陣《きちん》の後、光政を使番《つかひばん》として金《きん》の切割《きりさき》の指物《さしもの》をたまふ。

秀吉朝鮮征伐《てうせんせいばつ》のとき、使節《しせつ》として朝鮮《てうせん》へ渡海《とかい》し、歸朝《きてう》して加藤《かとう》左馬助嘉明《よしあきら》が軍功《ぐんこう》を秀吉につぐ。

慶長五年、關原《せきがはら》（美濃）御陣《ちん》のとき、東照大權現（家康）にしたがひ奉る。

光義《みつよし》死《し》後《ご》、遺跡《いせき》をわかちたまふ。

大坂兩度の御陣に、一族《ぞく》を引ゐて、枚方《ひらかた》（河内）の御番《はん》を勤《つと》む。

大權現薨御《こうきよ》の後、台德院殿（秀忠）・將軍家（家光）につかへたてまつる。

台德院殿御暇《いとま》をたまふとき、金銀《きんぎん》・吳服《ごふく》を拜領《はいりやう》す。あるひハ御馬《むま》をたまふ事もこれあり。

元和八年八月十二日、死す。六十歳。法名《ほうミやう》日《にち》勇《ゆう》。

光盛《ミつもり》

左太夫　生國《しやうこく》山城《やましろ》。

大坂兩度の御陣《ちん》に、光盛《みつもり》、青山《あをやま》伯耆守《はうきのかミ》忠俊《たゝとし》に屬《ぞく》して軍事《ぐんし》を勤《つと》む。五月七日、合戰《かせん》のとき、敵兵《てきへい》數多《すた》天王寺《てんわうじ》邊《へん》に出張《しゆつちやう》す。光盛《ミつもり》先陣《せんぢん》にあつて鑓《やり》をあハせいどみたゝかふといへども、敵多勢《てきたせい》なるゆへ、つゐに討死《うちじ》。高木《たかぎ》主水正正成《まさなり》かたハらにあつてこれを見る。時に光盛《ミつもり》二十七歳。法名《ほうミやう》宗伯《そうはく》。

義唯《よしたゝ》

茂兵衛　生國山城《やましろ》。

慶長十八年、大權現（家康）を拜謁《はいゑつ》し奉り、台德院（秀忠）殿へつかへたてまつる。

大坂兩度の御陣に枚方《ひらかた》（河内）の御番《ばん》を勤《つとむ》。

元和八年、光政《ミつまさ》死去《しきよ》の後《のち》、遺跡《いせき》を給はる。駿府《すんふ》御城《しろ》炎上《ゑんしやう》の後、御殿《てん》御《ご》普請《ふしん》のとき、義《よし》唯《たゝ》仰によつて奉行《ぶぎやう》を勤む。

寛永十七年、義唯《よしたゝ》采地《さいち》を獻《けん》じて濃州《てうしう》關《せき》をかへ給ハる。是《これ》義豊《よしとよ》（大嶋）が所領《しよりやう》の地なり。義豊《よしとよし》死して其家《いへ》をつく子なきにより、其地《ち》を召あげらる。然《しかり》といへとも祖父《おほち》光義《ミつよし》が勳功《くんこう》あるを以てたまふ所《ところ》の地《ち》なる故《ゆへ》、今《いま》又かくのことし。

義近《よしちか》

兵吉　生國武藏《むさし》。

寛永十二年、初《はじ》めて將軍家（家光）を拜し奉る。

義保《よしやす》

七藏　生國同前。

義當《よしまさ》

平八郎　生國美濃《みの》。

寛永三年、将軍家（家光）につかへたてまつる。

同十年、采地《さいち》の御加増《かぞう》を拝領《はいりやう》す。

義益《よします》

三丞　生國同前。

寛永三年、将軍家（家光）につかへたてまつる。

義益《よします》久しく病《やまひ》にかゝるゆへ、御暇《いとま》を給わりて、兄義唯《あによしたゞ》が領地《りやうち》に蟄居《ちつきよ》す。

春政《はるまさ》

久五郎　生國武藏《むさし》。

元和二年十二月、春政《はるまさ》五歳にて初《はじ》めて台徳院殿（秀忠）を拝謁《はいゑつ》したてまつる。

寛永十二年、将軍家（家光）へ召出されて、御小姓組《こしやうくみ》の御番《ばん》を勤む。

光俊《みつとし》

久左衛門　生國美濃《みの》。

光俊《みつとし》、兄光政《あにみつまさ》と同じく丹羽長秀《にわのながひで》に屬《ぞく》して、志津《しづか》（近江）嶽《たけ》におゐて首《くび》一級《きう》を討取《うちとり》、疵《きず》をかうふる。秀吉《ひでよし》（豊臣）薩摩陣《さつまぢん》のとき、光俊《みつとし》、兄光政《あにみつまさ》と一所にあつて軍功《ぐんこう》をはげます。

關原陣《せきがはらぢん》のとき、初《はじ》めて大權現（家康）を拝し奉る。

光義《みつよし》（美濃）死去《しきよ》の後、その遺跡《いせき》をわかち給ふ。大坂両度の御陣に光俊《みつとし》、光親《みつちか》・光政《みつまさ》と同じく枚方《ひらかた》（河内）の御番《はん》を勤《つと》む。

大權現薨御《こうぎよ》の後、台徳院殿（秀忠）につかへたてまつる。

元和四年七月十八日、死去《しきよ》。四十八歳。法名《ほうみやう》休安《きうあん》。

義治《よしはる》

久左衛門　生國同前。

台徳院殿《（秀忠）》につかへ奉る。

大坂両度の御陣のとき、一族《ぞく》と同しく枚方《ひらかた》《（河内）》に在《ざい》番《はん》す。

光俊《ミつとし》死去《しきよ》の後、遺跡《いせき》を給ハる。

台徳院殿薨御《こうきよ》の後、将軍家《（家光）》につかへたてまつる。

寛永十八年四月十三日、死去《しきよ》。五十五歳。法名《ほうミやう》日量《にちりやう》。

義雄《よしお》

喜八郎　生國武藏《むさし》。
寛永九年、将軍家《（家光）》につかへ奉る。
同十九年、父《ちゝ》が遺跡《いせき》を給ハる。
家紋《いへのもん》　梅《むめ》の折枝《おりえだ》三連《みつつれ》の上羽蝶《あけはのてう》

田中《たなか》

●某《それがし》

彦次郎　生國三河。
清康君《きよやすくん》《（家康祖父）》につかふ。

義綱《よしつな》

彦次郎　生國同前。

廣忠卿《ひろたゝのきやう》《（家康父）》御代より、東照大権現《（家康）》につかへたてまつる。

永禄《えいろく》六年、三州《しう》一向宗《かうしう》一揆《き》蜂起《ほうき》の時、仰によつて岡崎《をかさき》《（三河）》より和田《わだ》《（同上）》にいたる。其後領地《りやうち》を拝領《はいりやう》す。

義忠《よしたゝ》

彦次郎　五郎右衛門　生國同前。
大権現《（家康）》につかへたてまつる。

元和元年五月十一日、駿府《すんぷ》におゐて病死《ひやうし》。六十三歳。

忠勝《たゝかつ》

五助　市郎右衛門　生國遠州《ゑんしう》。
大権現（家康）・台徳院殿（秀忠）・将軍家（家光）につかへたてまつる。
寛永九年八月、仰をかうふりて小十人組《くみ》の頭《がしら》（マヽ）となる。
同年十二月、鈞命《きんめい》によりて布衣《ほい》を着《ちやく》（マヽ）す。
同十九年、御鉄炮与力《てつはうよりき》・歩行同心《かちとうしん》をあつかる。

義次《よしつぐ》

五郎右衛門　生國武藏《むさし》。
大権現（家康）・台徳院殿（秀忠）・将軍家（家光）につかへたてまつる。

長正《ながまさ》

松平十左衛門　生國同前。

〰〰〰〰〰〰〰〰〰〰

外祖父《ぐハいそふ》松平右京進《うきやうのしん》（長次）にやしなハれて子となるゆへに、松平の称号《せうかう》を用《もちゆ》。
将軍家（家光）につかへたてまつる。

勝以《かつもち》

小十郎　生國同前。
寛永十六年七月廿三日、将軍家（家光）を拝し奉る。

勝尹《かつたゝ》

三之丞　生國同前。

家紋《いへのもん》　木瓜《もつかう》

鳥山《とりやま》

●某《それがし》

与七郎　法名了舜《れうじゆん》。生國三州《さんしう》。
松平甚太郎義春《よしはる》につかふ。

精俊《きよとし》

丹波《たんば》　生國同前。

三歳のとき、父《ちゝ》与七郎死去《しきよ》によつて、精俊若年《きよとしじやくねん》のとき出家《しゆつけ》となり、洞意《どうい》と号《がう》す。そのゝち還俗《げんぞく》して、西三河東條《にしとうでう》に住《ちう》して、時々《より〱》東照大權現（家康）を拜謁《はいあつ》し奉る。

天正《てんしやう》十八年、關東《くわんとう》御入國《にうこく》のとき、本多《ほんだ》佐渡守正信《まさのぶ》仰をうけて、江戸におゐて精俊《きよとし》に屋敷《やしき》をたまふ。しかれどもゆへありてこれを辞《じ》す。

慶長五年、關原《せきがはら》（美濃）御陣のとき、三州吉田《よした》におゐて、永井《ながゐ》右近大夫（直勝）奏者《そうしや》にて大權現を拜し奉り、すなはち供奉《ぐぶ》す。

同六年、仰によりて三州におゐて御代官《だいくはん》をうけたまはる。

精俊嗣子《きよとしつぐこ》なきによりて、姪《おい》牛之助精明《きよあきら》をやしなつて、遺跡《いせき》をつがしむ。

精明《きよあきら》

牛之助　生國《しやうこく》攝州《せつしう》。

大權現（家康）・台德院殿（秀忠）・將軍家（家光）につかへ奉り、三州《しう》におゐて御代官《だいくはん》を仰つけらる。

寛永十五年、御切米《きりまい》を拜領《はいりやう》す。

同十八年八月三日、竹千代君（家綱）御誕生《たんじやう》。精明《きよあきら》江戸にきたりて竹千代君を拜したてまつる。

精親《きよちか》

權藏　生國三州。

鳥　山（清和源氏義家流）

寛永十六年五月五日、初めて將軍家《（家光）》を拜謁《はいゑつ》し奉る。

家紋《いへのもん》　丸の内に鳩酸草《かたばミ》

昭和五十五年一月二十日 印刷
昭和五十五年一月二十五日 発行

寛永諸家系図伝 第一

校訂 斎木一馬
林亮勝
橋本政宣

発行者 太田ぜん

製版所 続群書類従完成会製版部

印刷所 東京都豊島区北大塚二丁目三三番二〇号
株式会社 平文社

発行所 東京都豊島区北大塚一丁目一四番六号
株式会社 続群書類従完成会
電話＝東京(915)五六二一七 振替＝東京二―六二六〇七

寛永諸家系図伝 第1　〔オンデマンド版〕

2014年3月31日　初版第一刷発行　定価（本体9,000円＋税）

校訂　斎木一馬
林亮勝
橋本政宣

発行所　株式会社　八木書店 古書出版部
代表 八木乾二
〒101-0052 東京都千代田区神田小川町3-8
電話 03-3291-2969（編集）-6300（FAX）

発売元　株式会社　八木書店
〒101-0052 東京都千代田区神田小川町3-8
電話 03-3291-2961（営業）-6300（FAX）
http://www.books-yagi.co.jp/pub/
E-mail pub@books-yagi.co.jp

印刷・製本　（株）デジタルパブリッシングサービス

ISBN978-4-8406-3007-8　AI424